新时代创新发展论丛

本书由安徽大学创新发展战略研究院资助出版

城镇化背景下的乡村振兴战略研究

CHENGZHENHUA BEIJING XIA DE
XIANGCUN ZHENXING ZHANLÜE YANJIU

汪恭礼 ◎ 著

北京师范大学出版集团
BEIJING NORMAL UNIVERSITY PUBLISHING GROUP
安徽大学出版社

图书在版编目(CIP)数据

城镇化背景下的乡村振兴战略研究/汪恭礼著. —合肥:安徽大学出版社,2022.1

(新时代创新发展论丛)

ISBN 978-7-5664-2327-6

Ⅰ.①城… Ⅱ.①汪… Ⅲ.①农村—社会主义建设—研究—中国 Ⅳ.①F320.3

中国版本图书馆CIP数据核字(2021)第253110号

城镇化背景下的乡村振兴战略研究

汪恭礼 著

出版发行:	北京师范大学出版集团
	安徽大学出版社
	(安徽省合肥市肥西路3号 邮编230039)
	www.bnupg.com.cn
	www.ahupress.com.cn
印　刷:	安徽昶颉包装印务有限责任公司
经　销:	全国新华书店
开　本:	170mm×240mm
印　张:	18.25
字　数:	299千字
版　次:	2022年1月第1版
印　次:	2022年1月第1次印刷
定　价:	54.00元

ISBN 978-7-5664-2327-6

策划编辑:李晨霞　王　黎	装帧设计:李　军　孟献辉
责任编辑:李晨霞　王　黎	美术编辑:李　军
责任校对:刘婷婷	责任印制:陈　如　孟献辉

版权所有　侵权必究

反盗版、侵权举报电话:0551—65106311
外埠邮购电话:0551—65107716
本书如有印装质量问题,请与印制管理部联系调换。
印制管理部电话:0551—65106311

总 序

安徽大学是世界"双一流"和国家"211工程"建设首批入列高校,是安徽省人民政府与教育部、与国家国防科技工业局共建高校,是安徽省属重点综合型大学。作为一所具有红色革命传统的高等学府,近百年来,安徽大学勇担民族复兴大任,执着"文化不成、民族是昌"的办学理想,秉承"至诚至坚、博学笃行"的校训精神,为党育人、为国育才,累计培养了32万余名优秀毕业生,是安徽省内毕业生人数最多、分布最广、影响最大的高校,被誉为省属高校的"排头兵、领头雁"。

新时代,新目标,新征程。站在"两个一百年"奋斗目标的历史交汇点上,安徽大学将以习近平新时代中国特色社会主义思想为指导,进一步落实好立德树人根本任务,"调结构、转功能、增体量、提质量",以一流学科建设催生更多世界一流成果,以一流的人才培养体系、一流的人才培养质量、一流的原始创新能力、一流的人才队伍努力跻身于一流大学方阵,为高等教育强国和现代化美好安徽建设贡献更大力量。为了达成安大人这一宏愿,切实推进安徽大学"双一流"建设,学校于2018年建设了包括安徽大学创新发展战略研究院在内的"3+1"研究平台,着力打造跨学科、综合性的学科交叉研究平台和新型特色智库。

安徽大学创新发展战略研究院(以下简称"创发院")于2018年4月27日正式挂牌成立,是学校直属综合性学科交叉研究平台,按照"创新特区、人才高地"定位,依托国别和区域研究院、农村改革与经济社会发展研究院、区域经济与城市发展研究院等研究院(所)进行建设,覆盖安徽大学经济学、法学、社会学、新闻传播学、管理学、政治学、外国语言学、历史学,以及计算机、生物学、资源环境学等专业开展交叉学科研究工作。创发院紧密围绕学校"双一流"建设目标和任务,瞄准国家重大战略需求和地区经济社会发展建设重大问题,聚焦于创新战略与管理研究、城乡发展与区域研究、开放发展与国别研究、社会治理与法治研究、绿色发展与资源环境研究等方向,在发展战略、理论创新、咨政建言、公共外交等领域创新性开展科学研究、人才培养、社会服务和国际交流合作。为了展现创发院与相关院校、兄弟院所的协同创新成果,创发院编纂并资助出版丛书一套,定名为《新时代创新发展论丛》。

《新时代创新发展论丛》囊括了创发院同仁及合作伙伴近年来最新理论研究成果,内容涉及农村问题、城市问题等诸多研究领域。在此,创发院对各位作者、安徽大学出版社各位编辑的艰辛付出表示衷心感谢!

安徽大学创新发展战略研究院
2021 年 12 月

目录
CONTENTS

绪　论 ………………………………………………………… 001

理论篇

"三农"视角下城镇化与乡村振兴耦合研究 ……………… 007
准确把握乡村振兴战略的内涵 …………………………… 028
由小岗村"大包干"谈乡村振兴之道 ……………………… 034
乡村振兴战略背景下壮大集体经济的思考 ……………… 040
城镇化激流下的村庄整治 ………………………………… 045
推进农村土地制度改革的研究与思考 …………………… 053

实践篇

乡村振兴战略视角下的农村三次产业融合发展探析 …… 071
中国粮食生产面临的困境及高质量发展路径 …………… 090
关于家庭农场发展模式的思考 …………………………… 105
对农村土地适度规模经营的分析与建议 ………………… 117
城镇化过程中农村宅基地流转问题的调查与思考 ……… 138
宣城市实施乡村振兴战略路径研究 ……………………… 142

安徽实施乡村振兴战略的路径选择 …………………………………… 153
皖江文化与实施皖江乡村振兴战略的研究 …………………………… 177

治理篇

协同共治：新时代乡村治理的理念创新与实践路径 ………………… 189
乡村治理体系构建面临的现实困境及其化解 ………………………… 198
乡村振兴背景下法治乡村建设研究 …………………………………… 215

脱贫攻坚篇

全面建成小康社会中精准扶贫与脱贫问题的研究 …………………… 233
农村因病致贫与精准扶贫研究 ………………………………………… 247
科技创新助推精准扶贫的对策与思考 ………………………………… 256
脱贫攻坚视角下资产收益扶贫模式探析 ……………………………… 267

绪　　论

党的十九大提出实施乡村振兴战略，党的十九届五中全会进一步强调，要全面推进乡村振兴，加快农业农村现代化。这是党中央作出的重大决策，是"十四五"时期"三农"工作的主题主线。

党的十九大报告有七大战略，乡村振兴战略是七大战略之一。党加强了"三农"工作的顶层设计，尤其是对"三农"工作给出了清晰的目标和路线图。乡村振兴战略的内涵十分丰富，与以往文件相比，不少提法有了新的变化。在理论篇中，《基于"三农"视角下城镇化与乡村振兴耦合研究》从城镇化与乡村振兴战略逻辑关系着手，分析了城镇化是解决"三农"问题的重要途径，但单向的、片面的城镇化解决不了中国"三农"问题，得出城镇化与乡村振兴战略都是解决"三农"问题、促进农业农村发展的手段和路径，在此基础上，针对城镇化与乡村振兴面临的现实问题，立足"三农"的视角来探索城镇化与乡村振兴耦合的新路径。《准确把握乡村振兴战略的内涵》一文提出了"乡村振兴战略怎么看""乡村振兴之路怎么走"，让我们深刻理解和把握乡村振兴战略的科学内涵，对于推动创新"三农"工作思路、开创"三农"工作新局面具有重大的现实意义。同时，安徽素有敢为人先的优良传统。1978年凤阳小岗村实行"分田单干，包产到户"的"大包干"，开启了全国农村改革的先河。2000年推行农村税费改革，免征农业税，催生了这一千古变革。2016年4月习近平总书记视察安徽，对此给予充分肯定，并要求安徽省要敢为人先、锐意进取，争当击楫中流的改革先锋。《由小岗村"大包干"谈乡村振兴之道》一文主要从"敢为人先、锐意进取"等小岗村精神谈对现今乡村振兴之道的指导与借鉴。

近年来，各地扎实推进农业供给侧改革，积极探索农业产业化联合体融合、产业集聚型融合、农业产业链条拓展性融合、"农业＋互联网"型融合、垂直一体化企业全产业链融合、农业新业态型融合、社会化服务型融合等农村一、二、三产业融合发展模式,繁荣了农村经济,为农民增收致富增添了新动力。在实践篇中,《乡村振兴战略视角下的农村三次产业融合发展探析》一文主要从产业兴旺角度出发,对农村一、二、三产业融合发展现状、遇到的主要问题等方面进行分析,并提出了针对性建议,为促进农村一、二、三产业融合发展新路径提供有价值的参考。同时,随着市场化步伐的日益加快,农村经济社会发生了深刻变化,许多地方村集体经济发展滞后,出现了大量"无钱办事"的集体经济"空壳村",直接影响农业农村现代化建设和乡村治理体系的构建。集体经济的强弱关系到农业农村农民问题解决的质量,关系到党在农村的凝聚力、号召力和战斗力。《乡村振兴战略背景下壮大集体经济的思考》一文提出如何实现集体经济壮大和提升集体经济自我发展能力。在深刻把握宣城市农业农村发展实际的基础上,《宣城市实施乡村振兴战略路径研究》一文围绕乡村振兴战略"产业兴旺、生态宜居、乡风文明、治理有效、生活富裕"五大目标,着重分析实施乡村振兴战略面临的困难与阻碍,并据此提出宣城市实施乡村振兴战略的思路与建议。2018年中央一号文件把文化建设放到了很重要的位置。皖江文化底蕴深厚、内容丰富、范围广泛,涉及历史重大事件和重要人物以及文学、戏曲、经济、政治、书画、宗教、科技、生态环境、民俗风情等众多领域。《皖江文化与实施皖江乡村振兴战略的研究》一文从"乡风文明"角度出发,以皖江文化为视角,探索文化要素在实施乡村振兴战略的角色,并提出文化助推乡村振兴的发展路径。

同时,城镇不可能漫无边际蔓延,城镇人口也不可能毫无限制增长。城镇化的好处在于能够实现规模效益,在降低交易费用的基础上实现劳动力、资本、土地等资源的最大化利用。但是,规模效益随着人口的聚集和经济的发展有一个临界值,过了这个临界值城市的总体效益将降低。目前我国一线城市北京、上海、广州、深圳实行人口转移的限制性政策就是基于此考虑。虽然绝大多数城市的人口都还未达到饱和状态,但至少说明了单向的、片面的城镇化在当前国情下并不是唯一可选项。正如习近平总书记在中央农村工作会议上所说,"如果只顾一头、不顾另一头,一边是越来越现代化的城市,一边是越来越萧条的乡村,那也不能算是实现了中华民族伟大复兴"。从本质上说,城镇化与乡村振兴二者均是推进现代化、解决"三农"问题的重要途径,是相互促进、相辅相成的。

  乡村治理是一项复杂的系统工程,是国家治理体系的重要组成部分,关系到乡村和谐稳定和生存发展,关系到全面建成小康社会目标的实现。在治理篇中,主要从"治理有效"角度出发,分析了当前乡村治理面临的面题,如乡村社会各种矛盾交织、叠加、集中在一起,一个矛盾或问题的解决,需要多个方面、多个部门的协作配合,而乡村治理的权力仍然分散在不同人员和组织之中,相互之间缺乏有效衔接,导致同级不同部门、上级与下级之间或是"各扫门前雪",或是相互推诿、互相牵制,增加了治理的成本和难度。有的矛盾和问题本应该整体性、系统化解决,却被分成若干部分解决,会出现"头痛医头、脚痛医脚"的现象,整体效果不佳;有的矛盾和问题单一部门难以解决,由很多部门共管且权责模糊,往往会发生相互推诿扯皮和"九龙治水"多头治理的现象,治理效率不高。《协同共治:新时代乡村治理的理念创新与实践路径》一文提出"协同共治"成为创新乡村治理体系的重要理念和路径选择。同时,必须坚持以习近平新时代中国特色社会主义新思想为引领,着力构建多元共治、"三治"(自治、法治、德治)结合的乡村治理体系,确保乡村社会和谐稳定,乡村振兴战略有序实施。《乡村振兴背景下法治乡村建设研究》一文在对乡村法治基本内容探讨的基础上,从法治乡村建设的意义、现状、完善的途径来分析,从而为实施乡村振兴战略建设良好的法治环境提供有力的参考。

  2021年7月1日,习近平总书记在庆祝中国共产党成立100周年大会上的讲话中庄严宣告"经过全党全国各族人民持续奋斗,我们实现了第一个百年奋斗目标,在中华大地上全面建成了小康社会,历史性地解决了绝对贫困问题"。绝对贫困问题解决了,相对贫困问题咋办?中央的多个文件里面都谈到了巩固拓展脱贫攻坚成果与乡村振兴有效衔接。如何巩固拓展脱贫攻坚成果?如何与乡村振兴有效衔接?这确实值得我们思考。生活富裕是实施乡村振兴战略的五大目标之一,而这一目标的实现,摆脱贫困是前提。而农村有部分村民因患各类疾病丧失劳动力,家庭收入骤减,同时,还要支出较大的医疗费用,导致生产生活陷入困境,甚至因病致贫、返贫,亟待各级政府高度重视。在脱贫攻坚篇中,《农村因病致贫与精准扶贫研究》一文从如何健康预防减少因病致贫、返贫和因病致贫后,如何让因病致贫家庭脱贫,杜绝因病返贫两方面入手,提出了减少和遏制农村因病致贫、返贫,加快因病致贫人口脱贫致富步伐的相关建议。《脱贫攻坚视角下资产收益帮扶模式探析》一文从资产收益的概念入手,分析走访调查的四镇两乡908户和SH村资产收益帮扶模式具体案例,探讨了资产收益帮扶的意义、现状、问题,在此基础上,提出完善资产收益扶持机制等相应政策建议。

理论篇

"三农"视角下城镇化与乡村振兴耦合研究

党的十九大报告对实施乡村振兴战略作出了重大决策部署,习近平总书记在 2017 年中央农村工作会议上提到"要通过制度保障,让进城的进得放心,让留在农村的留得安心,实现城镇与乡村相得益彰",本文从城镇化与乡村振兴战略逻辑关系着手,分析城镇化与乡村振兴面临的现实问题,从"三农"的视角来探索城镇化与乡村振兴的耦合新路径。

一、引言

党的十九大报告对实施乡村振兴战略作出了重大决策部署,2018 年中央一号文件深入贯彻落实习近平新时代中国特色社会主义思想和党的十九大精神,聚焦乡村振兴战略,对做好新时代"三农"工作,走中国特色社会主义乡村振兴道路,谱写乡村全面振兴新篇章作出了系统部署。而党的十九大报告通篇没有提到城镇化,是不是未来城镇化不重要了呢?在落实乡村振兴战略过程中,出现了各种疑问,集中体现在城镇化与乡村振兴关系的处理上。一些地方甚至出现了一些误解,有人认为乡村振兴战略与城镇化战略是相互对立、排斥的,或者认为实施乡村振兴战略意味着城镇化战略不再重要。还有人觉得,要在城镇化进程基本完成之后,再推动乡村振兴,否则可能造成资源的浪费与错配。也有人认为随着城镇化的推进,农村人口不断减少会导致乡村衰落。甚至有人觉得,乡村振兴是要给所有乡村地区进行投资建设,以城市的标准和模式建设所有农村,这样来吸引已经进入城市的人口回到乡村。弄清什么是城镇化,正确处理城镇化与乡村振兴的关系,对推进城镇化建设和实施乡村振兴战略有着重要的理论意义。

经济活动和人口在地理空间上的集聚,形成由不同类型和规模城市构成的城市体系,即城镇化或城市化过程,这是现代化的两大引擎①。推进城镇化是促进产业升级和扩大内需的重要抓手,是推动区域协调发展的有力支撑,是解决"三农"问题的重要途径,对加快推进现代化建设、全面建成小康社会具有深远历史意义和重大现实意义。

近年来学界对推进城镇化与实施乡村振兴战略作了很多研究和探讨,主要体现在如下几方面:

一是城镇化与乡村振兴的逻辑关系。吴肇光(2014)认为推进新型城镇化,是解决农业、农村、农民问题的重要途径。解决"三农"问题,单靠城镇化是不行的,还要把农村建设好。陈锡文(2018)认为,2030年前后中国的总人口会达到15亿,城镇化率达到70%,这意味着届时农村还有约4.5亿人口。可以设想,如果不把一个有着4.5亿人生活的地域建设好、不能够让他们获得像城里人一样的幸福生活,中国的现代化就不可能稳步地、有根基地向前推进。从本质上说,城镇化与乡村振兴二者均是推进现代化、解决"三农"问题的重要途径。韩俊(2017)从城乡融合发展角度出发,认为城镇化和乡村振兴是不矛盾的,城市和农村的发展从来都是互相促进的,城市和农村从来都是互相联系的,城市和农村是命运共同体。因此,李铁(2018)认为,要通过一系列大胆改革,去激发城镇化发展和乡村振兴的动力。

二是推进城镇化与实施乡村振兴战略面临的问题。随着城镇化的推进,彭建涛(2018)认为,城镇化速度并不是越快越好。沈晨业等(2018)认为大量的人口进入城镇必然给城镇的发展带来压力。陈晋丽等(2018)认为,"三农"问题已经由原来的农业增产、农民增收、农村发展转化为农业地位弱化、农民老龄化、农村空心化的"新三农"问题。黄英等(2018)认为,新型城镇化下农村发展受产业结构、农业现代化水平、基础设施水平、经济发展水平和生产投入的影响。

三是推进城镇化与实施乡村振兴战略新路径。在城镇化推进中,彭建涛(2018)认为,健康的城镇化建设要能够创造足够多的就业岗位、良好的人

---

① 刘晓辉:《关于河北省"新型城镇化与城乡统筹示范区"建设的几点认识》,载《河北大学学报(哲学社会科学版)》,2017年第3期,第87页。

居环境。蓝枫(2018)认为,要统筹产业布局,有效推进城镇化高质量发展。孙兵(2018)认为,破解农村空心化问题是实施乡村振兴战略的切入点和突破口。唐守祥(2018)认为,农业供给侧结构性改革是实现乡村振兴的基础和前提,也是实施乡村振兴战略的方式和手段,实现乡村振兴是目标和结果。

以上这些研究为本文提供了较好的基础,但就总体来看,仍存在如下问题:首先,对于实施乡村振兴战略的关注主要过度集中于五大目标方面,对于城镇化与乡村振兴两者的逻辑关系等关注不够;其次,对于实施乡村振兴战略的必要性以及相关对策关注较多,而对于实施乡村振兴战略所涉及的新问题、新情况研究较少,关于乡村所涉及的新问题、新情况的生成机制、作用机制、传导机制和防范化解机制的研究尤其不足,缺乏系统性;最后,就研究方法来看,大多基于乡村振兴五大目标,不同程度地存在以偏概全的问题,相关研究结论难以为相关对策建议提供有力支持。因此,本文拟针对上述相关问题进行弥补和改进。

二、城镇化与乡村振兴都是解决"三农"问题的重要途径

城镇化不仅有利于农村土地的规模化、集约化经营,提高生产率,而且能够将农村剩余劳动力、剩余资本要素转移到城镇,产生规模效益。但是,规模效益随着人口的聚集和经济的发展有一个临界值,过了这个临界值城市的总体效益将降低。目前我国一线城市北京、上海、广州、深圳实行人口转移的限制性政策就是基于此考虑的。虽然绝大多数城市的人口都还未达到饱和状态,但至少说明了单向的、片面的城镇化在当前国情下并不是唯一可选项。正如习近平总书记所说,"如果只顾一头、不顾另一头,一边是越来越现代化的城市,一边却是越来越萧条的乡村,那也不能算是实现了中华民族的伟大复兴"。从本质上说,城镇化与乡村振兴二者均是推进现代化建设、解决"三农"问题的重要途径,是相互促进、相辅相成的。

(一)城镇化是解决中国"三农"问题的重要手段

党的十一届三中全会开启了城镇化的新篇章。近年来,国家为推动新型城镇化建设,不断推进土地、户籍、教育、财政、就业、住房保障、医疗、养老等领域配套改革,农村人口转移速度加快。国家统计局资料显示:1978年末,

我国城镇常住人口仅有1.7亿人、常住人口城镇化率仅为17.92%。到2017年末,城镇常住人口达到8.1亿人、常住人口城镇化率达到58.52%,比1978年末分别增加6.4亿人、提高40.6个百分点,年均增加1644万人、年均提高1.04个百分点。

一是从农民的收入来源和收入结构来看,60%以上的收入来源于非农产业,其中,来源于工资性的收入高达50%以上(如图)。

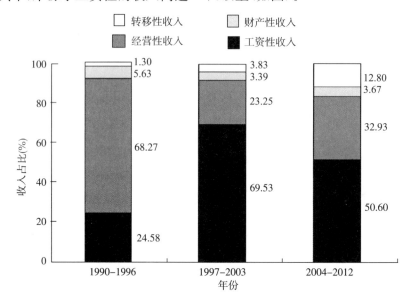

农民收入来源与结构图

图来源:国家统计局网,有改动。

在城镇化、工业化推进过程中,二、三产业快速扩张为农民带来了大量就业岗位与机会,大规模的农村剩余劳动力从农业生产转移至非农行业就业,农民工资性收入持续增长,工资性收入稳定增长成为拉动农民增收的最大动力,这归功于城镇化与工业化的推进[①]。所以未来进一步提高农民的收入,还要进一步扩大非农产业吸纳农业转移人口的数量,同时扩大农民增收的渠道,只有这样,农民的收入才能真正进一步地提高。从这个角度来说,城镇化是非常重要的,也助推了乡村振兴战略"生活富裕"目标的实现。

---

① 潘文轩、王付敏:《改革开放后农民收入增长的结构性特征及启示》,载《西北农林科技大学学报(社会科学版)》,2018年第3期,第2~11页。

二是从缩小城乡居民收入差距来看,我国人口众多,农业资源特别是土地资源的人均水平是比较低的,户均承包面积不超过6亩(如表1)。截至2017年年末,我国共有人口13.75亿,到2050年预计将达到约15亿,即使城镇化率达到85%,仍有2.25亿农村人口,按18亿亩耕地长期不变的政策,人均耕地仅8亩,户均也可能仅20亩左右,无法达到规模化经营的水平。

表1 农村土地承包面积、承包经营农户数、户均承包面积统计表

	2010年	2011年	2012年	2013年	2014年	2015年	2016年
农村土地承包面积(万亩)	127411	127735	131045	132709	132876	134237	136389
承包经营农户数(万户)	22581	22884	22976	23009	23022	23057	22869
户均承包面积(亩)	5.64	5.58	5.70	5.77	5.77	5.82	5.96

数据来源:根据政府有关部门公布数据整理。

中国国际经济交流中心常务副理事长郑新立表示,按照现在的机械化条件,像华北大平原可以实现全过程的机械化,一个劳动力种几千亩没有问题,但实际没有那么多地供他们种,大量的劳动力剩余,导致劳动生产率低下,拉大了城乡居民收入差距。要提高农村的劳动生产率,缩小城乡居民收入差距,必须要进一步提高农业人口人均占有资源的水平,必须要减少农业的就业人口,所以还必须进一步提高城镇化水平。

三是从乡村发展来看,新型城镇化的有序推进,加快了农业人口市民化的进程,促进了农地流转(如表2),有力地推动了农业规模化发展,促进了资金、技术、信息、人才和管理等要素向乡村流动。新型职业农民、家庭农场、龙头企业和农民专业合作社大量涌现,新型农业经营主体不断壮大,加快了农业现代化建设,为乡村发展增添了新的活力、持久动力,助推了乡村振兴战略"产业兴旺"目标的实现。

表2 农村土地承包面积、土地流转面积、土地流转面积占农村土地承包面积的比例

	2010年	2011年	2012年	2013年	2014年	2015年	2016年
农村土地承包面积(万亩)	127411	127735	131045	132709	132876	134237	136389
土地流转面积(万亩)	18729	22737	28175	34106	40394	44701	47873
土地流转面积占农村土地承包面积的比例(%)	14.7	17.8	21.5	25.7	30.4	33.3	35.1

数据来源:根据政府有关部门公布数据整理。

(二)单向的、片面的城镇化解决不了中国"三农"问题

快速推进城镇化的背后依然面临城镇承载能力、就业、土地、户籍、社保等诸多现实问题,一些矛盾和问题单靠城镇化很难解决。

一是从城镇承载能力来看,城镇人口不可能毫无限制增长。城镇人口急速增加为城镇提供了充足的劳动力,但也造成交通拥挤、犯罪增加、环境污染、住房困难等公共问题[①]。如随着产业和人口向城镇集聚,原有的交通现状与布局难以解决人们出行的困境,交通拥挤堵塞、交通事故增多、尾气排放污染空气等一系列问题出现,干扰了城镇功能的发挥,降低了城镇运转效率。

二是从城镇化进程来看,城镇不可能漫无边际蔓延。随着城镇化和工业化进程加快,新城、新区、工业园、开发区不断设立,非农产业建设大量占用耕地。2017年中国土地矿产海洋资源统计公报显示:2012—2016年全国因建设占用、农业结构调整、生态退耕、灾毁等减少耕地面积分别为:40.20万公顷、35.47万公顷、38.80万公顷、30.17万公顷、34.50万公顷,严重影响我国农业农村经济的可持续发展。2012—2016年间通过农业结构调整、土地整治等增加的耕地质量不高,五年间各年末全国共有耕地面积分别为:13515.84万公顷(20.27亿亩)、13516.34万公顷(20.27亿亩)、13505.73万公顷(20.26亿亩)、13499.78万公顷(20.25亿亩)、13492.09万公顷(20.24亿亩),呈逐年下降趋势。2012—2016年,五年间各年末全国共有人口分别为:135404万人、136072万人、136782万人、137462万人、138271万人,呈逐年上升趋势。耕地面积大幅度减少,人口逐年增加,五年间各年末人均耕地呈逐年下降趋势,分别为:1.497亩、1.49亩、1.481亩、1.473亩、1.4636亩。有限承载力的土地根本无法满足城镇化和工业化进程中非农产业建设无限制用地需求和养活快速增长的人口。

三是从科学技术发展的现实来看,文化水平不高的农村劳动力进城难就业。随着科学技术的发展,一些人工劳动被机器代替,劳动力密集型产业逐渐被技术密集型产业、资金密集型产业或资源密集型产业替代,而这些产业对劳动力素质和文化水平要求较高,导致文化水平不高的农村劳动力进城难

---

① 任远:《城市病和高密度城市的精细化管理》,载《社会科学》,2018年第5期,第76~82页。

就业,特别是一些年老体弱的农民。从表3可以看出,大专及以上文化程度农民工占比显著提高,且外出农民工文化程度明显高于本地农民工。

表3　农民工文化程度构成　　　　　　　　　　　　　　　单位:%

	农民工合计		外出农民工		本地农民工	
	2016年	2017年	2016年	2017年	2016年	2017年
未上过学	1.0	1.0	0.7	0.7	1.3	1.3
小学	13.2	13.0	10.0	9.7	16.2	16.0
初中	59.4	58.6	60.2	58.8	58.6	58.5
高中	17.0	17.1	17.2	17.3	16.8	16.8
大专及以上	9.4	10.3	11.9	13.5	7.1	7.4

数据来源:国家统计局网。

四是从农村人口向城镇转移现状来看,医疗、教育、房租等基本生活费支出快速增长,落户城镇门槛不断提高,让约2个多亿的农民离开了农村,处于流动状态,难以落户城镇。如表4:2016年、2017年常住人口城镇化率分别为57.35%和58.52%,而户籍人口城镇化率分别为41.2%和42.35%。2013—2017年人户分离的人口分别为:2.89、2.98、2.94、2.92、2.91亿人;流动人口分别为:2.45、2.53、2.47、2.45、2.44亿人。

表4　2013—2017年流动人口统计表

年度	总人口（万人）	常住人口城镇化率（%）	户籍人口城镇化率（%）	人户分离的人口（亿人）	流动人口（亿人）
2013年	136072	53.73	35.7	2.89	2.45
2014年	136782	54.77	36.63	2.98	2.53
2015年	137462	56.10	39.9	2.94	2.47
2016年	138271	57.35	41.2	2.92	2.45
2017年	139008	58.52	42.35	2.91	2.44

数据来源:2013—2017年国民经济和社会发展统计公报。

五是从城镇化推进速度来看,城镇化率逐年提高,但我国人口众多,仍有大量的农村人口生活、居住在乡村。2008—2017年,总人口增加6206万人,其中,城镇人口增加18944万人,乡村人口减少12738万人,城镇化率累计提高11.53%,乡村人口比重下降11.53%。以此速度计算,到2035年总人口将达150178.8万人,城镇化率达79.574%,仍有30675万人生活、居住在乡

村。(见表5)

表5　2008—2017年城镇化率情况统计表

年度	总人口（万人）	城镇人口（万人）	城镇化率（%）	乡村人口（万人）	乡村人口比重(%)
2008年	132802	62403	46.99	70399	53.01
2009年	133450	64512	48.34	68938	51.66
2010年	134091	66978	49.95	67113	50.05
2011年	135404	69079	51.27	65656	48.73
2012年	136072	71182	52.57	64222	47.43
2013年	136072	73111	53.73	62961	46.27
2014年	136782	74916	54.77	61866	45.23
2015年	137462	77116	56.10	60346	43.90
2016年	138271	79298	57.35	58973	42.65
2017年	139008	81347	58.52	57661	41.48

数据来源:中华人民共和国2008—2017年国民经济和社会发展统计公报。

综上所述,单向的、片面的城镇化解决不了中国"三农"问题,不能仅靠城镇化"消灭"农民来实现城乡一体化,还需要充分依靠乡村振兴这另外"一条腿"。

(三)城镇化与乡村振兴战略的逻辑关系探究

随着城镇化的快速推进,城镇规模和数量不断扩大、增加,公共服务设施和基础设施建设水平不断提升,吸纳了大量农村劳动力就业,让亿万农村人口逐步融入城镇,改善了其生活条件和生活质量,使其共享高质量的公共服务等经济社会发展成果。但我国人口众多,到2017年末仍有57661万农村人口生活、居住在乡村。在乡村,农业基础薄弱,发展滞后、不充分不平衡的矛盾较为突出,已经成为全面建成小康社会的关键。农业农村的短板就决定着整个社会发展的水平,单向的、片面的城镇化解决不了农村和农业发展不充分和城乡间发展不均衡问题,而党的十九大提出的乡村振兴战略就是把农业农村摆在一个前所未有的突出位置,补齐农业农村这块短板。

一是城镇化伴随工业化的发展而发展,为农民提供了大量的就业岗位和创业机会,拓宽了农民增收渠道。同时,让留在农村的农民可耕种土地增多,提高农村劳动生产率。因此,城镇化是缩小城乡差距的重要途径,是乡村振兴的重要推手。2008—2017年,随着城镇化率逐年提高,城乡居民人均收入差距逐年缩小(见表6)。

表6　2008—2017年城乡居民收入情况统计表

年度	城镇居民人均可支配收入	农村居民人均纯收入	城乡居民人均收入差距	城镇化率(%)
2008年	15781	4761	3.31	46.99
2009年	17175	5153	3.33	48.34
2010年	19109	5919	3.23	49.95
2011年	21810	6977	3.13	51.27
2012年	24565	7917	3.10	52.57
2013年	26955	8896	3.03	53.73
2014年	28844	10489	2.75	54.77
2015年	31195	11422	2.73	56.10
2016年	33616	12363	2.72	57.35
2017年	36396	13432	2.71	58.52

数据来源:中华人民共和国2008—2017年国民经济和社会发展统计公报。

注:城乡居民人均收入差距=城镇居民人均可支配收入/农村居民人均纯收入。

二是实施乡村振兴战略,深化农村土地制度改革、集体产权制度改革,探索宅基地"三权分置"即所有权、资格权、使用权分离、流转等措施,使农业人口得以从土地上解放出来,毫无顾虑地向城镇转移,安心地留在城镇,成为市民。如果没有农业人口向城镇转移的市民化,城镇化将成为无源之水,无本之木;如果没有农业人口向城镇转移的市民化,城镇化促进经济社会发展的作用和强大功能就不能充分发挥出来,更难以实现高质量、健康发展。可以说,乡村振兴是城镇化的基本动力。同时,农产品为轻工业生产提供原材料和为城镇人口提供基本生活资料。实施乡村振兴战略,构建现代农业产业体系、生产和经营体系,能实现农产品高质量供给,有效地保障食品等相关企业生产的原料需求,满足城镇人口的生活消费需要。由此可见,乡村振兴是城镇化的第一推力。

三是从城镇化和乡村振兴相互关系看,二者都是解决"三农"问题、促进农业农村发展的手段和路径,相互促进,相互依托,不可分割,形成了推进经济社会发展的强大动力和最佳合力。仅仅依靠城镇化,容易引发"城市病"和导致农村凋落、农业萎缩,农村的落后面貌很难从根本上得到改变;仅仅依靠乡村振兴,忽视城镇化,没有农业人口向城镇转移的市民化,城镇则成为"一潭死水",农业农村加快发展的良好条件也就不能获得,会延缓农业农村现代化建设进程。

三、推进城镇化与实施乡村振兴战略面临问题的研究

城镇化进程的快速推进,为乡村振兴提供了良好的条件,同时也为乡村振兴带来新的挑战。快速城镇化的背景下,推进城镇化与实施乡村振兴战略依然面临一些矛盾和问题,制约着乡村健康发展。

(一)城乡经济社会等规划分割,城乡规模结构和空间分布不合理

城镇化和乡村振兴都是复杂的、庞大的系统工程,它们涉及当前和长远,涉及经济、社会、生态,这就要求我们做好规划。经济社会发展规划、城市发展规划、小城镇发展规划、乡村发展规划、村庄布点与规划、土地利用规划等规划相继出台,经济社会发展规划缺乏指导性,这些规划脱离实际,独立出台,甚至出现土地利用总体规划和空间总体规划相互制约、互相矛盾的现象,使得规划的科学性和前瞻性很难得到体现①,导致经济发达的地区出现"城市病",资源型城市和传统工业城市出现"鬼城",经济欠发达地区出现"空城"及"空心镇"和"空心村",造成资源严重浪费。

一是经济发达地区人口聚集快,城镇化率高,城镇的规模和数量扩张、增加迅速,但面临交通拥堵、环境恶化、资源紧缺等诸多问题(也就是"城市病")。如人口增加、车辆增加远远超越城镇基础设施的承载力,特别是交通基础设施,导致交通拥堵。

二是中国有一大批资源型城市和传统工业城市,无论是"煤城"还是"钢

---

① 张同升、刘长岐:《快速城镇化发展背景下的中国城镇规划问题》,载《城市发展研究》,2009年第8期,第48~53页。

城"以及靠单一传统产业支撑发展的其他城市,在过去几十年中,吸纳了大量农村人口,推动了城镇化进程。在当时繁荣的背景下,城镇化规划与经济可持续发展脱节,预计未来会吸纳更多农村人口,需要扩大城镇面积来容纳。这些过度依靠传统产业、单一产业及资源型产业发展的城市因缺少新兴产业支撑和核心竞争力,很快走向衰落,而一些城市把目光投向了"见效"快的房地产行业,不仅使大片的商品房无人问津,原有楼房也人去楼空,"鬼城"便应运而生。

三是经济欠发达地区产业发展水平不高,特别是高科技产业比例低,第三产业发展相对滞后,进而导致其支持城镇就业能力有限。在城镇化规划设计时,一些地区忽视各个地域之间的差异,也不考虑自身的生态自然、空间承受能力及经济社会发展状况,没有经过精确的数据分析,单凭主观臆想,盲目地划定一个大规模、划大城镇框架,脱离实际地设定当地城镇化目标。在城镇化的推进过程中,一些地区又带着攀比心理,为了"达标""政绩""形象"等,仅仅看重"城镇化率"指标的完成度如何,圈占土地修路围城,2016年建成区面积54331平方公里,与1981年建成区面积7438平方公里相比,增长了7.3倍。而2016年城镇人口79298万人,与1981年城镇人口20171万人相比,增长了3.9倍。经济欠发达地区农业人口向城镇转移速度远远慢于城镇化速度,出现了"空城"及"空心镇",阻碍了该地区城镇化的健康发展。

四是在城乡二元经济的大背景下,因农村土地集体所有的产权格局,土地占用成本较低。在缺少对乡村空间的统筹规划的前提下,为避免自己利益受损,人人都想尽可能多地占有土地,加剧了宅基地乱占滥用现象,导致乡村建设用地无序扩张。同时,由于农村宅基地产权制度的缺陷以及退出机制不健全,随着农业人口逐年减少,乡村建筑面积反而呈现扩张趋势[①]。如自然资源部的数据显示,2006年至2014年,农村常住人口减少了1.6亿人,但农村居民点用地却增加了3045万亩,有约20%的农村住房常年无人居住。又如,第二次和第三次全国农业普查主要数据显示,2016年末农户拥有2处住房的2677万户,与2006年末农户拥有2处住房的1421万户相比,增长了

---

① 张冠、顾红男:《新城镇化背景下乡村空间的重构》,载《重庆建筑》,2015年第9期,第10~12页。

1.88倍;2016年末农户拥有3处住房的196万户,与2006年末农户拥有3处住宅的77万户相比,增长了2.54倍。

(二)农村人口进城容易留城难,"候鸟式"迁移仍然突出

农民进城经商务工会面临各种各样的生活或生产上的困难,收入的水平、稳定性、满意度和留城生活的社会成本以及对城市的幸福感和归属感等均影响农村人口是否留城落户①。根据交通部的初步统计,截至2018年3月12日,春运40天,全国铁路、公路、民航、水路旅客发送量约29.7亿人次。春运洪流的产生,其根本原因就是农村人口进城容易留城难,在"被漂泊"的现实下不得不采用"候鸟式"迁移。农村人口留城落户难在哪里?

一是农民非农收入占家庭总收入的比重直接影响农村人口是否留城落户,这是农村人口留城落户的先决条件。非农收入比重高,不仅会改变农村人口的生活方式,也会增强其留城落户经济资本、适应能力与城镇化意愿②。目前,进城经商务工农民有一技之长的不多,有多项劳动技能的人更少,大多数农民只能靠延长劳动时间、增加劳动强度多挣钱,"靠力气吃饭",且收入不高,这是他们进城落户少的重要原因。如2016年,农民工月平均工资为3275元,比同期城镇在岗职工月平均工资5749元少2474元,仅占后者的57%③。

二是从实际情况来讲,农民工的低收入水平和当前城镇高房价的现实,难以支撑农民工在城镇购房。《2017年农民工监测调查报告》显示:农民工月均收入3485元,扣除每月必需的生活消费支出后,最多可结余2500元。"以一家有一个农民整年在外面打工,每月共结余2300元为例,按照三四线城市房价8000元/平方米来算,农民工想买一套100平米的房子则需要连续打工18年"④。这样的收入水平和房价,让进城农民不敢在城镇购房。

---

① 佐赫、孙正林:《外部环境、个人能力与农民工市民化意愿》,载《商业研究》,2017年第9期,第170~177页。

② 张小山、张应阳:《农民市民化意愿影响因素实证分析——基于非农收入比重和农民土地意识视角》,载《湖南农业大学学报(社会科学版)》,2017年第4期,第85~90页。

③ 余晓菲、娄晨雁、印蓝蓝、单玲娜、支雯燕:《当代农民工收入现状及提升路径》,载《合作经济与科技》,2018年第12期,第188~189页。

④ 郭得恩:《农民工进城购房的问题研究》,载《现代经济信息》,2017年第13期,第17页。

《2016年农民工监测调查报告》显示：在进城农民工中，购买商品房的仅占16.5%，而租房居住的占62.4%，由雇主或单位提供住房的占13.4%，以其他方式解决住宿的占6.4%，租赁公租房和购买保障性住房的不足3%。住房问题则成了农村人口进城难落户的重要原因。2016年城镇居民人均住房建筑面积36.6平方米，而《2016年农民工监测调查报告》显示：进城农民工人均居住面积为19.4平方米，其中，在5平方米及以下的占6%，在6~15平方米的占37.4%，在16~25平方米的占25.5%，在6~15平方米的占37.4%，在16~25平方米的占25.5%，在26~35平方米的占12.6%，在36平方米以上的仅占18.5%。

三是随着物价水平上涨，农村人口进入城镇生活，房租、水、气、电、物业费等日常生活必要开销也随着上涨，即便刨去不必要的支出，收入也只能苦苦维持生活。若家里有人生了病或家里有个"药罐子"，挣的钱几乎都用于看病，其收入仍然难以负担城镇生活。农村人口转移到城镇生活的仍有部分人居住在城镇，在非正规单位和低端领域就业，从事着脏、累、苦的工作，处于城镇社会的最底层[1]，并未实现由农村向城镇转移。

四是同在城镇打工，城镇和农村户籍差别不大，而随着农业税取消等农村税费改革、惠农直补等利好政策出台，承包地、宅基地等土地价值越来越高，逐渐提高了农村户口的"性价比"，加上国家对农村贫困地区增加专项高校招生计划照顾，让相当一部分有留城落户实力的农民不愿落户城镇。

(三)农村人口单向流出，乡村振兴的人力资本和专业人才缺乏

在城镇化和工业化快速发展中，大规模的农业劳动力向城镇非农产业转移，但留在农村的人口仍然众多，按中华人民共和国2017年国民经济和社会发展统计公报显示数据计算，乡村人口还有57661万人，其中乡村就业人口35178万人，占乡村人口的61%，农村丰富的劳动力资源并没有带来乡村的繁荣和发展。

一是能够转移到城镇的农村人口中基本上是年轻或文化程度较高的劳

---

[1] 杨文杰、秦加加：《流动人口社会融合度测量指标体系完善研究》，载《河北大学学报（哲学社会科学版）》，2016年第3期，第128~135页。

动力,劳动力素质相对高一些,或者经济条件较好。留在农村的人口数量虽多,但劳动力中老弱妇孺比重大,低素质的农村贫困人口也不少,而乡村振兴所需人力资本和专业人才却严重缺乏。截至 2017 年,全国新型职业农民总量突破了 1500 万人,且 45 岁及以下的新型职业农民占全国新型职业农民的 54.35%,高中及以上文化程度的占全国新型职业农民的 30.34%。农村留守劳动力素质整体低下,降低了农业生产技术的承接、吸收和运用能力,最终导致农业难以可持续发展[①]。如第三次全国农业普查数据显示,在农业生产经营人员中,受教育程度为初中及初中以下的超过 90%,高中及高中以上的占 8.3%。由此可见,农业生产经营人员受教育程度大多在初中及初中以下,市场经营意识不强,观念落后,对农业新技术、新品种的接受和运用能力较弱,影响了现代农业机械化的实现、科技的推广和劳动生产率的提高,在一定程度上阻碍农业现代化的进程[②]。

二是目前来看,农村劳动力老龄化已成趋势,如第一、二、三次全国农业普查数据显示,1996 年末,超过劳动年龄(女性为 55 岁,男性为 60 岁)的占 9.86%;2006 年末,农村劳动力资源中,51 岁以上的为 13269 万人,占 25%;2016 年,全国农业生产经营人员为 31422 万人,其中年龄 55 岁及以上的为 10551 万人,占 33.6%。"70 后不愿种地,80 后、90 后不会种地",农业劳动力老龄化或超老龄化,阻碍农业现代化进程的同时,农业生产会出现青黄不接,"谁来种地"将成为一个现实的问题。

三是农村劳动力就业仍然存在不充分现象。我国人多地少,平均每个劳动力占有山地、耕地资源少,加上农业新技术的应用和推广,如撒播、抛秧、化学除草剂、高效化肥、喷灌、农药以及联合收割机等的使用,节约了大量劳动力,导致户均劳动力多,大量农业劳动力闲置,得不到利用,农民增收难。如按第三次全国农业普查数据计算,乡村人口还有 58973 万人,其中农业生产经营人员 31422 万人,而耕地面积 134920.93 千公顷,人均耕地约 3.43 亩,农业生产经营人员人均耕地约 6.44 亩。

---

① 张丽娟、向志虹:《乡村振兴战略背景下的农村空心化治理路径探析——以大巴山区为例》,载《中共四川省委党校学报》,2018 年第 2 期,第 93~98 页。

② 余艳锋、何俊海、吴昌华:《我国农村劳动力老龄化特征及根源性分析》,载《南方农村》,2017 年第 3 期,第 45~49 页。

（四）乡村发展后劲不足，生态环境脆弱

随着城镇化、工业化进程的加快，我国第一产业在国民经济中的比重逐年下降。面对国内国际激烈的市场竞争，国内农产品与境外大宗农产品难以进行竞争，越来越处于弱势地位，导致乡村发展后劲不足。

一是农业仍以传统经营方式为主，农业产出增长主要依赖生产要素投入，农业生产结构层次少，农产品品种单一。农产品基本以初级产品的形式卖出，没有进一步深加工的企业和工厂。农业生产经营人员主要从事种植业，农业生产结构极不合理。如第三次全国农业普查数据显示，农业生产经营人员主要从事农业行业中，种植业、林业、畜牧业、渔业、农林牧渔服务业占比分别为：92.9%、2.2%、3.5%、0.8%、0.6%。

二是农村规模经营水平低，耕地基本是碎片化种植，而碎片化的种植很难形成规模效应，导致生产效率低下，农产品生产成本高。如第三次全国农业普查数据显示，2016年，规模农业经营户农业生产经营人员1289万人，仅占4.1%。

三是农业综合生产力比较低，农业机械化水平、农业科技水平、农业抗灾能力还不高。如表7所示：2000年、2010年、2015年、2016年、2017年耕地灌溉面积占农作物总播种面积的比重分别为：34.43%、38.49%、39.49%、40.21%、40.77%。农业产业化水平低，农民应对市场信息变化的能力非常薄弱，加上"优、特、新"产品还比较少，"增产不增收"现象经常发生，农民收入水平仍然很低。如2018年中国统计年鉴数据显示：2017年城镇、农村居民人均可支配收入分别36396.2元、13432.4元，城乡居民人均可支配收入比为2.71:1。其中，城镇居民低收入户组人均可支配收入达13723.1元，超过农村居民人均可支配收入290.7元。

表7 农作物总播种面积、农业机械总动力、耕地灌溉面积统计表

	2000年	2010年	2015年	2016年	2017年
农作物总播种面积（千公顷）	156300	156785	166829	166939	166332
农业机械总动力（万千瓦）	52573.6	92780.5	111728.1	97245.6	98783.3
耕地灌溉面积（千公顷）	53820	60348	65873	67141	67816

数据来源：2018年中国统计年鉴。

四是在快速城镇化、工业化进程中,耕地面积持续下降的同时,来自工业企业和农业生产的污染呈现出日益严重的态势,受到污染的耕地面积急剧增加,土壤质量持续下降。如 2018 年中国统计年鉴数据显示:2017 年废水排放总量 6996610 万吨;废气中主要污染物排放中,二氧化硫 875.40 万吨、氮氧化物 1258.83 万吨、烟(粉)尘 796.26 万吨等。化肥、农药、除草剂、杀虫剂等化学投入品的过量使用,畜禽粪便、农作物秸秆和农田残膜等农业废弃物的不合理处置,导致农业面源污染日益严重,加剧了土壤和水体污染风险。如 2018 年中国统计年鉴数据显示:化肥施用量 2000 年 4146.4 万吨、2010 年 5561.7 万吨、2015 年 6022.6 万吨、2016 年 5984.1 万吨、2017 年 5859.4 万吨。

四、推进新型城镇化与乡村振兴耦合的新路径

城镇化一端连接着工业化、信息化,一端带动着农业现代化,也是我国最大的发展动能和内需潜力所在。在推行新型城镇化的过程中,要凝心聚力地补齐乡村这块短板,推动以人为核心的乡村绿色协调可持续的发展①。

(一)强化规划引领,科学确定城乡规模结构和空间分布

在中央战略布局、统筹总体规划和制度安排的基础上,根据本地经济社会发展现状与趋势、资源环境承载能力等因素,科学把握乡村、小城镇及大中城市的差异性和发展走势,做好顶层设计,科学确定乡村、小城镇及大中城市规模结构和空间分布。加强各类规划的系统衔接和统筹管理,坚持新型城镇化和乡村振兴双轮驱动,形成多规合一、区域一体、城乡融合的规划体系。

一是优化北京、上海等经济发达地区的城市空间结构,增强城市资源环境、公共服务和基础设施对人口的承载能力,推动交通站点与居住、办公、商业、生态空间的合理布局。同时,加快转变城市发展方式,鼓励市区发展高端服务、信息中介、现代商贸、创意创新等产业,通过将劳动密集型产业外迁等措施减少城市人口压力,增强城市灾难防范意识,有效预防和治理"城市病"。

---

① 孙磊、段怡慧:《新型城镇化背景下建设美丽乡村的现状与对策研究》,载《长春理工大学学报(社会科学版)》,2018 年第 4 期,第 123~126 页。

二是支持资源枯竭城市淘汰产能落后企业,改造提升传统产业,发展接续替代产业。根据城市比较优势、要素禀赋和资源环境承载能力,壮大先进制造业和新一代信息技术、新材料、新能源、新能源汽车、节能环保、生物等战略性新兴产业,培育发展特色的城市产业体系,用产业留人、以产业吸引人入住,不让"鬼城"产生。

三是根据自身的人口密度、经济社会发展状况、资源环境及空间承载能力,科学合理编制城镇规划设计,严格控制城镇化建设用地规模,统筹生活区、商业区、办公区、生产区等功能区规划建设,控制建设标准以免过度超前,在产业集聚的同时集聚人口,杜绝盲目、脱离实际地推进城镇化建设,防止城镇"空心化"。

四是综合考虑不同村庄分布与发展现状、集聚特点、区位条件、演变规律、资源禀赋等,合理确定村庄规模和布局。统筹城乡发展,精心谋划产业发展、公共服务、基础设施、生态环境保护等空间布局,形成现代城镇与田园乡村相融、各具特色的城乡发展形态。坚持"一户一宅、面积法定"宅基地使用制度,准确把握宅基地有关法律法规和政策的规定,妥善处理"一户多宅"、超占多占、违法违规占有宅基地等问题,保障"户有所居",激发农村土地资源活力。

(二)建立健全城乡融合发展政策体系,让农村人口进得来留得住

乡村振兴的核心在人,城镇化的本质是农民市民化。实施乡村振兴战略,实现"产业兴旺",就要提高农业现代化水平,就会产生大量的农村剩余劳动力,而实现"生活富裕",就要加快转移这些农村剩余劳动力,增加农民收入。工业化的快速发展,需要大量的劳动力,不断吸引这些农村剩余劳动力到城镇来,补充城镇劳动力,给城镇带来了生产力、创造力和活力,这有力促进了城镇化同步快速发展。因此,有序推进农村转移人口市民化,是实施乡村振兴战略、同步推进新型城镇化快速发展的重要内容,需要长期性、系统性、综合性的城乡融合发展政策体系支持。

一是加快推进户籍制度改革,放宽落户条件,拓宽落户通道,促进在城镇稳定生活和就业且有能力落户的农村转移人口有序实现市民化。重点鼓励和支持就业能力强、进城时间长、能够适应城镇生活和工作环境的进城农民

落户。但不可急推冒进,不搞层层下指标和虚假"城镇化"。进城农民是否落户城镇,要尊重他们自愿选择权利,严格防止"被落户"①。

二是积极支持传统服务业转型升级、混合所有制经济和实体经济发展,增加社会岗位需求,引导农村转移人口进城,并向特色城镇和工业园区有序集中、合理流动,解决有人无产、有城无人的问题,为他们创造就近就业的机会和条件。优化创业就业扶持政策,建立健全城乡一体化劳动力市场的服务体系,为农村转移人口就业提供高质量的服务,拓宽其就业信息渠道。加大对农村转移人口技能、创业培训和职业教育力度,整合培训资源,根据需求设置培训内容,开展"定向性、订单式"培训,提高其创业就业能力和素质,促进农村转移人口稳定就业。建立城乡融合就业制度,改善农村转移人口就业环境,破除对他们进城经商务工的歧视性限制和不合理规定,维护他们就业合法权益,使他们与城镇职工同工同权、同工同酬,提高他们经商务工收入,让他们变成有尊严的城市人。

三是建立城乡融合发展的保障体系,使农业转移人口享有与转入地城镇居民同等权利和义务。完善城镇住房保障体系,把进城落户的农村转移人口完全纳入城镇住房保障体系,采取多种方式满足符合条件的农村转移人口基本住房需求。扩大住房公积金缴存面,将他们纳入覆盖范围,确保他们同等享有政府提供给当地城镇居民基本住房保障的权利。完善学籍信息管理系统,保障进城落户农民子女与转入地城镇居民子女享有平等受教育权利,同城同待遇。完善城乡医保关系转移接续办法,在农村参加基本医疗保险的进城落户农民,其保险可规范接入城镇基本医疗保险。完善基本养老保险关系转移接续政策,推动进城落户农民参加当地城镇职工或城乡居民养老保险,确保他们与转入地城镇居民按规定同等享有养老保险待遇和最低生活保障的权利。

四是维护进城落户农民宅基地使用权、土地承包权、集体收益分配权(简称三权)合法权益,不得强行要求他们放弃"三权",将此作为其进城落户条件,或转让其"三权"。探索"三权"自愿有偿退出机制,引导和支持他们在本

---

① 王跃:《中国加快农业转移人口市民化的实践、难题与对策》,载《学习与探索》,2018年第 3 期,第 127~132 页。

集体经济组织内部依法自愿有偿转让。推进农村集体产权制度改革,鼓励他们进城落户后通过租赁等方式流转农村土地经营权、宅基地使用权,允许其享有农村土地承包权、宅基地资格权以及集体收益分配权,为他们进城落户失败留下退路。

(三)建立健全城乡融合发展体制机制,构建城乡劳动力双向流动的格局

实施乡村振兴战略,推动农村农业实现现代化,离不开对劳动力和管理者的依赖,特别需要依靠高素质的劳动力和专业人才来完成。建立健全城乡融合发展体制机制,着力构建城乡劳动力双向流动的格局。一方面要致力推动城镇化,有序推进农村转移人口市民化,在减少农村劳动力、创造农业适度规模经营的外部条件的同时,也为城镇劳动力到乡村寻求新的发展机会。另一方面要致力推动逆城镇化,在培育现代职业农民的基础上,疏通城镇劳动力向乡村流动的通道,吸引一大批有能力的人来乡村创业,鼓励他们从事农业生产,实现农业生产机械化、现代化、智能化,不断为乡村振兴注入新动能。

一是随着城镇化进程加快和农村人口转移提速,农村"空心化"、老龄化问题凸显,种地成本升高、种地收益低,种地人数越来越少,"谁来种地"成为众多专家学者关注的话题,甚至有人担心再过多少年就没人种地了。但中华人民共和国国民经济和社会发展统计公报显示,粮食产量从2004年到2015年连续12年增产。其中,2015年粮食产量达62144万吨,是1978年粮食产量30467.5万吨的2.04倍。据调查,除老人、妇女之外,更多的则是家庭农场等新型农业经营主体。耕地流转到职业农民、种粮大户、家庭农场等新型农业经营主体手中,便于耕作管理和提高种地组织化水平,加上科技、机械等广泛应用,人均种地规模扩大了很多,降低了种地成本、提高了种地收益。因此,我们不必担忧"没人种地",而是要关注"谁来种地"。

二是充分利用灵活多样的培训方式和各种现代教育手段,对留在乡村的农民有针对性进行职业技能和生产实用技术培训,努力提高他们的市场竞争、科技应用和自主发展能力,培养新一代善经营、懂技术、爱农业的新型职业农民,让他们成为乡村振兴的基础和主体力量。

三是大力培养乡土人才,有序推进经营管理人才、专业技能人才、农村致

富能手队伍建设,让他们成为创办农业农村新型经营主体的实践者、应用新装备新技术的引领者、发展乡村新业态新产业的先行者。

四是以生态优先为原则,加强财政补贴、产业扶持、人才激励、金融保险、社会保障等城乡融合发展机制保障和政策支持,改善乡村基础设施条件,补齐乡村医疗、教育等公共服务短板,让务农有保障、有钱赚,让乡村成为农民安居乐业的美好家园。一方面吸引农村年轻人、退伍军人以及大中专毕业生等新生力量、专业人才回流乡村,成为乡村振兴的重要力量,另一方面吸引更多的城镇人才到设施齐全、环境优美的乡村去创业,满足乡村振兴的人才需求,为乡村振兴源源不断地提供驱动力。

(四)发展高质量乡村产业,夯实乡村振兴的基础

乡村产业直接关系到农民增收、生活富裕,直接关系到产业兴旺、乡村经济发展。乡村产业的兴旺和高质量发展,能不断提升农民生活水平,不断筑牢乡村经济基础,为乡村其他方面的振兴奠定坚实的物质基础。同时,乡村产业的兴旺和高质量发展,会吸引更多的城镇资金、技术、人才进入乡村,进而有效带动乡村其他方面的振兴,使乡村充满生机和活力。

一是完善乡村产业体系,以绿色生态为导向,顺应市场和产业的自然规律,做好乡村产业规划布局,统筹布局生产加工、物流营销、新产品研发、配套服务等功能板块,整合相近区域内的小规模乡村产业,有力聚合乡村"单打独斗"的个体,形成生产加工销售流通研发一体化,以提高乡村产业规模、质量、效益和竞争力,最终推动乡村产业加速提质增效。强化三产融合,拓展"农业+"的范畴、领域,丰富乡村产业发展模式,积极推进"旅游+农业""文化+农业"等跨界融合发展。优化乡村产业发展环境,深度挖掘乡村特色农耕文化,发展休闲观光体验农业,吸引更多城镇资金、技术、人才,因地制宜发展本地乡村的二三产业,为乡村经济持续健康发展注入新活力、新动能。

二是加快病险水库除险加固、农田水利和高标准农田建设,推进灌区现代化改造,发展高效节水灌溉,健全运行管护机制,促进节水灌溉与农艺、农技、农机结合,补齐乡村农业生产体系短板,提升农业防灾抗灾减灾能力和农业综合生产能力,为农业可持续发展、乡村现代化建设和国家粮食安全提供强有力的支撑。大力发展高效农业、设施农业,加大新农机具、农机新技术推

广力度,提高农业生产全程机械化作业水平。

三是加快乡村信息化建设,完善乡村现代农业经营体系。整合推进信息进村入户,推进"互联网＋现代农业"发展,大力建设智慧农业、数字农业,构建农业大数据,将网络技术应用到生产资料供应、产品生产加工、贮存运输营销等环节,提升乡村产业技术含量,带动乡村产业效益提高。深入推进电子商务进乡村,发挥电子商务在促进产品销售、带动农村剩余劳动力就业等方面的重要作用,探索推广"互联网＋乡村产业"发展模式,培育更多的"电商村""淘宝村""外贸村"。

四是支持"龙头企业＋合作社""合作社＋家庭农场""龙头企业＋合作社＋家庭农场"等发展模式,推动新型经营主体由交易联结走向风险共担、优势互补的农业产业化联合体。整合资源,鼓励新型经营主体通过与小农户进行股份合作等方式,与其结成紧密利益联结机制,分享农业产业化或农业现代化发展的成果。鼓励和支持新型经营主体发展农业生产性服务业,开展土地托管、秧苗统育统供、联耕联种、代耕代种、病虫害统防统治等农业生产性社会化服务,帮助小农户利用现代生产要素。

五是重点推广稻田综合种养、轮作休耕、农牧循环利用等绿色发展模式,广泛采用统防统治、绿色防控、天敌灭虫、昆虫除废、测土配方施肥、有机肥替代化肥、水肥一体化应用等技术,管控和减少农药、化肥的使用。全面推行畜禽标准化、规模化养殖,逐步建立畜禽粪污治理、病死畜禽无害化处理及秸秆综合利用等加工、处理系统,实现农业废弃物循环利用,提升乡村绿色有机产品比重,增强农业、可持续发展的能力。

(原发表于《河北师范大学学报(哲学社会科学版)》,2019年第4期)

准确把握乡村振兴战略的内涵

党的十九大报告首次提出实施乡村振兴战略,强调坚持农业农村优先发展,加快推进农业农村现代化。当前,深入学习贯彻党的十九大精神,深刻理解乡村振兴战略的重大意义,准确把握乡村振兴战略的科学内涵,具有重大的现实意义。

一、乡村振兴战略怎么看

党的十九大报告有七大战略,乡村振兴战略是七大战略之一。党加强了"三农"工作的顶层设计,尤其是对"三农"工作给出了清晰的目标和路线图。乡村振兴战略的内涵十分丰富,不少提法有了新的变化,我们应深刻理解和把握:

(一)为什么是乡村振兴战略而不是农村振兴战略

作为党的重要文件,一字一句调整均蕴含着深意。在快速工业化和城镇化过程中,农村人口数和自然村数均逐年减少。据有关统计数据,1995年,农村人口数峰值达到85947万人;2015年,农村常住人口数为60346万人;期间,农村人口净减少25601万人。中国农村自然村数由2010年的2729820个减少到2015年的2644620个,平均每年约有1.4万个自然村消失,200人以下的自然村数从2010年的1311448个减少到2015年的1212396个,平均每年减少约2万个,所占比例从48.04%下降到45.84%。而村庄现用地面积数从2010年的1399.2万公顷增加到2015年的1401.3万公顷,住宅建筑面积数由2010年的242.6亿平方米增加到255.2亿平方米,呈现逐年增加的趋势。2020年中国常住人口城镇化率超过60%,每年超1000万农村人口迁移进城,农村"空心化"现象将会更加突出。只有把乡村小城镇与中心村建设好、发展好,增强其产业发展功能、公共服务功能、文化教育功能和人口集聚功能,积极引导城镇周边的自然村村民或零星居住的村民离开布局分散的旧村庄,集中到规划区建房。或将小村合并成大村,有步骤地整体搬迁,向中心村或城镇集中,连片发展,逐步形成城乡一体化的新型农村社区。乡村振兴战略从"农村"到"乡村",反映的正是党中央对"三农"问题的重新思考。

(二)为什么是城乡融合发展而不是城乡统筹发展

城乡统筹是谁在统筹呢?主要是政府统筹、政府主导。城市有城市的特点,乡村有乡村的特点,城乡融合,不应该依靠扩张城市来减少农村、农民数量,而是要让两者并存共荣共生。党的十九大报告提出了城乡融合发展机制和政策体系的概念,融合发展机制靠的是市场的原动力,政策体系主要依赖政府推动,市场的原动力和政府的推动力要有机地结合起来。从城乡统筹到城乡一体化到城乡融合发展,是中国城乡关系的第三次飞跃。

(三)为什么是农业农村优先发展而不是工业化、城镇化、信息化和农业现代化"四化"同步发展

在全面建设小康社会中,现在的主要任务就是补短板,在"四化"同步发展中,农业现代化是短板。同时,在小康社会建设进程中,农村是短板。那么,怎么样补短板?也就是习近平同志提出的"小康不小康,关键看老乡"。农业农村的短板就决定着整个社会发展的水平,木桶理论就可以非常形象地说明。那么,中国现不现代化,关键看农业农村。所以,农业农村优先发展在党的十九大报告中被正式提出来,农业农村被摆在一个前所未有的突出位置。

(四)为什么是农业农村现代化而不是农业现代化

原来提农业现代化大多是从农产品供应角度出发,现在把农业农村放在一起,那就不能单纯地把农村作为一个农产品供应基地。习近平同志在党的十九大报告中明确提出,我们要建设的现代化是人与自然和谐共生的现代化,既要创造更多物质财富和精神财富以满足人民日益增长的美好生活需

要,也要提供更多优质生态产品以满足人民日益增长的优美生态环境需要。生态产品能离开乡村吗?所以,农业农村现代化是从整体视野中看待乡村的发展。

(五)为什么是产业兴旺而不是生产发展

一个地区的乡村振兴,必须要有产业支撑。产业是乡村振兴战略的核心,也是逐步实现农民就地城镇化、就近就业化的核心因素。产业是经济社会发展的基础,也是乡村振兴战略的基础。深入推进乡村振兴战略,根本是加快产业转型升级,以产业兴旺带动事业兴旺,以事业兴旺支撑乡村兴旺。从"经济繁荣、生产发展"升级到"产业兴旺",体现了农业不仅是一个提供物质产品的生产部门,还能提供精神文化产品、生态产品、服务业以及乡村旅游、"互联网+农业"等,必须推动农村产业体系转型升级、一二三产业融合发展。

(六)为什么是生态宜居而不是村容整洁

生态宜居指明了乡村宜居的至高目标,是包括环境、村容、设施建设等在内的综合表现。实现生态宜居首先要保护当地现有的原始村、林、地、田、湖、水、草等最基本的生态基础,其次要建设以交通便利、生活方便、就医及时、文化繁荣、健身设施等为基本条件的基础设施,再次是对乡村中不利于当地环境保护和健康生存的污染企业、小作坊、小加工厂进行整改。只有这样才有利于居民的长久幸福,以及子孙后代的健康成长。生态宜居的指标应该包括社会文明度、经济富裕度、环境优美度、资源承载度、生活便宜度、公共安全度等。从"环境优美、村容整洁、设施完善"升级到"生态宜居",体现了乡村发展不仅要求乡村环境秀美,还要求乡村空气新鲜、水源洁净、空间安全,以建设人与自然和谐共处共生的宜居宜业综合体。

(七)为什么是乡风文明而不是文明和谐

以前提出的"文明和谐",其实是一个宏观的概念,现在国际上对于文明、文化等都没有一个基本统一的定义。乡村振兴战略提出的"乡风文明"对于文明和谐的概念进行了具体化,这个文明是"乡风"的文明。乡风淳朴是中华民族优秀的传统文化,注重乡风文明体现了历史和现代的统一。

(八)为什么是治理有效而不是管理民主

从管理到治理,虽一字之变,但是内涵外延截然不同。党的十九大报告关于乡村振兴战略的目标就是"治理有效",尤其是提出"加强农村基层基础工作,健全自治、法治、德治相结合的乡村治理体系。培养造就一支懂农业、爱农村、爱农民的'三农'工作队伍"。党的十九大报告中所提出的自治、法治、德治相结合的乡村治理体系,为破解乡村治理困境指明了方向,充分体现了以人为本和系统治理、依法治理、综合治理、源头治理的理念。从"管理民主"升级到"治理有效",体现了由"管"到"治"的乡村治理新思维,体现了从注重基层民主制度建设过程到追求农村社会稳定结果的转换。

(九)为什么是生活富裕而不是生活宽裕

从生活宽裕升级到生活富裕,体现了党和国家要提升农村居民生活水平,建成更高水平的小康和共同富裕路上不落一户一人的决心。实施乡村振兴战略,是开启全面建设社会主义现代化国家新征程的必然选择。

二、乡村振兴之路怎么走

乡村振兴战略涉及面广,具有长期性。如何构建农业产业体系?资本如何下乡?如何培养新型农业经营主体?如何在乡村范围内实现三次产业融合?如何与城镇化相结合?如何实现城乡要素自由流动?小城镇在乡村振兴中应该扮演什么角色?如何培育乡村的活力?如何建设美丽乡村?如何传承和保护乡村文化?如何推进农村土地制度改革和产权制度改革?这些问题都值得我们深思。

一要摸清家底。我们往往对乡村资源缺少系统的梳理,更没有在空间上直观地反映出来,难免造成工作的忽视。我们要从管辖区域范围内(可以是县区整体、也可以是乡镇,甚至是行政村)摸清有多少农田、多少山林、多少水面、多少道路、多少文化遗产、多少村庄,对基本情况作全面而系统的梳理,摸清家底,为下一步乡村空间规划指引和管控打下扎实基础。

二要分区指引,分类施策。必须根据区域的差异化分区分类制定发展策略。我们具体要重点振兴哪些农村？给予不同类型不同区域的乡村什么样的差别化政策、措施？这些都需要我们系统、深入、全面地思考和研究。我们可根据管辖区域范围内不同的地形地貌、经济发展水平、文化习俗、交通等因素，充分尊重现状，按照生产、生活、生态不同的功能划定生产、生活、生态空间。考虑基础和条件差异，充分考虑生态保护、产业发展、人居环境布点和各项设施配置的需求，分区管控，分类施策，按照分区分类的思路解决乡村发展问题。当然，一定区域内的乡村，是在相同的自然、社会和经济发展条件下形成的，具有相当的共性，以区域为单位推进乡村建设更经济、系统、高效，那么我们就可以区域为单位，以便统一部署，推进实施。

三要梳理乡村空间体系。乡村空间中有呈点状分布的重要景点、重要农业点、村镇居民点，也有河流、山脉、公路形成的脉络与线状空间，还有广袤农田、村庄形成的面状空间等。在此体系基础上合理布局，要有重点有一般，做到点线面结合。既要有明确的近期任务和目标安排，也要有远景展望，在近期与长远之间找到平衡点。这样才能有重点有先后，按不同的建设标准、规模、时序，分步实施、科学地推进，有步骤地实现乡村全面振兴。

四要优化项目配置。不同的乡村在社会事业、文化、产业、乡村建设等方面存在差异化的需求，而项目配置又存在分布不均衡的现象，我们要通过优化项目配置，补齐短板，发展重点，均衡布局。要根据乡村不同的资源要素，依靠有活力、有资源、带动力强的村庄，因地制宜地采取"小集中、大均衡"的模式有效推进，从而带动乡村全面发展。对于一些不具备条件的、人口流失的"空心村"，应退宅还田还林，恢复生态，实施生态治理。

五要多规协调、相互融合。这些年国家在农村产业、生态、社会、文化等方面实施了很多建设项目，但是不少项目之间缺乏协调，利用效率不高；同时有些项目只注重功能建设，没有与周边的乡土环境相协调。希望通过空间规划指引、多规协调把这些项目统一起来，减少冲突、复合利用，最大价值地发挥建设项目的综合作用。乡村产业重点首先要基于更高效、更生态、更智慧的农业；其次应该注重高附加值的农产品的生产和加工。针对有工矿、商贸、旅游基础的乡村，对工矿厂房、农业大棚、河塘沟渠、农业种植、树木绿化、建筑风貌等，都要进行系统管控和引导。但不要村村搞旅游，村村搞工业。

六是乡村建筑风貌要和谐统一。城市房价太高，进城经商务工的农民只好在农村建房。但是乡村房屋建设风貌存在一定的布局混乱、简陋呆板等问题,与自然和乡村社会不和谐。"采菊东篱下,悠然见南山",今天提出振兴乡村,是要让乡村功能完善、人居环境美丽宜居。乡村基础设施和公共服务设施要逐步完善;环境要干净、整洁;风貌要美丽而有特色;乡村环境还要有意境,达到诗意栖居,乡村要建设得比城市更让人向往。乡村风貌要充分尊重地域、民族、乡土,要反映生产、生活,要体现时代和文化。

七要激活乡村的内生力量。我们要把乡村能人吸引回乡,多培养乡村能人,多培育集聚人气的产业业态。乡村振兴不是对乡村简单给予式地帮助,要把乡村人的利益考虑好,调动他们的积极性;要把他们的思维方式摸透弄清楚,遵循他们的思路去引导、激活他们的创造力,自下而上,上下联动;要多给他们提供低门槛的、低成本的空间,特别注重一些适龄人口的需求,多给他们发展机遇,在政策上给予支持。乡村是熟人社会,人与人之间的熟悉是城市所欠缺的。传统乡村社会是按姓氏宗亲建立而成的,这对乡村的稳定和发展起到很大作用,未来乡村要把这种东西恢复和保留下去,这是人的精神所在。

由小岗村"大包干"谈乡村振兴之道

安徽素有敢为人先的优良传统。1978年凤阳小岗村实行"分田单干,包产到户"的大包干,开启了全国农村改革的先河。2000年推行农村税费改革,免征农业税,催生了这一千古变革。2016年4月习近平总书记视察安徽,对此给予充分肯定,并要求安徽省要敢为人先、锐意进取,争当击楫中流的改革先锋。

一、打破常规、摆脱体制束缚,探索宅基地"三权分置"问题

在思想意识形态领域中,这"分田单干,包产到户"则是打破常规、摆脱体制束缚,跨越历史艰难的一步。随着工业化、城镇化进程加快,大量的农民进城务工经商,出现了"空心户""空心村",大量的农房闲置无人居住。农民在外辛辛苦苦挣钱,用几年、几十年的积蓄盖房。很多农民花光了多年的积蓄盖新房,甚至借下不少外债。这些建好的房屋却因农民外出经商务工而闲置。长年累月的闲置,新的房屋变旧,旧的变成半倒塌的,半倒塌的变成倒塌的,造成了巨大浪费。农民想将闲置农房流转出去,一方面让农房有人住,保证不会倒塌;另一方面也可以增加一的点收入。习近平总书记在2017年中央农村工作会议上指出,"农村闲置农房放在那里任其破败是一个大问题,利用起来却是一笔大资源"。但按照原有的制度,闲置农房只能在本村内流转,导致流转速度慢、价格低,阻碍了闲置农房的流转。为改变这一现状,习近平总书记在2017年中央农村工作会议上指出,"要完善农民闲置宅基地和闲置农房的政策,探索宅基地所有权、资格权、使用权'三权分置',落实宅基地集体所有权,保障宅基地农户资格权和农民房屋财产权,适度放活宅基地和农民房屋使用权",这作为2018年中央一号文件的重要内容,完善了农民闲置房屋和闲置宅基地流转的政策,顺应了农民愿望和农村实践要求。如何落实习近平总书记讲话和2018年中央一号文件精神,就需要发扬小岗村超越自我的创新精神,积极探索与试点,通过共享、租赁等形式,让闲置的农房得到有效利用,一方面让农民得到不菲的房租收入,另一方面可以保护住房。如2017年合肥市开始试点探索"共享农房"模式,把空置农房信息推到线上,房屋的使用情况、位置、面积等图文资料都可以在线查询;租约期在5年至30年,租客对所租的房屋内外及院落,可以依据自己的需求和喜好进行翻修,还可以利用农房进行创业,也可以真正回归"乡居"。农村宅基地产权因涉及政策障碍和历史的复杂性,以往根本"不敢碰",2018年中央一号文件给宅基地产权改革指明了方向。安徽旌德县颁发了全国第一本农村宅基地"三权分置"不动产权登记证,以创新的理念、改革的精神,明确所有权、资格权的同时,适度放开使用权。农村宅基地"三权分置"不动产权登记证的颁发,让闲置农房的买方、卖方、村集体分别领到宅基地使用权、资格权、所有权不动产权登记证,三方心里都有底。可以在征得农民意愿后,以合资、合作、出租等方式盘活利用闲置农房,从而为吸引创业人才,引入工商资本提供坚实保障。也可以利用本地山水、农业产业等自然资源,发展田园旅游等优势项目,将闲置农房打造成富有乡村特色的村居民宿,完善生活配套设施,吸引向往田园生活的市民来居住,盘活闲置农房。要加大宣传力度,采用多样化的宣传方式,让更多的市民来领略自然风光,体验农村乐趣,为乡村带来活力与人气,促进农民致富增收,进而带动当地经济发展。

二、改革不相适应、比较落后的生产关系,完善承包地"三权"分置制度

1978年,小岗村"大包干"后,家庭联产承包责任制在全国农村推行,以改革当时比较落后、不相适应的生产关系,使之适应全国农村不平衡的生产力水平、不同发展阶段,极大地解放了农村生产力,较好地解决了全国城镇居民及广大农村居民的温饱问题,为工业化加快发展、农业持续稳定发展提供了动力源泉和物质基础。

随着经济社会的发展,科学技术的进步以及管理、信息等现代化手段的运用,工业化、城镇化、农业机械化进程加快。家庭联产承包责任制是农民以家庭为单位,向集体经济组织承包土地等生产资料和生产任务的农业生产责任制形式,其缺点是经营规模小,导致农业生产效率低下,农业生产成本高、收益低。在工业化、城市化的推动下,大批农民进城经商务工,导致农村成片耕地撂荒,危及粮食安全的同时,但也为农业集约化、规模化经营提供了发展空间。农民守着零碎细化的"责任田",很难通过农业生产取得较高的收益。一部分农民为获得高收益,进城经商务工,但又想保留农村的土地承包权,以保进城经商务工失败后温饱无忧。同时,希望通过流转土地经营权,盘活资源,增加收入。另一部分农民希望通过流转土地经营权,把零碎细化的土地合并,扩大农业生产经营规模,提高农业生产规模效益,从而提高收入。农民与土地的关系发生了深刻的变化,也就是现有的农村生产关系不太适应生产力发展的需要。习近平总书记在2017年中央农村工作会议上指出,处理好农民与土地的关系,仍然是当前农村深化改革主线。特别是在党的十九大报告乡村振兴战略部分提出,"巩固和完善农村基本经营制度,深化农村土地制度改革,完善承包地'三权'分置制度",顺应农民保留承包权、盘活经营权的意愿。这就需要我们发扬小岗村解放思想、实事求是的精神,完善承包地"三权"分置制度。要充分考虑本地经济社会发展和资源禀赋差异,鼓励进行符合实际的制度创新和实践探索,不能片面追求过快和过大,不能搞强迫命令和行政瞎指挥,更不能改变农地用途,破坏农业综合生产能力。同时,也要清楚地认识到,农村土地制度改革具有复杂性和长期性,不能操之过急,要由点及面开展,稳妥推进。党的十九大报告提出,保持土地承包关系稳定并长久不变、第二轮土地承包到期后再延长三十年,真正让种植大户和农民吃了"定心丸",放心种地。出门在外务工经商的也安心了。这需要我们用小岗村解放思想、实事求是的精神,着手研究制定具体的实施办法,完善配套措施,做好法律和政策宣传,确保把这一政策落实好。

三、团结合作、诚实守信,推动小农户和现代农业发展有机衔接

1978年,小岗人发起"大包干"时,以"按手印"和"赌咒发誓"的方式约定"如不成功,干部坐牢杀头,大家保证把干部的小孩养活到十八岁",表示若发生意外,要同舟共济、相互扶持,体现了小岗人团结合作、诚实守信的精神。正是因为这种精神,才有了"大包干""按手印"和后来的一系列变革。但随着市场经济的不断完善,市场变幻莫测,"大包干"生产方式遇到了一些新问题、新情况。以家庭为生产单位的经营主体,组织化程度低,势单力薄,在与

其他经营主体的市场交易中,交易方式落后,交易成本高昂,往往处于不利的地位。同时,农民对市场信息不能有效把握,缺乏对信息选择、鉴别、分析的能力,种什么或养什么,往往是"跟着感觉走",农业生产就出现了"一哄而上"或"一哄而下"的大起大落现象,造成农产品价格波动恰似"过山车"。农民往往对市场需求变化、市场竞争等巨大风险难以抵御,给他们带来较大的损失。

这需要我们发扬小岗村团结合作、诚实守信的精神,鼓励企业与小农户合作,把分散的山林、水域、土地等资源集中起来,组建各类养殖、种植和农产品加工基地,招收本地农民到基地和工厂就业。鼓励本辖区龙头企业发展订单农业,为分散的农户提供技术、良种、资金等方面的服务,强化对投入品的监管和指导,实行标准化生产,提高农产品质量安全,确保市场信誉度。同时,组织分散的小农户进入供应、生产、加工、销售等农业产业化链网中,促使他们结成利益共享、风险共担、平等合作的经济共同体。鼓励引导农民和乡村精英在农业生产、加工、销售等各个环节成立各类专业合作社,拓展领域,提高层次,创新运作模式与组织形式,有效对接国内外市场,打造高效率、广覆盖、管理规范、利益协调、反应敏捷、模式和类型多样的现代经济组织合作体系。鼓励农村种养大户、技术能人、经纪能人创办家庭农场,对农地、山林、水面进行连片开发。同时,鼓励引导农民与种养大户、技术能人、经纪能人以承包的山林、土地、水面或拥有的资本、技术等入股,建立股份制农场、加工厂,按照现代企业制度,以科技为支撑,以市场为导向,进行规模化、产业化、标准化、品牌化、优质化、集约化生产,对水面、农地、山林等进行更加合理的利用。股份制农场、加工厂实行企业化管理,以产品商品化为目的,条件成熟的可以成立地区性(或跨区域)农业集团。入股农民按照所占股份多少来分红,也可以在农场或所属加工厂工作,增加劳务收入,将分散的农户缔结成利益关系紧密的经济共同体,实现小农户和现代农业发展的有效对接。

四、发挥和保护群众的创造性、主动性和积极性,助推乡村振兴

群众智慧无穷,他们最清楚怎样做、怎样改,才能解放生产力。"大包干"是小岗人的首创,无意间改变了领导决策,拉开了农村改革开放的序幕。但如果没有县委和地委的保护、省委的支持、党和国家领导人的首肯以及家庭联产承包责任制政策的出台,"大包干"只能是昙花一现。这需要我们发扬小岗村首创精神,尊重民意,善于听取农民的意见,不折不扣地走群众路线,发挥和保护群众的创造性、主动性和积极性,激发他们在新时代的创造、创新、创业潜力,助推乡村振兴。乡村振兴着眼长期、关乎全局,必须规划先行,不可"脚踩西瓜皮,滑到哪是哪",更不可"想到啥是啥,拍脑袋决策"。在乡村振兴规划过程中,产业如何发展、生态如何保护、文化如何振兴、人才如何培养、组织如何建设,要充分尊重农民的意愿,因地制宜编制乡村振兴规划。要根据人口、村庄区位、生态、产业等不同特色,合理布局农业种植示范区、水果苗木种植区、畜牧业养殖区、水面养殖区等产业区;科学规划旅游休闲生活区、农民健身活动区、水上休闲游乐区等乡村功能区。乡村振兴过程中,农民是主体,但农民的生产技能素质、农业科技水平和文化素质普遍偏低,农民对市场信息、新成果和新技术的接受、吸取、消化能力还不能适应乡村振兴的需要。在尊重民意的基础上,采取农业科技示范、农业科技入户、新型农民培训等多种形式,培养管理型、技能型、经营型、服务型、文化型等新型农民,着力提高农民创业就业、参与乡村振兴能力,增强农民增收致富本领。灌溉难、行路难、就医难、上学难、吃水难等现象在一些乡村还比较突出,也是农村最需要解决、农民群众最为关注的问题。要充分尊重农民的意愿,量力而行,稳步推进,从解决农民最关注、最迫切的问题入手,找准切入点和着眼点,而这个切入点和着眼点就是农民群众最想办的事情,要让农民群众看到实实在在的好处和问题的妥善解决,从而调动他们振兴乡村的热情,着力补齐农村发展突出短板。农民长期生活在乡村,对乡村建设最具有发言权。乡村基础设施建设前,涉及群众利益的事,谁来建、怎么建、建什么,都要广泛征求村民意见,绝不可不顾民意和越俎代庖,要确保农民真正享有知情权、表达权、参与权和监督权,让农民主动参与乡村振兴。乡村基础设施建设完工后,乡村环境的维护,也要充分尊重民意,依靠农民,相信农民,管理机构、制度和经费均由农民组建、制定和筹集,要建立长效管理机制,让农民真正成为长效管理的主体。

五、把乡村振兴和服务"三农"的事业放在心中,培育"一懂两爱"工作队伍

当年,小岗村农民迫于饥饿,按了"分田单干,包产到户"的手印。在当时的历史背景下,冒着被扣上"走资本主义道路"帽子的风险,被"无情打击,残酷斗争"的风险,甚至杀头的危险。正如时任小岗村副队长的严宏昌所说:"我就不信这个邪!"正是这种"不信邪"、敢于担当的精神和惊人勇气,创造了农村改革的先例。推进乡村振兴,会遇到各种各样的困难、风险和挫折,需要发扬小岗村勇往直前的不屈精神,做到愈难愈勇、坚忍不拔。需要我们培育一支具有小岗村敢于担当精神的"三农"工作干部队伍,让他们把乡村振兴和服务"三农"的事业放在心中,勇于承担失误的责任,相信真理、相信群众、相信组织,不怕受委屈,勇于吸取失败失误的教训,放下包袱、轻装上阵;让他们熟悉农业、了解农业、精通农业技术,熟悉本地农业生产状况,了解全省和全国农业,切实把农业生产等工作完成好、落实好。鼓励他们勤奋学习,增强素质,刻苦钻研农业知识,改善知识结构,更新知识储备,提高业务能力和理论素养。引导他们自觉把"三农"工作作为增强素质的平台,在"三农"工作中历练本领,在解决"三农"问题中增长才干,成为农业生产的行家里手,造就一支懂农业的"三农"工作队伍。培养他们在处理农村工作要考虑得更具体、更细致、更周到的习惯,工作一件一件地落实,一步一步地向前推进,不见结果不松手,不达目的不罢休;对于重要工作和事项,亲自过问,全力以赴,做到全方位关注、全过程参与,防止出现失误和差错,力求做到万无一失;对全局性、长远的大事,能及时拿出对策和建议,增强预见性、前瞻性,防止出现工作被动,真正做到农村问题解决在一线、决策落实在一线,造就一支爱农村的"三农"工作队伍。培养他们在解决问题、化解矛盾、克服困难中敢于硬碰硬去抓、硬碰硬去管的精神,要不怕得罪人,不推卸责任,不上交矛盾,一丝不苟、专心细致,把琐碎事做好,及时解决群众最关心、最迫切的问题,培养造就一支爱农民的"三农"工作队伍。

(原发表于《南方农村》,2019年第1期)

乡村振兴战略背景下壮大集体经济的思考

随着市场化步伐日益加快和农村经济社会深刻变化,许多地方村集体经济发展滞后,出现了大量"无钱办事"的集体经济"空壳村",直接影响了农业农村现代化建设和乡村治理体系的构建。集体经济的强弱关系到农业农村农民问题解决的好坏,关系到党在农村的凝聚力、号召力和战斗力。如何壮大集体经济和提升集体经济自我发展能力是值得我们思考的问题。

一、农村集体资产是壮大集体经济的重要物质基础和动力来源

要壮大集体经济,增强农业农村发展活力,就要推进农村集体产权制度改革,完善集体资产权能,探索赋予农民更多财产权利。在明晰产权归属的基础上,管好用好集体资产,激活农村各类生产要素潜能,促进资产保值增值,建立符合市场经济要求的农村集体经济运营新机制。但无论怎么改,都不能把集体经济改弱了、改小了、改垮了,不能把农民的财产权利改虚了、改少了、改没了。党的十九大报告明确提出:"深化农村集体产权制度改革,保障农民财产权益,壮大集体经济。"推进农村集体产权制度改革,将集体资产确权到户,赋予农民一家一户相应的集体资产权利,集体收益按股份或按份额分红,让农民真正分享集体资产的收益,尝到改革的甜头。如2013年,素有"安徽股改第一村"的安徽宣州区澄江街道花园村在全省率先推进集体资产产权制度改革,实现了"资源变股权、资金变股金、村民变股民"的"三变"。以往,村民对集体资产看得见,摸得着,但管不了。如今,村民既看得见,摸得着,也管得住,"沉睡"的集体资产一下子"活"了起来。2016年,该村集体经济收入由2013年的10.5万元增长到

624.8万元;村民人均收入也由2013年的5245元涨到18379元。

党的十九大报告提出:"必须坚定不移贯彻创新、协调、绿色、开放、共享的发展理念。"必须用新发展理念,正确把握集体经济发展壮大的方向,要立足本集体优势,坚持靠山吃山,靠水吃水,选准路子,引导各村立足资源发展壮大集体经济。各地各村由于资源状况、外部环境、干部思想解放程度、地理位置等情况不同,壮大集体经济的模式也应该因地制宜,从实际出发,不搞"一刀切",要采取多种形式,不搞一个模式。可以集体开发林场、果园、养殖场等增加集体收入;可以采取"公司＋合作社＋农户""基地＋品牌＋市场"等经营模式,开展有偿服务,统一供苗木,提供技术培训、管理、销售一条龙服务,按照比例从收入中提取分成,增加集体收入;可以集体兴办农副产品加工企业或收购公司,使农副产品在加工、储藏、运销等环节中实现多次增值,集体收入与农民收入同步增长;可以依托资源优势,开发农田林网、矿山资源、光伏发电等产业,把资源优势转化为集体收入。但无论采取哪一种模式,必须考虑可持续发展,合理开发利用自然资源,不可只顾眼前,不搞竭泽而渔、"一锤子"买卖。要保护生态环境,绝不搞高能耗高污染项目,不能以牺牲环境为代价换取一时的发展和眼前的利益。要尊重市场经济规律,充分发挥市场配置资源的决定性作用,以市场为导向,以效益为中心,防止盲目铺摊子、上项目、粗放式经营。

二、突破单一农业发展限制,通过一二三产业融合发展,拓展经营性收入来源

党的十九大报告明确提出:"促进农村一二三产业融合发展,支持和鼓励农民就业创业,拓宽增收渠道。"要整合农村集体自身资源优势,因地制宜,探索生产服务、电商、旅游、健康、物业等产业与集体经济融合发展的新型业态。具有土地、林地、滩涂、水面等资源优势的,要以集体经济组织为主导把农民合理、有序地组织起来,大力发展特色农业和设施农业,形成规模优势,并通过"集体＋生产服务"模式,大力发展生产服务型经济,以提供统一管理、有偿服务等形式,集体领办创办各类服务实体,为农民提供技术、信息、物资、流通、仓储等服务,为农民专业合作社或企业提供产前、产中、产后等有偿服务,增加集体经营收入。在特色农业发展基础比较好的地区,针对农产品销售难题,探索"集体+电商"模式,利用电商平台,发展特色农产品电子商务,将周边专业合作社、基地、农民个人的水果、蔬菜、草药、花卉等特色农产品汇集到电商平台,由集体组织专人经营管理,收取一定比例费用,增加集体经济收入。在旅游资源丰富、自然风光优美的村落,探索"集体+旅游"模式,以村集体为主导,大力开发特色旅游资源,发展休闲农业、观光旅游、体验旅游等。在"空心村",针对空巢老人、留守老人的养老需求,探索"集体+养老"模式,利用集体用地或闲置的村办公用房、校舍等场所,发展养老事业。在城郊结合部、中心镇村,探索"集体+物业"模式,大力发展物业经济,鼓励村集体在符合相关规定的前提下对闲置的村办公用房、校舍、旧厂房等场所,进行更新改造出租,提高存量资产利用率,增加村集体资本经营收益。另外,随着电子商务发展,如果能够以县(市、区)、镇为单位,联合电商或物流企业,以村(社区)公共中心为节点,打造遍布县(镇)的销售、物流网络,可以有效降低企业进入农村市场的成本。村集体可以通过利润分成、场地租赁费、广告墙(栏)租赁费等形式获得收益。

三、壮大村级集体经济,关键要解决由谁来壮大的问题

在集体经济"一穷二白"、村干部待遇偏低的现实下,受经济利益的影响,很多有头脑、有闯劲、懂经济、年富力强的人纷纷外出创业或经商务工,一些农村村干部多数年龄偏大,且观念落后、思想保守,工作思路老套,常规工作压力大、任务重,没有把精力和主要心思摆在增加群众收入和壮大集体经济上。有的乡村干部缺乏长远眼光和经营能力,担心如果发展壮大集体经济失败了,会遭到群众的埋怨和斥责,甚至会丢选票。有的乡村干部驾驭市场经济的能力不足,缺乏信心,在发展集体经济上畏首畏尾,裹足不前,不敢先行先试。有的乡村干部不懂农业、农村,导致有了集体经济不会管,有资源条件不会用。党的十九大报告明确提出:"培养造就一支懂农业、爱农村、爱农民的'三农'工作队伍。"要把更多优秀人才选拔到村书记岗位,提高村级党组织引领村集体发展的水平。采取从本村致富能手、农民经纪人、合作社负责人等优秀人才中选拔的办法,着力把一批懂经营、善管理、发展壮大集体经济意识强的能人选为村干部。同时,坚持把有头脑、有眼光的外地务工人员请

回来,用他们的先进理念,影响和带领群众致富强村。对壮大集体经济无举措、无思路、无成效的乡村干部,进行调整,为发展壮大集体经济提供人才支持和组织保障。要注重培养青年农民和后备队伍,把青年农民中思想政治素质好的致富能手培养成党员,将有奉献精神、有管理能力、有经营头脑的年轻同志充实到村班子里。依法将村党组织书记选举为村(股份)经济合作社社长(董事长),切实加强以村党支部为核心的村级组织建设,强化党对壮大集体经济的控制力和领导力。同时,采取集中示范培训、普遍轮训、相互观摩、外出考察等方式,不断提高乡村干部适应市场、发展壮大集体经济的能力。

壮大集体经济,仅靠集体自身的资源和力量是有限的,必须利用一切可能条件,争取各方面的支持和力量,聚成发展壮大集体经济的合力。各级政府要加大对集体经济薄弱组织的财政扶持力度,对集体组织发展农业产业培育、农业基础设施建设、土地开发、建设用地复垦、扶贫开发、农业综合开发等项目进行扶持;对集体组织新建物业项目,相关部门要简化审批程序,给予税费减免优惠,实行优惠利率或基准利率。要出台相关政策,明确规定对集体组织范围内新发展的二三产业项目和集体组织招商引资落户到工业园区的项目,实施将新增税收地方留成部分按一定比例奖励返还给集体组织的方式,返还金额用于集体经济的发展壮大。针对集体经济困难的实际,县级以上财政部门在财力好转的情况下,建立财政转移支付逐年稳定增长的机制,并将增加部分重点向农业地区和经济相对困难村倾斜,有效保障集体经济的可持续发展。县乡各涉农部门要深入开展对经济薄弱的集体组织的对口帮扶活动,充分发挥自身技术、人才优势,开展智力支农活动,帮助解决发展壮大集体经济中遇到的实际问题,促进集体组织和农民收入的增长。

农村集体资产保值增值管理是事关社会稳定和农村经济发展的大事。必须建立增值考核的激励机制,把壮大集体经济作为村级班子年度目标考核和任期目标考核的主要指标,与村干部年度考核、评先选优、提拔任用挂钩。对壮大集体经济中涌现出的有功之士给予相应的奖励,让村级组织把主要精力放在发展集体经济和增加群众收入上来;对工作不力、敷衍塞责的村负责人进行调整。党的十九大报告提出:"建立激励机制和容错纠错机制,旗帜鲜明为那些敢于担当、踏实做事、不谋私利的干部撑腰鼓劲。"即建立支持干事者、保护发展者、宽容失误者的用人机制,卸下干部求稳怕乱、不想发展、不敢发展的思想包袱,增强干部主动担当、主动发展的意识,消除干部畏难情绪和"等、靠、要"思想。

(原发表于《国家治理》,2018年第3期)

城镇化激流下的村庄整治

改革开放30多年来,随着中国工业化、城镇化的快速发展,农村常住人口持续减少,农村出现了"人走房空"的现象,大量村庄走向凋落。党的十八届三中全会提出,"推进城乡要素平等交换和公共资源均衡配置,完善城镇化健康发展体制机制"。如何落实这一精神,笔者认为,在转变生产增长方式,提高劳动生产率,优化第一产业结构,促进二三产业发展的基础上,转移农村剩余劳动力,整治改造"空心村",逐步将农村零散人口向中心村或城镇转移,从而提高农村整体的经济效益和社会效益。

一、村庄走向凋落的原因分析

土地价格"剪刀差"、农产品价格"剪刀差"、劳动力价格"剪刀差",也使农业发展长期处于亏损状态。长期的"剪刀差"使一些村庄败落得面目全非。笔者在工作中发现,有三分之一农户到村外交通方便的地方另建了新房,将旧房闲置;有三分之一农户外出打工谋生,多年不回家,房屋已废弃;有三分之一农户占有两处以上的宅基地,将村中旧房扒掉后宅基地改作了菜(林)地或用于堆放柴草杂物。相关原因分析具体如下:

表1 乡村人口、就业情况统计表

年 度	乡村户数 (万户)	乡村人口 (万人)	乡村从业人员 (万人)	农林牧渔业 从业人员 (万人)
2002年	24569.36	93502.55	48526.85	31990.58
2003年	24793.14	93750.62	48971.02	31259.63
2004年	24971.42	94253.66	49695.28	30596.00
2005年	25222.62	94907.45	50387.26	29975.54

续表

年　度	乡村户数 （万户）	乡村人口 （万人）	乡村从业人员 （万人）	农林牧渔业 从业人员 （万人）
2006 年	25268.40	94813.31	50976.81	29418.41
2007 年	25434.91	95094.72	51435.74	28640.68
2008 年	25663.5	95579.63	52025.64	28363.60
2009 年	25975.67	96110.50	52599.30	28065.26
2010 年	26384.62	96618.94	53243.93	27694.77
2011 年	26606.97	96808.58	53685.44	27355.42

资料来源：笔者根据国家统计局网的数据编制。

一是农民工进城后的年均收入比进城前多17383元，95%的农民在进城后，收入都比在家时有了明显增加，巨大的收入差成了越来越多的农民流入城市的主要驱动力。从表1来看，2011年，乡村从业人员由2002年的4.85亿增加到5.37亿，而农林牧渔业从业人员却由3.2亿降为2.7亿。不难看出，十年来，进城务工经商人员连续不断地增加。中国快速发展，城镇化、工业化速度加快，大量农村人口进城务工，在城里站稳了脚跟，积累了一定的财富，在城市购买了商品房，并落了户籍。由于政策允许他们保留原来在农村的宅基地和责任田，大量村庄走向凋落，不少远离城市的村庄出现"空心化"现象。由此带来的结果是，大量的宅基地及地上房屋常年闲置，甚至坍塌损毁。

二是我国的人口制度在20世纪80年代之前出现过大的偏差，几轮生育高峰导致农村人口急剧膨胀，而人口的增加，就意味着数年后农户数量的急剧上升。从表1来看，2011年，乡村户数由2002年的2.46亿增加到2.66亿，乡村人口由9.35亿增加到9.68亿。不难看出，十年来，乡村户数和乡村人口连续不断地增加，但新建房屋面积并没有持续增加，而呈波动增加趋势（见表2）。经过改革开放30多年的发展，农民收入不断增加，生活不断得到改善。地势低洼、交通不便、通讯不畅等自然条件不好的老村庄的农民为了改善自己的生活条件，选择离开原来的旧宅，甚至举家向城镇搬迁，而且转移的速度和规模也逐年增加和扩大。村里的老房子空下来闲置、倒塌，使这些老村庄走向凋落。

表 2　农村家庭新建房屋面积统计表

年　度	2011 年	2010 年	2009 年	2008 年	2007 年	2006 年	2005 年	2004 年	2003 年	2002 年
农村家庭新建房屋面积（平方米/人）	1.3	0.8	1.2	1.0	1.0	0.8	0.8	0.6	0.8	0.9

资料来源：笔者根据国家统计局网的数据编制。

三是随着广大农村逐渐摆脱贫困，走向富裕，再加上农村的旧宅由于建得早，大多数面积较小，设计陈旧，在旧宅基地上建房，已经不能满足农民建设现代化住房的需求，农民对改善居住环境的要求越来越强烈。农民养儿子防老的思想致使农村男丁人数剧增，而男丁成家后不与父母一起住，结婚前就得盖新房，因此也造成农村居民生儿子盖房子热潮。2011 年，农村居民家庭人均住房面积由 2002 年的 26.5 平方米/人增加到 36.2 平方米/人（见表3）。

表 3　农村居民人均住房面积统计表

年　度	2011 年	2010 年	2009 年	2008 年	2007 年	2006 年	2005 年	2004 年	2003 年	2002 年
农村居民人均住房面积（平方米/人）	36.2	34.1	33.6	32.4	31.6	30.7	29.7	27.9	27.2	26.5

资料来源：笔者根据国家统计局网的数据编制。

四是村庄建设规划严重滞后，甚至根本没有规划，使村民所建房屋交互错落，导致村子中心地带的交通、排水等居住、生活环境越来越差，人们纷纷搬到交通便利，通风、采光度高的地方建房。多数农民认为宅基地作为不动产财富，越多越好，新屋建成后也不拆旧房，在居住地保留了大量的破旧建筑，且许多旧房已经无人居住，甚至坍塌损毁，一户两宅三宅的现象不同程度地存在。

五是有相当一部分农民通过经商、考学、当兵等方式实现了从农民到市民的转换，在城镇购买了商品房，将父母接走。而由于政策允许这些人保留原来在农村的宅基地和责任田，所以他们的责任田没有上交，房屋空置。同时，一些鳏寡孤独户逝世以后，住宅和宅基地得不到妥善处理，有的被远亲近邻占有乱搭乱建，有的则无人问津，荒废住宅东倒西歪，任其在雨水冲刷中走向消失。

六是农村人口外流，农村学校生源减少，乡村优秀教师都跑进城市，优质教育资源也集中在城市学校。受教育资源不均衡、农村教育质量下滑等因素影响,越来越多家长想方设法把孩子往城里送,就算多花钱也想让孩子上更好的学校。目前,很多适龄学生的父母都是80后,受过较高的教育,会对农村的教育质量不满意,而且让孩子跟着自己也比较放心。他们将孩子送到城里上学,爷爷奶奶负责接送,久而久之,就在城里安家,致使老家房屋空置,最后坍塌损毁。

二、对村庄整治的思考与建议

农村出现大量的闲置房、危房、空闲宅基地,不仅影响村容环境、存在安全隐患,还导致土地资源严重浪费。同时,农民居住地分散零乱,面积过大,增加了农村进行水、电、路、通信、公用设施等基础设施统一建设的难度,延缓了农村经济的进一步发展。党的十八届三中全会作出决定,坚持走中国特色新型城镇化道路,推进以人为核心的城镇化,推动大中小城市和小城镇协调发展、产业和城镇融合发展,促进城镇化和新农村建设协调推进。

(一)积极发展乡村小城镇和中心村

党的十八届三中全会提出,城乡二元结构是制约城乡发展一体化的主要障碍。片面地强调发展大城市或城市群,必然导致资源的高度集中,进一步拉大城乡发展差距,致使大面积乡村凋零与荒凉。城乡一体化和新型乡村社会建设需要乡村小城镇与中心村的支撑。只有把乡村小城镇与中心村建设好、发展好,增强其产业发展功能、公共服务功能、文化教育功能和人口集聚功能,积极引导居住在城镇周边的自然村村民或零星居住的村民离开布局分散的旧村庄,集中到规划区建房。或将小村合并成大村,有步骤地整体搬迁,向中心村或城镇集中,连片发展,逐步形成城乡一体化的新型农村社区。

(二)高标准、严要求地做好村庄规划

党的十八届三中全会提出,推进城乡要素平等交换和公共资源均衡配置。落实这一精神,规划要先行。要结合城乡一体化和农村社区化发展的历史趋势,科学规划,精心设点,合理布局,小城镇围绕分散的村庄向小城集中,偏远村庄进行整合,建立中心村。中心村规划要坚持集约、合理用地的原则,

充分利用村内各种闲置地,相对集中建设,并根据人口规模、经济发展水平和人均用地等因素确定相应的村庄近期、中期用地规模,对于"空心村",条件成熟的采取整体搬迁,就近迁移到小城镇或中心村。在户型设计、基础设施建设及公共服务设施配套等方面确保长远发展与农民的实际需要。同时,规划还要充分集中民力、珍惜民力,根据农村的经济水平保留原有的风貌和布局,避免乱拆乱建损耗民财民力,特别是古迹保存较好的村庄更要对整个村庄的文物价值、旅游价值进行全面评估,重点突出"生态农村"和"历史文化古村"风貌。

(三)大力加强乡村基础设施体系和公共服务体系建设

党的十八届三中全会作出决定,统筹城乡基础设施建设和社区建设,推进城乡基本公共服务均等化。相对于城市,广大乡村供电、供水、道路交通等基础设施仍然薄弱,公共服务体系建设滞后。这种城乡之差,是影响城乡一体化的重要因素。而实现城乡一体化的前提条件是实现城乡基础设施建设一体化和公共服务均等化。路、水等设施落后及环境质量差,严重制约了人们到中心村建房,小城镇也失去了吸引力。全面实施乡(镇)村内交通基础设施建设,打通集镇与市区、周边镇街的快速通道,努力改善硬软环境。按照"布局合理、用地集约、设施配套、功能完善、环境优美"的要求,统筹水电、道路、通信、网络、有线电视、生活污水排放等基础设施建设,延伸城市公共服务,配套文体娱乐及商业设施,全面实施好"路面硬化、卫生洁化、路灯亮化、家庭美化、环境优化"工程,高品位建设农民集中居住新社区,努力完善集镇配套功能,不断改善人居环境,提升农民的生产生活条件,缩小城乡之间的差距。

(四)建立灵活的宅基地退出机制

党的十八届三中全会作出决定,保障农户宅基地用益物权,改革完善农村宅基地制度,选择若干试点,慎重稳妥推进农民住房财产权抵押、担保、转让,探索增加农民财产性收入渠道。安徽省人民政府出台的《关于深化农村综合改革示范试点工作的指导意见》文件规定,坚持自愿、有偿原则,探索建立符合农民合理需求的宅基地退出补偿激励机制。建立农民通过流转方式使用其他农村集体经济组织宅基地的制度。村民在申请审批新建房屋时，必须无条件拆除老宅，将老宅基地交还给集体，防止出现新的"一户多宅"现象。对私自乱搭滥建的房屋进行全面清理，并限期或强制拆除，收回其宅基地。对主动拆除老屋、将空闲宅基地交还给村集体的，村集体可给予一定的经济补偿；对自愿放弃原有全部宅基地且不再申请新宅基地的农户，按其退出的合法宅基地面积给予适当补偿。鼓励以宅基地置换房屋，或以房屋置换宅基地。鼓励农民打破区域界限，跨区域向中心村或小城镇集中。凡愿向中心村或小城镇转移的农民，可选择跨乡镇，向市域范围内任何一个城镇迁移。进入城镇新型社区集中居住的农民，可依据宅基地及房屋置换城镇住房，自愿放弃原宅基地的，给予其一定的货币补偿。对跨村集中居住区建房的情况，集体经济组织可以按照"平等协商、同类土地等价交换"原则，落实新建宅基地。

（五）采取市场化运作方式集中处置宅基地

党的十八届三中全会作出决定，建立农村产权流转交易市场，推动农村产权流转交易公开、公正、规范运行。愿在中心村建户的，统一投入基础设施，统一安排地基，统一建设。也可采用宅基地货币化的方式来平衡村民之间的宅基地面积。凡建房的农户必须拆足一定面积的旧房，本人旧房面积不足的，应购买其他农户多余的旧房进行拆除，把拆除旧房腾出的宅基地交与集体，由集体统一处置，在中心村规划区内建房。经过"购拆建新"用经济手段腾出大量宅基地，既可以满足村民的建房用地要求，又能满足公共设施用地的要求，达到节约耕地的目的。

（六）深入开展宅基地综合整治

党的十八届三中全会作出决定，推进农业转移人口市民化，逐步把符合条件的农业转移人口转为城镇居民。创新人口管理，加快户籍制度改革，全面放开建制镇和小城市落户限制，有序放开中等城市落户限制，合理确定大城市落户条件，严格控制特大城市人口规模。《安徽省人民政府关于深化农村综合改革示范试点工作的指导意见》文件规定："实施土地整治、城乡建设用地增减挂钩腾出的建设用地指标，可按有关规定有偿调剂使用；探索建立农村集体建设用地指标储备制度,盘活农村集体建设用地。"因此,鼓励引导进城农民从事为城镇服务的商业零售、餐饮服务、交通运输、物业管理等行业,并最大限度地在证照办理、税费减免等方面给予优惠,有效增加进城农民收入,确保农民搬得出、稳得住、能致富、不反弹。已在城镇有固定收入并有固定住所的农民,应通过政策引导,将其户口转为城镇户口,让其享受农村安居富民政策后退出宅基地,其所承包土地均纳入应流转范围。对旧村庄进行整村搬迁,把农民向中心村、城镇转移,可以将收回来的闲置宅基地和村内闲置场地连接成片统一经营,宜耕则耕,宜林则林,宜工则工。也可对搬迁完毕的旧村庄及时复垦,通过土地流转、竞争发包的方式,将复垦的旧村庄土地集中到种田能手手中,让种田能手运用科学技术发展高效示范农业,以此实现土地效益最大化,实现中心村、小城镇建设节约土地、提高土地整体效益的目的。

(七)严格控制宅基地用地标准,建设长效机制

切实加强土地管理,落实一户一宅制度,严格控制宅基地用地标准,从严控制农民建房占地面积和农民建房占用耕地,要积极开展超占宅基地有偿使用试点工作,超占宅基地有偿使用收益归村集体经济组织所有。规范宅基地审批程序,对于不符合土地利用总体规划的村镇建设用地,不予受理或审批;宅基地审批要与土地置换挂钩,纳入村庄整治规划的旧村庄不予审批新的宅基地。村庄整治后,长效管理是关键。要根据村庄的规模和经济水平进行分类管理,对规模较大、集体经济条件较好的村可采用城市社区管理模式,组建专门管理队伍进行管理;对中等规模村庄、集体经济条件相对较好的村可采用承包管理模式,村民交纳一定的物业管理费,集中委托管理;对村庄规模较小、村民经济条件较差的村庄,要动员老干部、老党员、老教师担起管理职责,采取自愿投工为主、集体适当补助的办法。通过分类管理使新型农村社区管理走上规范化、制度化的轨道。

(八)建立城乡一体化社会保障体系

党的十八届三中全会作出决定,稳步推进城镇基本公共服务常住人口全覆盖,把进城落户农民完全纳入城镇住房和社会保障体系,在农村参加的养

老保险和医疗保险规范接入城镇社保体系。土地是农民的命根子,承载着农民的生活、养老、教育、医疗、福利等多重社会保障功能,农民"不敢"流转或交出土地承包经营权。因此,要弱化农村土地的社会保障功能,进一步建立健全包括农村最低生活保障制度、农村社会救济制度、农村社会养老保险制度和新型农村合作医疗制度等在内的农村社会保障体系。为推进新型工业化和城镇化建设而引导农民流转土地时,对有外出务工意向的农民,应制定统一的、非歧视的劳动就业制度,切实加强失业、工伤、生育保险等工作,不断扩大各项社会保险覆盖面,积极与入驻本地的企业协调,放宽企业招工年龄界限,使更多的青壮年劳动力能够及时进入企业工作,让农村青年能更多更快地走出土地,投身于新型工业化的发展中。

(原发表于《公共管理与政策评论》,2014年第1期)

推进农村土地制度改革的研究与思考

随着工业化、城镇化和农业现代化的发展,基本形成了以土地公有制为基础,以耕地保护和集约用地为目标,以土地用途管制、土地征收、土地有偿使用为核心的制度框架体系。本文通过对现行农村土地制度的分析与研究,提出加快征地制度等农村土地系列制度改革,理顺国家、集体、农民之间的收益分配关系,促进城乡土地要素合理流动和布局优化,着力破解城乡土地二元结构,推动城乡共同繁荣和统筹发展。

一、现行农村土地制度缺陷逐步显露

随着我国经济体制改革的深入与发展,土地等生产要素市场制度改革滞后,土地的城乡二元结构问题突出,城乡土地市场分割严重,土地市场效率低下,影响我国市场经济体制的完善和经济的可持续发展。

(一)农村宅基地管理亟待加强

当前,农村宅基地管理已成为社会关注的热点、焦点和难点问题。长期以来,管理机制不健全,管理制度不完善,管理模式粗放,致使农村宅基地使用与管理不到位,乱占滥用土地现象十分严重。

一是农村整体缺乏村庄布局规划和控制性详细规划,未能合理确定农村居民点的数量、布局和用地规模,导致农村住宅建设用地规模在一定程度上失控。农民建房选址随意性大,乱圈乱占、乱搭乱建的现象严重,房屋坐落散乱,朝向、高矮不一,既影响了村容村貌,又浪费了大量土地。

二是中国快速发展,城镇化、工业化速度加快,大量农村人口进城务工,在城里站稳了脚跟,积累了一定的财富,在城市购买了商品房,并落了户籍。由于政策允许他们保留原来在农村的宅基地和责任田,宅基地闲置,不能达到地尽其用,产生不了应有的经济效益。

三是随着广大农村逐渐摆脱贫困,走向富裕,再加上农村旧宅由于建得早,大多数面积较小,设计陈旧,在旧宅基地上建房,已不能满足农民建设现代化住房的需求,农民对改善居住环境的要求愈加强烈。此外原村庄建设规划严重滞后,甚至根本没有规划,使村民所建房屋交互错落,村民们纷纷搬到交通便利、通风、采光好的地方建房。多数农民认为宅基地作为不动产财富,越多越好,新屋建成后也不拆旧房,一户两宅三宅现象不同程度地存在。超占宅基地有偿使用等政策难以落实到位,多占土地问题难以处理。

四是在少数地方,有的村民"先斩后奏"擅自建房;有的村民一边申请一边占用,手续还未到手,房屋已建成。不少村民在批准的合法面积基础上擅自增加面积,造成批少占多、不好管理的局面。一些农户为了节省工程量,又方便出入,建房纷纷选址于路边良田,造成建起住房一栋、破坏良田一片的现象。

五是部分村民擅自改变农村宅基地用途。在宅基地批准后,用宅基地建成小型工厂、商业房、饭店等。还有一部分村民在城乡结合部和集镇所在地借宅基地之名搞房地产开发,向社会出售。

六是在"城中村"和城乡结合的乡镇规划区内及条件相对发达的集镇中,少数农民为了谋取私利,不惜将自己的宅基地、自留地甚至责任田作价卖与他人建房,甚至把原来已有的住房卖给外村人,自己重新以无住房申请占有新的宅基地情况也屡见不鲜,形成宅基地非法流转的隐形市场。

(二)确权登记发证遇到困难较多

眼下,各地正在有序推进农村集体土地确权登记发证工作,但是,由于历史原因,受条件限制,多年来土地形成的权属资料不全,加上确权登记发证工作任务重、时间紧、技术要求高、矛盾纠纷复杂、登记审批环节多,给确权登记发证工作带来了许多问题。

一是过去所有的土地登记、审批、图件都是纸质档案,由于自然灾害或人员变动或保管不善,部分资料丢失,再加上以前确权登记发证需要一定费用,大家积极性不高,农村集体建设用地绝大部分没有土地证,或虽然发放了集体建设用地使用证,但是土地证丢失,给依法确权登记发证带来一定的困难。

二是集体所有与国家所有土地的权属界限划分不是十分明确,行政界线与发证过程中的权属界线不一致的问题较为突出,林权矛盾纠纷较多,村与村、村与社之间的土地所有权争议,县界、乡界、村界矛盾多发。村与村之间的飞地较多,权属不清,未登记前,大家都默认现状,一旦登记发证,这些隐藏的矛盾就凸显出来,加上近年征地补偿的利益驱动,大家认识到这个问题的重要性,所以在权属问题上出现了争议。

三是现在外出打工的人比较多,找不到人签字指界,有的甚至无法联系到人。在家的村民中,一些人认为既然自己是宅基地使用者,那宅基地就应该由自己支配,搞不搞调查进行登记发证关系不大,都住了几辈子了,谁也占不去的。而且很多人认为这次调查清楚签字后,政府可能会像城里收取物业费那样向他们收费,因此心存疑虑。由于历史原因,有的村民拥有两三个院子,害怕调查登记后要退出多占的地块。这些都直接影响本宗地和相邻宗地界址的指界工作,增加工作难度和影响工作进度。

(三)土地整治不可忽视的六个问题

一是少数群众不理解,抱有抵触情绪。由于群众实际情况不尽相同,利益诉求不完全一致,少数群众抱有抵触情绪,工作难做。旧村改造让农民住进新居,而新居建设式样单一,难以体现乡土农耕文化特色和农民个性需求,存放农机具、饲养畜禽、发展庭院经济都不方便,有的耕作半径偏大,尤其是农作物收获后所需的脱粒、晾晒、储藏的场地无法解决,农民对这方面的问题反映较多。

二是少数县乡、村干部认识不到位,各地推进力度差异较大。各地经济发展水平和地形地貌有差异,不少地方仍实施原来的土地复垦和双置换项目,没有与村庄整治相结合。在一些已实施整治的地方,没有整村推进,有的小型集聚点,只有十几户,各地推进力度差异较大。

三是村庄规划缺位,土地整治成本增大、难度加大。长期以来,村庄规划滞后或缺位,导致农村建房占地无约束。农民建房无序、零星、散乱,普遍存在"有建设、无规划;有新房、无新村"的现象。许多农舍总体占地面积相对较大,实际利用率低下,而且多是占用最好的耕地,造成农村耕地浪费。

四是资金整合难度较大,缺乏必要的资金支持。整治资金来源主要靠财政投入和整合项目资金,社会资金投入数量不大。各部门支农惠农的项目资金都由各部门管理使用,实际工作中存在着"各唱各的调、各吹各的号"的问题,加之资金来源不同,使用用途不一样,建设内容产生独立性,验收标准出现差异性,要做到真正的科学整合,难度很大。

五是由于法律、政策障碍,农民财产性权益难以体现。《中华人民共和国土地管理法》规定了村民宅基地只能使用本集体土地,而事实上跨自然村、行政村安置现象也存在,法律障碍造成群众工作十分难做。法律又规定一户只能占有一处宅基地,但实际上一户多宅的现象比较常见。同时,农民的土地及宅基地登记、办证率低,确权滞后,尤其是土地整治中权属争议处理机构缺位,给产权纠纷处理、权属调整、整治后的土地流转带来困难。

六是土地整治长效机制没有建立,成果管护有待完善。土地整治项目完成后,后期的管护按照有关规定,项目承担单位与项目所在地的镇、村签订管护合同,明确责任要求。但因为管护资金不落实,管护工作往往流于形式,后期的管护长效机制需进一步建立和完善。

(四)土地流转有待完善

一是由于对土地流转政策的宣传不够深入,群众对土地流转的认识还存在误区。部分农民怕土地流转出去后,自己丧失了土地承包权,没有了生活的最低"保障线",因此部分农民外出打工后,宁愿将土地交给亲戚朋友代耕,也不愿意签订长期流转合同对土地经营权进行流转。同时,中央惠农政策不断得到加强,农民依附土地得到的实惠越来越多,也是现阶段农民对土地流转积极性不高的原因之一。

二是工商资本驱动下的"非粮化"值得警惕。在种粮比较效益偏低的情况下,土地流转后,良田"非粮化"愈演愈烈。一些本来用来种粮食的土地被流转为搞养殖业、花卉业、生态农业、观光休闲农业,甚至直接变为建设用地等。土地由种粮改为发展设施农业后,如发展畜禽养殖、水产养殖、经果林等,田间的水利设施、灌溉系统随之改变,更为重要的是土壤层也发生了改变甚至被破坏。一旦土地流转期限到期,将已从事设施农业的土地恢复为种植粮食的农田将非常困难,甚至根本不可能恢复。

三是在中央一系列惠农政策的激励下,农民发家致富的热情空前高涨,掀起了一轮"要地热",其间也引发了一系列土地纠纷,直接影响了农村土地适度规模经营的推行。部分村委干部在平常工作中主要遇到过以下几类矛盾:①第二轮土地承包时,少数农户因嫌税费过高或外出经商务工自动放弃土地承包权,现今回乡后,向村委会要求与本村村民组其他村民一样承包土地。②第二轮土地承包后,由于大量农民涌向城市经商务工,各地出现了数量不小的抛荒地,而当时的村委会为了保证国家税费,不得不想方设法把这些抛荒地处理给他人耕种。现在面对大量要地的农户,村里基本上没有耕地可给。由于要不到耕地,享受不到国家政策的实惠,无地农民与村委会的矛盾日益突出。③农民外出经商务工前,为了不让自己的土地抛荒,交给他人耕种,由耕种人代他完成国家的税费任务。但是现在觉得种地划算,想要回耕地,可是对方又种植了林果等多年生作物。④村级公益事业占用农民的耕地。当时协商是每年通过减免一定数量的农业税作为补偿,现在农业税取消了,农民不仅得不到补偿,而且享受不到粮种补贴等国家政策的实惠。因此,现在村级公益事业占用农民的耕地更困难了。

四是由于土地分户经营,承包大户在实施土地流转和规模经营时,往往因为一户或几户不愿流转土地,土地规模化流转难以完成,从而导致土地比较分散,制约了规模经济的发展。

五是流转手续不规范。具体表现在:①部分农户土地流转,只有口头约定,无书面合同,或者书面合同内容不规范,不具有法律效力。②合同条款、标的不明确,甚至与现行法规相冲突。由于土地流转手续不规范引起的纠纷,已严重影响了农民流转土地的积极性。

六是土地流转服务体系不健全。土地流转还没有形成完善的市场体系,缺乏一个连接流转双方的中介机构,致使土地供求双方的信息受阻,延缓了土地流转进程。同时,出现土地流转纠纷时,也缺乏有效的仲裁机构进行调解、仲裁。

(五)土地征收障碍多

随着我国经济社会的快速发展,城镇化进程的不断加快,越来越多的农村集体土地被征用。在征地过程中产生的矛盾和问题越来越突出。

一是由于历史原因,不少地方农村宅基地、林地未确权及地籍资料不详不全。过去农村无人问津的荒山、荒地在征地中能变成钱,但因土地权属不详则无法定论,常引发村民之间的争议,给征地带来了困难。

二是土地征用时,对一个行政村或一个村民小组往往只是局部的征用,前后征用又有价格和人口变动的差异,再加上分配对象的复杂性,土地征用款分配时,出现了分配方案和分配比例的分歧,导致村民们矛盾重重。一次征地,补偿分配工作往往要拉锯数月,甚至数年之久。在矛盾没解决前,土地征收难以进行。

三是由于社会保障机制还不健全,农民失去了世代赖以生存的土地,对大部分文化程度偏低、年龄偏大、缺乏技术的被征地群众来说,一次性领取有限的安置补助费用后,失地直接导致失业,一旦土地补偿款被花光,没有经济来源时,生活就失去保障。这部分对今后生活感到忧虑的农民,有意或无意地给土地征收增加了障碍。

四是由于农村土地地上附着物的多样性,再加上没有具体的补偿标准,农民一旦漫天要价,征收工作就难以正常进行。

五是少数被征地群众法律意识比较淡薄,为了在征地中获取最大的经济利益和补偿,在政府发布征地公告后,在规划范围内搭建违章建筑,或者就在地面附着物上做文章,在拟征用范围内的土地上抢种、抢栽、抢建地面附着物和青苗等,突击造假,造成工作人员清点地面附着物时要花费很大精力辨别真伪,农户在非法利益得不到满足的情况下,拒绝在清点册上签字确认,甚至搞串通,无理阻挠征地工作。

三、推进农村土地制度改革的思考与建议

农村土地制度改革涉及面广、利益关系复杂,牵一发而动全身。推进农村土地制度改革,要遵循产权明晰、用途管制、节约集约、严格管理的原则,坚持社会主义市场经济的改革方向,以保障农民权益为出发点和落脚点,保护、尊重和实现农民土地财产权益,完善土地要素市场配置和政府管控机制,促进城乡土地要素合理流动和布局优化,着力破解城乡土地二元结构,推动城乡共荣和统筹发展。

(一)完善农村宅基地制度,依法保障农户宅基地用益物权

在坚持一户一宅和标准控制的前提下,完善宅基地审批制度,确保农民宅基地建设必要用地。同时,弱化宅基地社会保障功能,探索建立宅基地退出和补偿机制,放开宅基地使用权流转,用经济手段引导和规范闲置宅基地流转。

一是严格按照控制建设用地总量、合理布局、改善居住条件、保护耕地的原则,因地制宜,科学制定适合农村宅基地发展的村庄建设规划,合理地规划村庄、农村居民点的数量、布局、范围和用地规模,同时要结合新农村建设,加大农村基础设施建设投入,创造农民集中成片建房、节约集约用地的平台。积极探索"宅基地置换"模式,将分散居住的农民集中起来,让其搬入新建多层或规划合理的住宅中。要本着节约集约用地的原则,加强农村宅基地用地计划控制,严格控制新增宅基地用地计划,严格控制新增宅基地用地标准,把农村宅基地新增用地计划指标和农村建设用地整理新增的耕地面积挂钩,对宅基地总量实行控制。

二是规范宅基地审批管理,严格控制农村宅基地申请条件,认真贯彻"一户一宅"的法律规定,坚决贯彻各地农村宅基地面积规定标准。规范农村宅基地申请报批程序,对村民需要申请的宅基地和依法批准的宅基地,要在其所在地的集体经济组织或村民小组张榜公示。在符合土地利用总体规划和村庄规划的前提下,鼓励农村村民新建、改建、扩建住宅,要充分利用村内空闲地、老宅基地以及荒坡地、废弃地。凡在村内有空闲地、老宅基地未利用的村民,不得批准其占用耕地。

三是制定农村宅基地退出和流转的奖励政策。农民主动将空闲的宅基地返还给集体的,地方政府给予他们一定的经济补偿,对那些符合宅基地申请条件而又主动放弃农村宅基地进城居住的农民,地方政府在购房上给予他们政策奖励补助。鼓励村民进城落户,对已在城镇购置商品房定居或愿意进入城镇规划区定居,并自愿退宅且不再申请新宅基地的农民,不影响其农村集体土地承包权益,不影响其作为农民身份享有的原有政策待遇。鼓励农民退出多余宅基地,凡新建住宅后应退出旧宅基地,要采取必要的措施,确保其按期拆除旧房,交出旧宅基地。允许村民与其他村民自愿协商后将原宅基地

和房屋有偿调剂给有条件申请宅基地建房的本村农民。

四是完善农村住宅产权制度,建立规范、有序的农村宅基地市场体系,让农村宅基地在一定范围区域有序流转,让农民在一定期限内能对宅基地及其上面的住宅享有充分的处置权,建立集体与农户合理的宅基地流转收益分配机制,让农民享有更大的土地收益权。禁止城镇居民在农村购置宅基地,对于城镇居民在农村购置宅基地的,要求其退还购置土地。对于拒绝退换者,按照相关法律规定处理。

五是加强对农村宅基地的日常监管,及时发现和制止土地违法行为。对乱占与滥用耕地建房等违法行为,国土资源、城管、法院等部门加强协调配合,形成执法合力,坚决依法查处。

(二)加大土地确权颁证工作力度,明确土地产权性质、归属

农村集体土地的确权与登记直接关系农民的切身利益,涉及面广,影响深远,不同利益群体立场和诉求有差异,处理不好容易激化矛盾,给社会带来不安定的因素,必须妥善处理。

一是积极推进农村土地统一登记,对已经确定的农村集体土地所有权和合法取得的各类农村集体土地使用权,由县(市、区)人民政府统一进行登记,建立以信息系统为支撑的登记数据库和登记簿册,明确规定土地权属一经登记就具有法律效力。在登记的基础上给土地权利(所有权和使用权)人颁发土地证书。加强农村土地的初始登记、变更登记工作,对农村土地登记实行动态管理,加强农村土地档案建设,推行电子档案管理信息化,充分发挥地籍档案在农村土地监督管理上的作用。

二是搞清村集体与国有土地之间的权属界线,既不能损害农民土地权益,也不能侵害国家土地权益。同时,也要搞清村集体之间的土地权属界线,对有争议一时又难以解决的,应暂缓发证。属于村民集体所有的土地,应优先确权给村集体经济组织,它代表着农村集体组织全体成员的利益。村民委员会是基层群众性自治组织,仅能在村集体经济组织未建立的情况下,代替行使土地所有权。同样,属于乡(镇)农民所有的土地,其所有权应确认给乡(镇)农村集体经济组织。历史上已属于村民小组(人民公社时称生产队)所有的土地,就应该直接确权给各村民小组农民集体。考虑村民小组组织机构

不健全的实际,在具体登记发证时,可采取"组有村管"的方式,将集体土地所有证发放到村,由村委会代管。对于复杂疑难的权属问题,要依照《土地权属争议调查处理办法》等相关法律法规处理,在处理过程中,要按照因地制宜的原则,充分利用已有的调查、指界等资料。对于权属来源资料不完善的,要坚持尊重历史、承认现实的原则,根据土地使用现状,合理确定权属。

三是农村外出务工人口较多,在地籍调查时直接影响本宗地和相邻界址的指界工作。对此,对户主无法到场的情况,由村、组干部找其直系亲属指界,并明确要求指界人转告户主如有异议在公告期内提出,不提将视为同意。

四是对空闲或房屋坍塌、拆除两年以上未恢复使用的宅基地,不予土地登记。已经登记确定使用权的,由集体报经县级人民政府批准,收回土地使用权,办理土地注销登记。必须依法处理农民宅基地少批多用、未批先用等违法用地行为,否则不得予以确权登记。严格执行城镇居民不能在农村购买和违法建造住宅的规定,对城镇居民在农村购买和违法建造住宅申请宅基地使用权登记的,不予受理。对于因建新不拆旧造成"一户多宅",村民申请第二宗宅基地登记的,在村民拆除其旧宅之前,土地登记机构暂不受理。

(三)推进农村土地整治,节约集约利用土地

农村土地整治涉及面广、政策性强,"红线"较多,情况复杂,必须坚持因地制宜、分类指导的原则,立足实际,突出乡村特点,充分利用现行土地整理、城乡建设用地增减挂钩、土地置换和塌陷区治理等各项政策,整体推进农村田、水、路、林、村综合整治,大力盘活农村建设用地,实现经济效益和社会效益协调。

一要鼓励群众积极参与土地整治,将土地整治的政策交给群众,让群众真切地感受到土地整治工作带来的新变化,使群众切实明白土地综合整治给他们带来的好处,从而积极主动自觉地参与、配合、支持此项工作,激活土地整治的内在活力,促进农村经济社会的全面健康发展。

二要针对不同的情况划分土地整治类别,对每种类别设计出最大限度提高土地利用率的科学、合理的实施方案,规划设计和验收标准均要以改变农民的生产生活方式、实现农业现代化、实现城乡统筹发展为目标。对荒地开发整理,以小流域为单元,全面衡量田、水、路、林,确保合理布局;对低丘岗地

改造项目整理,以实现"三个集中"为重点,即农民住宅向中心村和小集镇集中、乡镇村办企业向工业园区集中、农田向规模经营集中,重新界定村庄、居民点和乡村界限权属,科学修订村镇规划;对高产农田土地整理,通过移土回填、剥离回填等方式,改善耕作层,使"瘦田"变"肥田","低产田"变"高产田";集中整理"荒、废、闲"项目,重点是挖掘土地的整治潜力。对在新农村建设、小城镇建设过程中形成的"空心村"、闲置地要及时进行整理复垦,对圩区低洼地以及废弃的工矿点、沉陷区进行全面整治。坡耕地要注重水土保持,防止水土流失;冷浸田要注重降低地下水位,防止对耕种条件造成破坏;连片规模整治要重视保护耕作层,防止土壤肥力下降。郊区不能按农村的方法来做,要提倡"平改套"的办法,把老的宅基地整理出来,用套房来安置解决;集镇、旅游景区沿线、度假区所在范围、山区、丘陵、圩区、平原以及其他村的工作推动,都有不一样的情况和特点,要积极探索符合实际的新方法、新途径。

三要创新制度,引导政策性资金、社会资金进入农业农村,做大支农资金总量、提高资金使用效率。加大配套投入,积极调整财政支出结构,不断加大对农村土地综合整治的投入力度。按照"预算不变、渠道不乱、用途不改、形成合力"的原则,"各炒一盘菜、共办一桌席",资金跟着项目走,打捆投入,集中用于土地整治项目。鼓励土地承包经营者和各类社会投资主体,自筹资金开展农村土地综合整治,为弥补资金投入不足拓宽投资渠道,调动和保护好各个方面的积极性。

(四)加快农村土地流转,推行农村土地适度规模经营

在长期稳定农村家庭联产承包责任制基础上,按照依法、自愿、有偿的原则,建立农地合理流转制度,让土地集中到懂种田善经营的"能人"手里,让农业生产走上规模化和集约化的道路。

一是土地集中要量力而行,规模不可盲目求大。土地面积越大,道路、水利等基础设施建设资金投入越大,土地经营权不能抵押。资金投入过多,一旦遭遇天灾人祸,种植大户多年积蓄可能一夜之间"血本无归";还不上高利贷,则很有可能成为压倒种植大户的"最后一根稻草"。

二是土地流转期限要稳定,不可偏短。土地流转不稳,不好安排投资计划,也不敢加大投入;同时,过短,每次租期临近,他们不得不挨家挨户去劝

说,有时还会影响到农事生产。土地流转期限过短,种植大户也就不愿投入,影响农业生产整体水平的进一步提升。

三是发挥本地资源优势。集中土地后,积极发展生态农业、观光农业和高效农业;已有农民专业合作社参与土地流转的乡镇,要充分发挥农民的主体作用,引导农户本着自愿、互利的原则加入合作社,实现"合作社+农户"的利益联结;要以农民专业合作社和种植大户为依托,引导农户采取土地经营权入股、委托村组织流转等形式向农民专业合作社、种植大户等规模经营主体流转土地经营权,发展特色农业、设施农业等高效农业。

四是限制农村土地适度规模经营的用途。在不损害土地耕种条件和基本农田保护的前提下,将农作物(含果树、经济作物、苗木等)种植和畜禽、水产养殖等视为农业用途。粮食主产区通过土地流转后,要建设粮食生产功能区,使粮食生产组织化、规模化、现代化、商品化水平得到提高。要加强农田设施建设、农业主体培育、农机化推进和先进技术应用,优化水稻品种结构。提升粮食生产社会化服务水平,推广测土配方施肥、增施有机肥等适应技术,培育地力。农村建设用地,也要统筹城乡土地利用、开发整理规划,提高土地节约集约利用水平,实现农村集体建设用地减少与城镇建设用地增加挂钩,提高土地的合理利用水平,土地开发整理专项资金主要用于保护耕地占补平衡和基本农田建设,以增加有效耕地面积,提高耕地质量。

五是建立合理的土地流转机制。

第一,加强土地流转服务,促进土地流转市场化。由于目前农村土地流转市场中的中介组织发育很不完善,大部分地区都没有中介组织,而流转活动又迫切需要中介组织提供服务。为避免土地流转出现"有买找不到卖,有卖找不到买"的现象,县、乡镇要建立土地流转服务机构,多渠道收集供需信息,给流转主体牵线搭桥。农业部门结合《中华人民共和国农村土地承包法》制定促进土地流转的相关政策,统一规范土地流转合同,并加强合同监管,以第三方或见证人的身份出现,促进公平交易的进行,并对农村土地承包中的合同纠纷做到及时处理,规范调处。

第二,要把好"三关",规范农村土地流转程序。①申请关。土地流入、流出必须由个人或单位向土地流转服务机构提出书面申请,申请时需要注明流入、流出的条件、地类、面积及流转形式,在双方协商一致的基础上,经发包方同意后,签订书面意见,真正做到有据可查,避免日后因土地流转发生矛盾。②合同关。经双方协商后依法签订土地流转合同,规范管理,切实保护依法形成的土地流转关系和农民土地承包权。③登记关。签订土地流转合同时,由承包方向发包方所在地乡镇农业承包合同管理机构登记。乡镇、村两级对土地流转情况做到准确记录和反映,并实行土地承包动态管理。

第三,坚持自愿、互利、有偿的原则,努力实现土地的集中连片。各地可因地制宜,在坚持农民自愿的前提下,实行农村土地流转高效化,打破所有制、行业的界限,建立多形式、全方位的开放的流转机制,达到优化农业资源配置的目的。即使由于种种原因,出现绝大多数农户同意、极少数"钉子户"不同意的情况,也只能靠乡村干部进行反复细致的思想工作,争取农户同意,或动员其置换土地,不可搞"一刀切",损害农民利益。

第四,要按照依法治国方略,加强农村土地流转的法律法规建设,使农村土地流转走上依法管理轨道,完善农村土地制度,依法保障农民的主体地位及土地流转关系。另外,还要加强执法力度,做到有法必依,违法必究,执法必严,确保党的农村政策依法落到实处,使群众反映的土地"焦点""热点"问题得以及时处理。

第五,正确处理农村土地矛盾纠纷。针对农村土地矛盾纠纷,应结合各地实际情况,本着尊重历史、兼顾现实的原则,不回避矛盾,不搞"一刀切",站在保护农民利益的立场,想方设法满足农民的要求。①对自动放弃土地承包权的农户,我们要在他所在村民组召开会议,由村民表决。尽量多做村民思想工作,有预留田的将预留田发包给无地户;无预留田的进行小调整。如村民反对,就向无地户解释,等下一轮土地承包时再考虑。②对由村委会处理的耕地,对一些已经被长期发包抵债的,依法终止合同,把耕地退还给回乡要地的农户;对一些由村委会出面将抛荒地集中承包给种田大户的,依法终止承包协议,由村集体和要地农户共同向现承包户适当支付一定比例的补偿金。③对一些承包原抛荒地而又种植林果等多年生作物的,在合同到期前或果树淘汰前,仍可以由现在的承包户经营,在种植经营期间由现在的承包户向要地的原土地承包权所有者支付一定比例的补偿金。也可通过协调,现在的承包户将所经营的林果等多年生作物转让给要地的原土地承包权所有者。④对村级公益事业占用农民耕地的,尽量做通被占地农民的思想工作;或者给一定数额的补偿,一次性了结。建设村级公益事业占用农民的耕地时,请村民代表做被占地农户思想工作,对占地多的,用预留田补给,少的也就算了。⑤对一些外出后承包地被本组农民捡种的,要协调捡地户将这些土地交还给原承包户。协商不成的,引导双方通过司法程序解决。总之,采取的措施既不能违反国家法律,又能让各方接受,圆满化解土地矛盾纠纷,保护农民土地权益。

(五)深化农村土地制度改革,加快构建城乡一体化土地制度

党的十八届三中全会提到:"缩小征地范围,规范征地程序,完善对被征地农民合理、规范、多元保障机制。扩大国有土地有偿使用范围,减少非公益性用地划拨。建立兼顾国家、集体、个人的土地增值收益分配机制,合理提高个人收益。"

一是科学界定公共利益,缩小征地范围。征地权作为国家的强制性行政权力,主要用于国家重点公共设施建设,满足公共利益需要,不能用于商业开发等经营性用途。除国家重点公共设施以外的用地项目,均退出征地范围。公益性用地继续实行国家征收制度,按照法律程序征收的土地要合理确定对被征地农民的补偿标准并妥善安置失地农民,切实保障被征地农民的合法权益。土地补偿费,建议从基准地价内涵出发,通过农村集体土地无限年期基准地价结合区域因素与个别因素修正来进行评估。在征地补偿中,不再向被征地村及农民直接支付安置补助费,而将经费纳入劳动部门设立的"安置费"专户,实行封闭运行,使失地农民长期得到生活保障(养老保险、医疗保险、失业保险等),确保被征地农民生活水平不因征地而降低。地上附着物及青苗补偿,可按市场定价原则由专业评估公司评估后进行货币化补偿。

二是严格规范征地程序,提高征地透明度。按照统筹城乡土地管理的思路,切实做好农村土地和房屋在规划、建设、权属登记等方面的动态管理,为征地补偿安置提供基本依据。在项目用地前期准备阶段,严格落实拟征地公告制度,包括拟征土地的范围、面积、征地时间、补偿标准等。被征地人要求听证的,相关主管部门或征地部门应当组织听证,切实维护被征地人的知情权、参与权。征地公告明确对"抢种、抢栽、抢建"现象不予补偿。

三是加强对被征地农民的职业技能培训,完善被征地农民的就业体系。

要根据市场需求,以适应新劳动岗位的劳动技能为目标,以培训为手段,培养农民在其他劳动岗位的劳动技能。要积极为被征地农民提供职业介绍、职业指导、劳务输出等就业服务。支持被征地农民自主创业,政府部门为经商办厂、个体经营的被征地农民,提供小额贷款、税收优惠等。在征地项目建设过程中,建立被征地农民优先录用机制,多渠道促进被征地农民非农就业。

四是加快城乡统一的建设用地的市场改革,实现城乡"同地同权、同地同价"。党的十八届三中全会明确指出,"让广大农民平等参与现代化进程、共同分享现代化成果",健全农村集体土地权能,赋予农民完整的产权,包括长久的占用权、使用权、收益权和处置权,还要逐步赋予其发展权、典当权、地上权等土地权利。经营性用地在符合土地利用规划和城镇规划的前提下,全面实行用地企业向国家或向农民集体购买、租赁等市场方式,采取协商谈判的办法,价格由市场决定,进而实现城乡"同地同权、同地同价"。在实现市场化补偿的同时,要通过税收调节实现增值归公,在国家、地方政府、集体经济组织和农民之间合理分配土地收益,消除地方政府对土地财政的依赖。建立土地基金制度,平抑市场价格波动。在严格土地用途管制前提下,建立农村集体土地集体经营性建设用地流转机制。2014年,中共中央、国务院印发的《关于全面深化农村改革加快推进农业现代化的若干意见》提出:"在符合规划和用途管制的前提下,允许农村集体经营性建设用地出让、租赁、入股,实行与国有土地同等入市、同权同价,加快建立农村集体经营性建设用地产权流转和增值收益分配制度。"要集中力量做好土地集中利用的规划,实行严格的宏观调控和监管,引导各地建立区域性的统一、规范、公平的农村集体经营性建设用地流转市场,培育流转过程中的中介服务机构,明确集体和农户之间的关系,确定农村集体经营性建设用地流转后的利益分配,以此提高农业现代化水平,促进农业增效、农民增收、农地增值。

五是建立整套集约用地机制,提高土地的集约、节约水平。严格控制用地指标,对用地项目要认真筛选,一些大的用地项目要经过充分论证,用地面积要根据企业的实力、项目投资规模、投资计划、经济社会效益的具体情况而定,不能任凭企业要求多少就供给多少,防止"圈地"行为。制定相关政策鼓励企业用地向空中发展,在符合城市总体规划,不影响城市景观、城市安全、城市生态的前提下,适当提高容积率,提高土地空间利用率。在遵循严格保护和合理、节约用地原则的前提下,盘活现有存量土地。在目前用地指标日益紧张的情况下,要把工作重点转入加强签约企业的用地跟踪管理,建立企业用地信用制度,督促企业依法办理供地手续和按计划投入建设,保证报批一宗用一宗,不要批而不用、开而不发。对违反协议逾期未动工建设的企业,采取征收土地闲置费、免费或低价回收闲置土地等各种手段,督促企业按时开工建设,防止土地资源闲置。

(原发表于《农业部管理干部学院学报》,2014年第3期)

实践篇

乡村振兴战略视角下的农村三次产业融合发展探析

农村一二三产业(以下简称三次产业)融合发展是实施乡村振兴战略和推进农业供给侧改革、拓展农业功能、改善农业供给质量、拓宽农民增收渠道的重要举措。

党的十九大报告提出的"促进农村一二三产业融合发展"给乡村经济发展指明了方向。我国各地扎实开展农业产业结构调整工作,拓展农业功能,推行农业供给侧改革,改善农业供给质量,积极探索"互联网+"农业型融合、农业新业态型融合、农业产业链条拓展性融合、内部集聚型融合、外部联合体融合、垂直一体化企业全产业链融合、社会化服务型融合等农村三次产业融合发展模式,繁荣了乡村经济,为农业增效、农民增收增添了新动力。本文论述了农村产业融合发展是实施乡村振兴战略重要内容、路径和手段,对我国目前促进农村三次产业融合发展的现状、遇到的主要问题等方面进行分析,并提出了针对性建议,为促进农村三次产业融合发展新措施、新路径提供有价值的参考。

一、农村三次产业融合发展是实施乡村振兴战略的重要内容、路径和手段

乡村振兴归根结底是乡村发展问题,产业是乡村振兴的根本,是乡村经济社会、文化教育等各项事业可持续发展的基础,因而实施乡村振兴战略就必须促进乡村经济繁荣[1]。如果仅仅靠发展和壮大农业,农村经济的发展和乡村振兴战略中产业兴旺目标的实现将是十分困难的。因此,必须突破农业

---

① 袁金辉:《实施乡村振兴战略的五大着力点》,载《学习时报》,2017年11月6日04版。

功能就是提供农产品以及乡村的产业就是农业的传统思维模式,通过农村三次产业融合发展的手段,让经济发展起来①。

一是加快农村三次产业融合发展,助推乡村振兴战略首要目标的实现。产业兴旺是实施乡村振兴战略的首要目标。兴旺农村产业,农村三次产业融合发展是重要途径②。各地在促进农村三次产业融合发展过程中,调整优化农村种植业和养殖业结构,以循环发展、农林和农牧结合为导向,加快发展循环、生态、绿色农业,推广适合旅游观赏、精深加工、规模生产、休闲采摘的农作物新品种、新技术,构建现代农业产业体系。同时,鼓励和吸引一些有下乡创业想法的城里人和返乡、回乡的农民工到农村从事如乡村旅游和电子商务等新产业、新业态,提升农业附加值,实现农村产业蓬勃发展、乡村产业兴旺。据统计,"2016年全国乡村旅游接待游客近21亿人次,营业收入超过5700亿元,从业人员845万,带动670多万农户受益"③。

二是加快农村三次产业融合发展,激发农业农村发展的内生动力。各地在促进农村三次产业融合发展过程中,立足本地实际情况,着力培育各类新型农村产业融合经营主体,不断创新各类新型农村产业融合经营主体带动周边分散、小规模农户共同致富、发展的模式,让各类经营主体合理分工、资源共享、优势互补,促进企业加工、合作经营、家庭生产等协同发展,激发乡村发展的内生动力。

三是加快农村三次产业融合发展,实现小农户与现代农业发展有机衔接。在农业生产、加工和销售过程中,产前产中产后各环节的生产作业分工越来越细,各地在促进农村三次产业融合发展过程中,鼓励开展优良品种开发、新技术推广、生资提供、代耕代种、大田托管、测土配肥、统防统治、代收代储、代加工代销售、烘干储藏等专业化、市场化和社会化等多元化生产性服务。农业生产性社会化服务的发展,有助于促进小农户与现代农业发展有机

---

① 李国祥:《产业融合发展是乡村振兴的重要路径》,载《上海证券报》,2017年11月28日012版。
② 涂圣伟:《实施乡村振兴战略的三大着力点》,载《经济日报》,2017年12月31日008版。
③ 韩长赋:《围绕实施乡村振兴战略 深入推动农村创业创新》,载《农村工作通讯》,2017年第24期,第5~7页。

衔接。

四是加快农村产业融合发展,拓宽农民就业创业渠道,提高农民生产经营管理水平和能力。各地在推进农村三次产业融合快速发展的过程中,鼓励和支持各类经营主体,特别是从事农产品加工、销售的工商企业,发挥它们自身生产管理、技术、加工、销售等优势,辐射带动周边农户提高农业生产经营和管理水平、适度扩大生产经营规模,发展配套农产品,为其加工提供优质原材料[①]。同时,落实《国务院办公厅关于推进农村一二三产业融合发展的指导意见》,鼓励各类农村产业融合经营主体,特别是从事农产品加工、销售的工商企业,在同等条件下,优先聘用和吸纳转出土地的农民、附近的农民,为这些农民提供就业岗位和社会保障的同时,组织他们参加技能培训,着力提高他们就业创业能力和水平。

综上所述,各地在推进农村三次产业融合发展过程中,积极培育新型经营主体,农业发展方式转变加快,乡村产业结构得到有效调整优化,现代农业产业体系、生产体系、经营体系构建逐步加快,农业竞争力明显提高,农民收入持续增加,农村活力显著增强,农民生活更加富裕。2016年全国规模以上农产品加工企业吸纳2500万农民就业,带动农民工资性收入占人均纯收入的10%左右,间接带动1亿多家原料生产小农户增收。因此,促进农村三次产业融合发展是实施乡村振兴战略的重要内容、路径和手段。

二、我国农村三次产业融合发展实践

为拓宽农民就业渠道和增收渠道,促进农业增效、农村繁荣,早在2015年,国务院办公厅就出台了《国务院办公厅关于推进农村一二三产业融合发展的指导意见》,重点培育农业各类经营主体,创新融合方式,建立农村产业融合服务体系,完善利益联结机制,促进农村三次产业融合发展,形成城乡融合发展的新格局。

---

① 韩晓莹:《演进式视角下农村产业融合发展的中国式探索》,载《商业经济研究》,2017年第5期,第189~192页。

(一)重点培育农业各类经营主体

各类新型农村三次产业经营主体是实施乡村振兴战略的突击队和主力军。各地以培育主体为重点,充分发挥本地农业加工、销售等龙头企业的带动作用,引领家庭农场、各类农民合作社、协会持续健康发展,为培育、发展和壮大各类新型经营主体营造良好的生存和发展环境。

一是大力培育和发展农产品精深加工、现代营销、流通等龙头企业。农产品精深加工、现代营销、流通等龙头企业快速发展,规模水平提高,成为推动农村三次产业融合发展的重要力量。2016年,全国已经发展累计达8.1万家规模以上农产品加工企业,比2012年增加1.1万家。农产品加工企业质量效益持续改善,据统计,2017年,规模以上农产品加工业实现主营业务收入19.4万亿元,同比增长6.5%;规模以上农产品加工业增加值增速为6.5%(扣除价格因素),较上年同期提高0.7个百分点。鼓励龙头企业推进产业链建设,加强供应链管理,健全农产品营销网络,建设现代物流体系,主动适应和引领农业产业链转型升级。加快创新步伐,支持农业龙头企业自主设立研发机构或与高校、科研院所深度合作,初步构建起农产品加工、生产技术研发体系,突破共性关键技术,转化科技成果。同时,建立科技示范基地,示范推广成熟、适用技术,着力提升农业龙头企业科技水平。支持农业龙头企业建立现代企业制度,充分发挥管理、品牌、资金和技术优势,发展精深加工、现代营销、流通等龙头企业,培育和发展在国际国内市场具有较强竞争力的大型企业集团。发挥农业龙头企业产业组织优势,组建农业产业化联合体,推进生产、加工和销售服务等一体化经营。

二是鼓励纯农户、兼业农户、家庭农场组建农民合作社,业务由生产、供销向互助保险、资金融通等内容延伸,合作形式由同类产品或服务的专业合作向资源要素股份合作拓展,产业涵盖粮棉油、果蔬茶、肉蛋奶等主要产品生产,并扩展到植保、农机、农村电商、民间工艺、观光旅游、休闲农业等新产业新业态。引导农民合作社组织农产品品牌化、标准化、绿色化生产,截至2017年11月底,拥有注册商标的17万家合作社已经实施标准化生产,4.3

万家通过"三品一标"质量认证①。2017年,"在工商部门注册的农民合作社总数达200万家,入社农户超过1.1亿,接近一半的家庭承包经营户加入了各类合作社"②,促进了小农户与现代农业发展有机衔接。

三是吸引和鼓励具备条件的返乡青年农民工、个体工商户、大中专院校毕业生、市场经纪人和农户等兴办种养结合生态家庭农场。截至2017年末,全国家庭农场超过87.7万户,纳入农业部门名录管理的达到44.5万户。农业部的统计数据表明,农村家庭农场,主要集中于种养业的生产环节,从事种养及种养结合的占农场总数的98.2%,从事粮食等大田作物生产的占农场总数的40%。

(二)创新农村三次产业融合方式

各地积极调整优化农业产业结构,实施绿色、生态、高效农业示范工程,构建稻鱼虾共生、粮经饲兼顾、农牧林结合、生态有机循环发展的新型种养业生产体系,推动农业生态绿色发展。

一是根据养殖规模和布局,推行种养一体化模式,以养定种,鼓励和引导农户因地制宜发展青贮玉米、苜蓿等优质饲草料,加大粮改饲和粮改经扶持力度,逐步建立合理的粮食、经济作物、饲草料等多元化种植、养殖结构。据农业部数据统计,2017年,全国粮改饲试点县从121个扩大到455个,已完成粮改饲面积1334万亩,收贮青贮玉米等3784万吨优质饲草料。积极发展林下经济,在林下种植食用菌、辣椒、菠菜、大蒜、洋葱、甘蓝等蔬菜;间种板蓝根、白芍、金银花等药材;种植花生、芝麻、大豆等油料作物以及棉花、小麦、甘薯、绿豆等农作物。推进农林复合经营,保留林下杂草或种植牧草,林地在周边围栏,养殖鸡、鹅等家禽,家禽吃虫吃草,粪便肥林地,形成良性生物循环链;在林间种植牧草养殖肉兔、肉用羊、奶牛等家畜,用可食用的树叶、杂草及种植的牧草来饲喂兔、羊、牛等家畜,实施林下种植、养殖结合循环农业。推广农超、农企等多种形式的产销对接机制,升级改造农产品冷链物流体系和加快批发市场建设,支持农产品生产、挑选整理、初加工、精深加工和仓储物

---

① 张红宇:《农民合作社发展迈向新征程》,载《中国农民合作社》,2018年第1期,第8~9页。
② 孔祥智:《农民合作社的2017》,载《中国农民合作社》,2018年第1期,第47页。

流、市场销售批发等建设,着力拓展、延伸农业全产业链。

二是采用互联网、云计算、大数据等计算机网络技术,健全农业生产经营信息预警监测体系,提高农业生产销售各种数据的统计与监测、市场信息发布、市场行情预警分析等精准度。推进现代农业大数据和信息进村入户工程建设,支持和鼓励农村各类经营主体对农作物种植、畜禽养殖、渔业生产、农产品加工与销售等进行物联网改造,将现代生产管理、销售经营手段应用于农业生产、加工、服务、收储、销售与管理各环节,实现现代农业与"互联网+"相结合。鼓励发展立体化、工厂化等高科技农业以及创意农业、观赏农业、农事体验农业。积极探索发展农业生产托管和租赁业务、农产品个性化定制、民宿经济等新型业态,促进农村新兴业态快速发展。

三是加强农业生产销售服务体系建设,形成农产品及农业生产资料、农机具集散中心、物流配送中心和展销中心。各地都加快推动省级农业现代示范区建设及升级转型,鼓励申报和创建国家级农业现代示范区,大力发展一村一品、一乡(县)一业,引导农村产业集聚发展。

四是统筹乡村产业布局与规划,积极拓展农业多种功能,推进农业与文化体育、休闲度假、健康养老、科技教育、生态旅游等产业深度融合。合理开发与深度挖掘农业文化遗产,鼓励和支持发展智慧乡村游,将健康养老元素融入农业生态绿色、休闲观光和养生等产业链条,打造一批具有传统文化、历史特色、民族风味、地域风貌的乡村旅游示范乡镇和村,推进农业产业与健康养老、休闲、旅游观光共同发展。数据显示:截至2017年底,休闲农业和乡村旅游各类经营主体达33万家,全国乡村旅游达25亿人次,营业收入近5500亿元,旅游消费规模超过1.4万亿元。

五是加强市场开发和规划引导,出台差别化落户政策,将新型城镇化建设与农村产业融合发展有机结合,鼓励、支持和吸引农村人口到城镇发展产业和落户安家,把农业转移人口吸纳到城镇,且确保其能稳定生活。

(三)建立完善农村产业融合主体与农户利益联结机制

农民是否真正分享农村产业功能拓展、农村产业规模经营、农业产业链延伸的收益,关键在于利益联结机制是否完善。

一是在平等互利基础上,支持和鼓励农业产业化龙头企业大力发展订单农业,与农户、家庭农场、农民合作社签订规范的农产品购销合同,依据生产成本和市场行情,合理确定农产品收购价格,形成稳定、持续的购销关系,让利于民,确保农产品原料生产基地有序稳步发展[①]。

二是采取"按股分红＋保底收益"等形式,支持有条件的新型农村产业融合主体发展股份合作,鼓励农户自愿以住房、林地、土地等入股各类新型农村产业融合主体,建立以农户住房、林地、土地入股的收益分配机制,切实保障入股的林地、住房、土地等资产的收益。

三是鼓励和引导各类社会资本到乡村发展现代农业,投资建设一批带动能力强、科技含量高、规模大的项目和企业,推进农业生产生态化、标准化、规模化以及农村三次产业融合发展,有效提高本地农业现代化经营水平和综合生产能力。

四是强化下乡从事农业生产的各类工商企业社会责任,鼓励和支持它们在同等条件下,优先招收转出土地的农民,并为他们开展技能和岗位培训,提高他们就业创业能力和生产经营管理水平,拓宽农民增收渠道。

五是规范各类工商资本所有者租赁、流转农地的经营行为,加强对他们的监督管理,推广流转土地租金、费用动态调整,流转费用、租金以实物结算等方式,确保农民获得稳定的土地流转收益。加强农业订单、土地流转、农产品销售等合同履约监督,建立健全农业生产经营风险防范机制,让各方合法权益得到保障。

(四)建立完善农村三次产业融合服务体系

建设便捷高效、综合配套、覆盖全程的农村三次产业融合服务体系,是促进农村三次产业融合发展的必然要求。

一是采取政府资助、购买、奖励等多种鼓励方式,支持龙头企业、行业协会、科研机构等为农村产业融合发展提供公共服务。搭建综合性信息化服务平台,为各类新型经营主体提供价格信息、公共营销、电子商务、农业物联网、乡村旅游等多方面服务,实现公共信息资源跨行业、跨部门、跨地区共享和互

---

① 闫林楠、雷显凯、范旭丽、胡凯:《农村产业融合利益联结机制研究》,载《农村经济与科技》,2017年第13期,第9~12页。

联、互通。

二是以农村产业链为基础,推广农村产业链融资模式,发展农村普惠金融,鼓励商业银行等金融机构与各类新型经营主体建立紧密合作关系。创新农村金融服务,为农产品生产、加工、仓储、运输、销售等环节提供多种形式的资金支持,稳妥有序推进农民住宅财产权和农村土地承包权、经营权等抵押贷款试点,开展农业保单和生产订单质押以及渔船农机、农业厂房、林权等抵押业务。

三是支持和鼓励机关事业单位有志人员、各类科技人员和大中专毕业生到乡村创业,加强对农民合作社骨干成员、专业大户、家庭林场和农场主的科技培训,完善科研院所、高校、企业等涉农科技人才兼职和流动制度,开展科技特派员到乡村创业行动、农技人员包村联户服务和畜牧科技进万家等活动,强化农村三次产业融合发展的人才和科技支撑。

四是强力推进农业生产基础设施建设,特别是农田水利设施建设和农村土地整治,实施高标准农田建设,改造中低产田。如国务院总理李克强在2018年3月5日第十三届全国人民代表大会第一次会议上提出:"新增高标准农田8000万亩以上、高效节水灌溉面积2000万亩。"

三、促进农村产业融合发展存在的问题与困难

目前,农村三次产业融合发展仍然处于初级阶段,农村三次产业融合各类新型农业经营主体的带动能力较弱,农业生产经营机制体制障碍和要素瓶颈制约仍然没有突破。

(一)农业产业规划滞后,增加了现代农业产业体系构建难度

由于很多地方农业产业规划滞后或片面,乡村内种养等农业产业、各种加工企业集中混杂,影响村民安居,各种产业发展严重受到限制。大量的水面、耕地、山场等农业生产资源的经营权分散在农户手中,仍由农村家庭小规模经营,随意性大,导致这些资源利用率、产出率低,农业产业布局混杂且分散。在农业产业内部结构中,传统种植业仍是主导产业,粮、棉、油等行业比重较高。2017年,全国粮食、棉花、油料种植面积分别为11222万公顷、323万公顷、1420万公顷。部分大众农产品档次低、质量差、品种不对路,出现了

销售不畅、大规模"卖"难现象。多种经营占整个农业产值的比重、高效经济作物占整个种植业的比重不高,远未达到主体的地位。受疫情和市场双重影响,养殖业生产规模小、不稳定,生产规模难以扩大,管理方式难以改善,产品质量难以把控,饲养水平难以提高。渔业生产中,四大家鱼比重大,特色养殖少,渔业结构也不合理。养殖业产品开发主要限于食品类,有着巨大效益潜力的非食品类产品则严重不足,开发利用不充分。农业龙头企业技术装备水平落后,规模相对较小,精深加工及综合利用不足,大宗农产品加工水平偏低。农业龙头企业创新能力弱,一般性、资源性的传统产品多,农业科技成果转化率低,高科技含量、高附加值的农产品少。农村三次产业融合发展中,原料生产和加工专用品种选育滞后,特别是储藏、保鲜等初选、初加工设施在农产品生产地普遍缺少,农产品品质难保障、产后损耗大。农业产业链条短,特色农产品产业链条更短。

(二)农业生产自然资源和生态环境遭到不同程度的破坏,影响了现代农业生产体系构建

随着工业化、城镇化的快速发展,各地招商引资力度加大,各类招商企业落户用地需要增大,导致农村耕地逐年减少,水系、生态遭到不同程度的破坏,且中、低产田比重大,高产田比重小,耕地资源总体质量不高。原本我国人均耕地面积就较少,土地资源与人口的矛盾越来越明显。在农业生产中,农民为生产更高产量产品,忽视环境保护,使用了大量农药化肥。农药落入田中,随灌溉或降雨,流入江河、沟渠,危害水生生物,污染水域,影响水产养殖。农药进入土壤,很快地被微生物、土壤动物及植物吸收或残留在土壤中,造成土壤污染,破坏土壤结构和肥力,导致土壤的生态系统整体功能下降。化肥的使用,直接污染土壤、水体和大气,危害绿色植物和鱼类的生存。生态环境条件恶化,全球气候变暖,气候波动剧烈,冷害、霜冻等灾害频繁发生,加上农业基础设施薄弱,农田水利建设落后,有的缺乏蓄水设备,有的没有排水设施,农业排涝抗旱能力差,农业生产抵御自然灾害能力较弱,且控制性水利工程投入少,农业靠天吃饭的状况没有得到改变。同时,频繁的人类活动和经济的快速发展,加剧了生态环境恶化。农村生态环境破坏与退化,生态环境压力加大,水、土地等自然资源约束加剧,导致农业生产的劳动力成本不断

提高。农产品质量也因生态环境破坏受到影响,食品安全问题日益突出。乡村农业生产规模小,组织化程度低,各产业之间互联互通性差,农村产业融合程度不高,农村三次产业及其产前、产中和产后各环节被人为地分割在不同地域和领域,导致农村三次产业融合生产效益低、经营成本较高。农业生产环境和基础设施薄弱,有些地方连机耕道都没有,交通落后,无法使用机械化设备。一些农民合作社、龙头企业购买了设备,建起了厂房,但水、电、路、气、污水处理管网等配套设施不到位,影响企业投资生产,甚至一些龙头企业在投资建设这些公共性较强的基础设施时因成本过高而放弃。

(三)传统经营模式难以转变,现代农业经营体系有待加强

党的十一届三中全会以后,我国确立了家庭联产承包责任制,农业生产经营活动在很大程度上是由各个农户承担或独立完成的,家庭联产承包责任制是具有旺盛生命力、符合中国国情、体现中国特色的制度,激发出广大农民的劳动生产积极性[1],这种"小而散""小而全"的农户家庭经营成为传统农业经营体系的主体。但随着城镇化、工业化、信息化的快速发展,市场化、国际化以及经济全球化的推进,这种传统农业经营体系的局限性日趋突出。

一是农户家庭经营缺乏分工协作,导致农产品成本高、农业竞争力弱和经营效益低。在比较利益的驱动下,农村大量青壮年进城务工经商,甚至弃耕抛荒,留在农村从事农业生产的均为年老体弱的村民,加剧了农业生产兼业化和副业化,农村资源利用率、农地产出率和劳动生产率难提高,增加了传统农业经营体系转变的难度,也制约了农业竞争能力的提升[2]。

二是农户家庭经营虽然独立自主,但具有"小而散""小而全"等经营特点,在市场竞争中处于"被动接受"的地位。加上农民适应市场能力弱,且很难把握农产品市场变化情况,一旦看到某农产品价格高涨和畅销,就一哄而上,盲目生产,导致供大于求,产品滞销,价格暴跌。第二年,农民觉得这种农产品无利可图时,又转向前一年价高利大的农产品,而这一农产品因农民放

---

[1] 张宏宇、杨凯波:《我国家庭农场的功能定位与发展方向》,载《农业经济问题》,2017年第10期,第4~10页。

[2] 姜长云:《关于构建新型农业经营体系的思考》,载《人民论坛·学术前沿》,2014年第1期,第70~78页。

弃生产，导致供小于求，产品畅销，价格暴涨。农产品价格的剧烈波动，导致农户经济损失惨重和大量财力、人力、物力浪费。根据国家统计局数据，2017年前三季度价格同比跌幅较大的农产品品种分别为蔬菜下跌5.3%，玉米下跌5.5%，禽蛋下跌11.8%，家禽下跌5.5%，生猪下跌14.5%。

（四）农村土地流转成片难度大，制约了农村三次产业融合发展

开展农村土地流转，将土地向专业大户、农民专业合作社、农业企业等各类新型经营主体集中，实行适度规模经营，是推进农村三次产业融合发展的必然选择。许多经营主体都希望集中连片流转土地，以规模经营来降低成本，但土地流转集中成片难度很大，影响了当前农业集约化、规模化发展。土地的约束，也严重制约了农村三次产业融合发展[①]。根据国家统计局数据，截至2017年6月底，全国家庭承包经营耕地流转面积4.97亿亩，流转率36.5%。

一是当年实施家庭联产承包责任制时，耕地是好坏搭配、平均分配，地块多而零碎、面积小、分布零散，限制了土地集中连片流转，土地流转大部分仍然流入农户，流入农民专业合作社、农业企业等各类新型经营主体的比例不高。根据农业部数据，截至2017年6月底，流转入农户的面积为2.83亿亩，占流转总面积的56.8%，流转入农民专业合作社的占22.4%，流转入企业的占10.5%，流转入其他主体的占10.3%。

二是一些土地流转中介操作行为不规范，服务质量和水平不高，加上土地流转市场不完善，难以提高零星、分散耕地的整合集中流转效率。如截至2017年6月底，全国签订土地流转合同5749.1万份，签订率为70.3%，仍有29.7%没有签订土地流转合同。

三是农民受教育程度低、文化素养较低以及缺乏技能培训，进城经商务工预期收入不稳定和不确定，也存在较高的风险性，而且农村社会保障制度不健全。在这种背景下，大多数农民认为，进城经商务工失败或在落脚城市无助时，回乡种地是自己的生存退路，不愿意转出土地经营权。根据农业部

[①] 李双双：《我国农村产业融合发展模式分析》，载《农村经济与科技》，2017年第3期，第38～39页。

数据,截至 2017 年 6 月底,全国流转出承包耕地的农户达到 7434.3 万户,占家庭承包农户总数的 27.7%。

四是有不少农民认为土地承包经营权长期不变,加之一系列惠农政策的推行,还对土地有较高增值预期,加上农户拥有耕地面积少,农业是弱质产业,土地流转收入也不太高,农民不惜撂荒弃耕,也不愿把土地转出。根据农业部数据,截至 2016 年底,全国经营规模 50 亩以上的农户数为 376.2 万户,占总农户数的 1.4%。其中,经营规模 50~100 亩的为 252 万户,占 50 亩以上农户数的 67%;100~200 亩的为 88 万户,占 50 亩以上农户数的 23.3%;200 亩以上的为 37 万户,占 50 亩以上农户数的 9.7%。

四、促进农村三次产业融合发展的相关建议

加快推进农村三次产业融合发展,促进现代农业产业、生产和经营等三大体系的构建,重组供应链、提升价值链、延伸产业链,有利于促进第二产业和第三产业中的资本、人才、管理、市场、技术等现代生产管理要素深度融入农业,提升农业生产发展水平及乡村各类资源利用率,吸纳有志青年和专业人才到农村创业,改善农村劳动力结构,提高农村三次产业融合的辐射带动能力,拓宽农民就业渠道和增收渠道,促进农村经济社会繁荣稳定,实现乡村振兴战略目标。

(一)科学制定乡村产业规划,构建乡村现代农业产业体系

围绕当地资源禀赋和区域优势,摸清现有产业布局并进行综合分析与深度挖掘,找准乡村产业定位,科学制定乡村产业规划,从空间和时间上合理有序优化产业布局,拓宽乡村产业发展空间,促进城乡间产业、区域的协调发展。

一是在制定农村产业规划前,必须摸清现阶段三次产业发展状况、基础设施、气候条件、种植结构、土壤条件、周边环境、经济条件等实际现状。在产业规划和布局中,长远目标要量力而行,依据实际情况,循序渐进、有序推进,不可一味追求速度,盲目扩大再生产。

二是依托本地农业资源,做好优质粮油、经济作物等种植业区域规划,考虑附近及周边区域产业的特点,加快形成集中连片规模化生产,建成优质农

产品生产原料供应、农产品初加工基地。如把长江中下游地区规划为稻谷、小麦主产区,东北地区为稻谷、玉米、大豆主产区,黄淮海地区为小麦、大豆主产区等,并形成初加工产业带。

三是在养殖业产业规划中,稳定宜养区域养殖规模,稳步推进适度规模养殖和标准化养殖,拓展外海养殖空间,分别建设肉、奶、蛋等深加工优质原料、优质海产品生产基地。如把西南、中部、东北地区规划为生猪主产区,西南、东北、西北、中原地区为肉牛主产区,中原、西北、中东部、西南地区为肉羊主产区。

四是考虑附近及周边区域乡村产业的特点,结合本地优势特色农产品生产情况及区域布局规划,对现有农产品加工园区以及农产品加工区进行整体布局,引导产业向产业园区和重点功能区集聚。

五是在大中城市郊区建立都市农业发展区,主要发展农产品精深加工与综合利用、休闲食品加工、方便食品加工、主食加工等产业,培育一批大型农产品产业园区和加工企业,形成具有国内外竞争优势的农产品加工产业带。

(二)改善和保护农业生态环境,构建农村三次产业融合发展的生产体系

农业生态环境与农村三次产业融合发展是密不可分的,没有农业生态环境资源作为依托,农村三次产业融合发展就是无源之水。要尊重自然规律,改善和保护生态环境,科学合理利用资源,有效减少环境污染和资源消耗,提供具有更强竞争力的生态绿色农产品和服务。

一是强化耕地保护意识,管制土地用途,保护与提升耕地质量,大力实施土地整治与复耕,补充和增加耕地面积,解决土地产出低效化、建设用地无序化、耕地保护碎片化等问题。加强农沟、泵站、明暗渠、田间道路、机耕桥等农田水利、道路等基础设施建设,形成渠相连、路相通、田成方、林成网、涝能排、旱能灌的农业生产新环境。着力实施高标准农田建设,改善耕地基础条件,培肥地力、改良土壤、治理盐碱、控污修复,提高耕地基础生产能力、高产田比重以及耕地总体质量。

二是依据废弃物处理能力和资源环境承载能力,科学合理确定畜禽养殖规模和品种,发展规模化、规范化、标准化养殖。推广清洁养殖技术和工艺,

发展生物天然气和农村沼气,畅通畜禽有机肥还田渠道,推进废弃物资源化利用,管住废弃物乱排乱放,构建种养结合、生态循环的绿色、可持续发展新格局。

三是推进科学施肥,根据不同作物产量潜力和区域土壤条件等综合要求,推广测土配方施肥,合理配比氮、磷、钾,配合大量元素与中微量元素,合理制定各类作物的单位面积施肥标准,充分利用有机肥资源,用有机肥替代部分化肥,减少盲目、不合理的化肥投入。

四是依靠科技进步,根据病虫害预防控制和发生危害的特点以及病虫监测预报,配方选药,对症适时适量施药,避免乱用药、盲目加大剂量和增加施药次数。推广新技术、新药械、新药剂,广泛应用高效低毒低残留农药和生物农药,禁止使用高毒高残留农药。开展专业化统防统治,解决一家一户"乱打药""打药难"等问题。应用物理防治、生物防治等绿色防治防控技术,创建不利于病虫害生存和发生而有利于保护害虫天敌生存和农作物生长的环境条件,预防控制病虫害发生,提高防治效果、效率和效益,从而达到减少农药使用的目的。

五是加强对农村生态环境的保护和整治,推进农村电力、通信、道路等基础设施建设,为社会投资主体、农民合作社和协会、龙头企业参与农村三次产业融合提供良好的环境。

(三)培育多元化各类经营主体,着力构建农村三次产业融合发展的经营体系

推进农村三次产业融合发展,涉及面广、复杂性强,不能仅靠小农户小规模传统经营。积极培育农村三次产业融合主体,充分发挥它们在品种引进、新技术应用、市场营销、经营管理等方面优势,引领小农户提升农业生产标准化、组织化、社会化程度,着力提高农业产业化、规模化、经营集约化水平,促进小农户与现代农业发展有机衔接,构建农村三次产业融合发展的经营体系。

一是鼓励与引导返乡大中专毕业生、务工经商返乡人员、村干部、农村经纪人、新型职业农民等领办创办农民合作社、家庭农(或林)场、涉农企业,着力培育多元化新型经营主体。

二是建立集农业生产技术指导、农产品加工营销、信用评价、保险推广于一体的综合性农业生产服务主体,围绕集中育秧、节水灌溉、统防统治、农机作业、冷冻保鲜、加工贮藏、烘干仓储、流通运输、网上营销等环节开展农业生产社会化服务。

三是大力培养农村实用人才,采用"理论＋实训""田间＋课堂"模式,培育更多的农村致富带头人、优秀"土专家"和"田秀才",把他们培育成种养大户,支持他们成立合作社、创办家庭农场,让合作社、家庭农场和种养大户逐步取代"小而散""小而全"的传统农村家庭经营主体,成为农村三次产业融合的基础力量。支持和鼓励标准化、专业化、规模化生产,依托市场需求,大力发展农产品初加工、地产地销等新型产业形态,延长产业链条,促进三次产业融合、产供销对接。

四是引导小农户立足本地优势产业和自身优势创办农民合作社和加入农民合作社,发挥合作社对小农户的带动引领作用。鼓励采用"共同出资、共享利益、共创品牌"方式,依法组建合作社联合社,并做实、做强、做大,实现可持续发展。重点扶持运行规范的合作社联合社和示范社,支持合作社发展肉蛋奶、粮棉油、果蔬茶等绿色生态农产品生产和产前、产中、产后各个环节生产社会化服务,并拓展到植保、农机、电子商务、旅游休闲、民间工艺等多业态多领域,提升经济实力。鼓励引导合作社探索合作社再联合、股份合作、信用合作、土地合作等多种形式,发展生产、供销、信用、互助保险综合业务,提升发展活力。

五是加大对农村三次产业融合经营主体的财政扶持力度,以加强农业社会化服务、促进适度规模经营、推广新产品新技术为重点,采取先建后补、以奖代补、政府购买服务、担保费补贴、贷款贴息等方式进行扶持。落实各项税收优惠政策,对自产自销的农产品免收增值税,从事涉农项目的所得,减征、免征企业所得税,涉农生产用地免缴城镇土地使用税,建设农业生产设施占用农用地的,不征收耕地占用税等。

(四)推进土地集中连片流转和适度规模经营,有效解决农村三次产业融合发展用地难题

先进科技成果在农产品生产中应用、农产品质量提高、品牌培育、市场竞

争力提升、生产效益增加,都要以适度的经营规模为前提。实现农村三次产业融合发展,核心是延长农村产业链,优化农村资源配置方式,充分发挥各类新型经营主体适度规模效益,拓宽农村产业经营空间,从而提高土地产出率和劳动生产率,增加农民财产性收入和生产经营性收入。党的十九大报告提出了"深化农村土地制度改革,完善承包地'三权'分置制度",要按照"维护集体所有权、稳定农村家庭土地承包权、放活经营权"的思路,创新土地流转方式,促进土地连片集中流转,以便适度规模经营。

一是以社会养老保险为主体,使医疗、工伤、失业、生育等保险全面覆盖,完善和发展农村社会保障体系,以农村社会保障取代农民家庭养老和土地保障等生存模式,弱化土地的社会保障职能,解除农民养老之忧、看病之患等后顾之忧,促进土地连片集中流转与经营的常态化和长效性。

二是妥善做好农村各类土地确权、登记和颁证等基础工作,建立农村土地产权归属清晰、流转顺畅、保护严格、权责明确的农村产权制度,赋予农民耕地完整的承包权和经营权以及宅基地资格权和使用权,减少土地流转纠纷,为加快土地流转和建立土地流转市场奠定产权基础。

三是充分界定土地所有权、承包权和经营权"三权"的内涵和边界,制定合理的法律法规,维护集体所有权,赋予对农村土地的发包、收回、调整、监督等各项权能,在农户利益不受损的前提下,采用互换等形式进行调整,以便土地连片集中流转和适度经营规模,满足农村三次产业融合主体的需要。

四是落实党的十九大报告提出的"保持土地承包关系稳定并长久不变"精神,稳定农村土地家庭承包权,任何单位、个人和组织也不得限制或强迫农民流转土地。同时,不论土地如何流转,其承包权都属于农民,让农民放心流转土地。

五是放活经营权,推进经营权的资本化、股份化和市场化,鼓励和引导农民将土地经营权采取转包转让、租赁互换、代耕代种、土地托管、股份合作等多种形式自由流转,实现土地连片集中流转。

六是农产品增值链条设备购置、基础设施建设和物质投入等投入大、效益回收时间长。在投入还未见效或没有盈利的情况下,如果流转年限已经到期,就没有人去流转土地,要避免这种情况的发生。根据规模经营的收益情况,应延长土地流转年限,让农村产业融合主体放心经营,提高其土地流转和规模经营的积极性。

七是推进农村宅基地制度改革、土地征收制度改革和集体经营性建设用地入市改革试点工作,在保障农民财产权益的前提下,努力壮大集体经济。农村产业融合各类经营主体可以通过市场取得农村集体经营性建设用地,用于建设农村三次产业融合主体办公用房,新产品研发中心、农产品生产厂房以及原材料和产品成品仓储物流等各生产、加工、销售和管理设施建设。同时,也可以开展农民闲置宅基地退出、农村土地整治等新增建设用地,优先用于农村三次产业融合发展。

(五)抓住农业供给侧改革有利时机,加快推进农村三次产业融合发展

振兴乡村离不开产业兴旺。要实现产业兴旺,就必须抓住当前供给侧改革加速、需求侧消费结构升级的有利时机,调整农业产业结构,加快推进农村三次产业融合发展。

一是立足实际,发展种养加一体、粮经饲统筹、农牧结合的绿色生态、循环农业,促进花卉和中草药等经济作物、饲草料、粮油棉等种植结构优化协调发展。推进农林、农渔复合经营,重点发展农产品精深加工、林下经济、稻渔共生、休闲采摘等,促进农产品横向发展、产加销全产业链纵向融合。引导和鼓励农产品加工企业及各类农村产业融合新型经营主体,通过与小农户、种植大户、养殖大户签订直接投资、参股经营等长期合同[1],发展专用原料生产,推广农产品加工所需的新技术和专用优良品种,带动建设一批标准化、规模化、专业化原料生产基地。

二是大力发展农产品加工企业,根据本地农业生产实际和资源禀赋,重点加快农产品初加工、收储各环节配套设施建设,提升农产品加工全链条水平。促进农产品加工产业集群,加快主食和传统食品工业化以及新型杀菌、高效分离、绿色节能干燥等关键技术集成升级与应用。开发功能性及特殊人群膳食产品,着力提升农产品精深加工水平,促进农产品的生产、加工与旅

---

[1] 郑伟、张晓林:《农民参与农村产业融合发展的路径研究》,载《江苏商论》,2017年第10期,第121~124页。

游、健康、养老、养生等产业融合。支持和鼓励各类企业建立稻壳、秸秆及畜禽水产品的骨血内脏等农副产品综合利用与开发技术体系,实现高值全值利用农产品、农副产品,促进农民合作社、农业龙头企业等各类新型经营主体与这些综合企业有机融合。

三是发展观光农业、农事体验农业、创意农业等农业新业态,拓展农业多种功能,推进农业与文化旅游、健康养老、休闲养生、艺术观赏、科技教育等深度融合[①]。

四是支持和鼓励各类新型经营主体推广农企对接、农社(区)对接、农超对接等多种模式的产销对接,把鲜活、优质、绿色、生态、有机农产品的直销网点设立在社区或郊区、城市超市,把优质农产品营销服务网点延伸到乡村街道、社区。支持大型农产品生产、收储、加工、流通企业开展托管、专项、个性化定制、连锁等各类专业、多元化农产品流通服务。

五是引导和鼓励新型经营主体对接区域性和全国性农业电子商务平台,推进大数据、移动互联网、物联网、云计算等计算机网络信息技术向农村三次产业生产、收储、加工、销售、流通、服务等领域渗透和应用,促进互联网等现代技术与农业深度融合。

(六)引导和规范工商资本合理投向,让农民共享农村三次产业融合发展的成果

一直以来,改善农民生活、提高农民收入是党中央最为关注的问题,党的十九大报告中强调促进农村三次产业融合发展,目的就是开拓农民更大的创业就业空间,拓宽他们增收渠道。在我国促进农村三次产业融合发展,必然要把开拓农民创业就业空间、提高农民收入作为出发点和落脚点。在实践中,一些地方政府鼓励工商资本到农村发展现代种养业,并提供政策支持,促使其投资的项目也成为农村三次产业融合的"样板"。然而这些农村三次产业融合的"样板"项目,占用当地资源、享受政府政策,有的缺乏辐射带动效应,将农民"屏蔽"在外,导致农民利益边缘化;有的表面上提高农民收益,促进了农业发展,但挤兑了本地农业经营主体;甚至有的以侵害农民和农业利

---

① 叶兴庆:《新农村要有新经济》,载《人民论坛》,2016年第S1期,第112页。

益为代价,破坏当地的环境、历史文化和农业特色等。因此,在推进农村三次产业融合发展的过程中,鼓励工商资本下乡,给其足够的发展空间。同时,应从制度上规范其行为,最大程度地规避风险①。

一要引导工商资本向农技推广与传播、新产品开发等小农户做不好或无能力做的农业生产薄弱环节投资,鼓励重点发展技术、资本密集型产业,推动传统农业向现代农业加速转型升级。

二要加大对工商资本投资项目的论证与宣传,使农民清楚地认识工商资本投资项目的影响以及自己可能的选择,从而使农民可以选择最优方案。同时,吸纳农民参与决策,改变农民弱势地位,提高农民话语权,避免工商资本下乡出现短期行为②。

三要指导工商资本投资项目的经营主体合理使用农药、化肥等,确保流转的农地质量不下降。严防工商资本搞非农建设倾向性、苗头性现象发生,及时打击污染或破坏租赁农地等违反法律法规行为。

四要指导工商资本投资项目的经营主体采取恰当的方式与当地小农户、家庭农场等农业经营主体结成紧密的利益共同体,提高他们参加农村三次产业融合的能力,确保以小农户、家庭农场等为主体推进当地农业向现代化发展。

(原发表于《河北大学学报(哲学社会科学版)》,2018年第6期)

---

① 高云才:《资本下乡,不能代替老乡》,载《人民日报》,2017年11月26日09版。
② 王晓毅:《资本下乡也要有个"笼子"》,载《北京青年》,2017年11月19日02版。

中国粮食生产面临的困境及高质量发展路径

中国拥有 14 亿人口,是粮食生产、消费大国。党的十八大以来,党中央把粮食安全作为治国理政的头等大事,确立了"以我为主、立足国内、确保产能、适度进口、科技支撑"的粮食安全战略,提出了"确保谷物基本自给、口粮绝对安全",坚持"藏粮于地、藏粮于技",实行最严格的耕地保护制度,走出了一条中国特色粮食安全之路[①]。但随着粮食消费需求的增长,粮食缺口一直就存在,我国借助国际市场来满足国内粮食需求,每年进口量均维持在 1 亿吨以上,我国成为名副其实的第一大粮食进口国。保障国家粮食安全是国家头等大事,是实现经济发展、社会稳定、国家安全的"压舱石",及时针对粮食缺口变化调整进口规模,妥善应对国内粮食缺口,保持粮食供需的动态平衡,对于保障粮食安全意义重大。党的十九大报告提出"确保国家粮食安全,把中国人的饭碗牢牢端在自己手中"。如何把饭碗牢牢端在自己的手中,谁来种粮、怎么种粮、种什么粮,仍然值得我们思考。

一、我国粮食综合生产和保障能力现状分析

粮食安全问题极为复杂,粮食产量大落容易,"一旦出了大问题,多少年都会被动"[②]。党中央始终重视粮食生产,即使粮食连年丰收,也没有放松粮食生产,更没有改变支持粮食生产的政策取向。绷紧粮食安全这根弦,切实提升粮食综合生产和保障能力,是实现扛稳粮食安全目标的重要条件。

---

① 冯维江:《保障国家粮食安全是一个永恒课题》,载《人民论坛》,2019 年第 32 期,第 21 页。
② 乔金亮:《把粮食安全这根弦再绷紧些》,载《经济日报》,2020 年 8 月 31 日 009 版。

(一)理性看待粮食"缺口",切莫恐慌跟风囤粮

在新冠肺炎疫情防控期间,出于防范风险的心理,一些居民跟风囤粮,抢购粮油。受国际粮价震荡传导和洪涝灾害影响,粮食市场运行出现了阶段性波动,2020年8月17日,中国社科院在《中国农村发展报告2020》中提出,预计2025年谷物(三大主粮)消费量为6.51亿吨左右,有可能出现1.3亿吨左右的粮食缺口,其中谷物将出现2500万吨的小幅缺口。这引起了社会的广泛关注。出于看好后市的预期,一些农户"惜售",一些粮食经销商、贸易商采取了不少举措跟风囤粮。到"十四五"期末,中国粮食有可能出现1.3亿吨左右的缺口,相比中国的粮食生产能力,这一占比并不是很高,仅占2019年全年粮食产量6.6384亿吨的19.6%,其中,谷物2500万吨缺口仅占2019全年谷物产量61368万吨的4.07%。从2019年粮食进口来看,进口粮食总量为10643万吨,占当年粮食产量的16.03%,其中,谷物总量为1792万吨、大豆8851万吨,分别占当年粮食产量的2.7%、13.33%。国家统计局数据显示,2013—2018年,全国居民年人均谷物消费量从138.9千克降低至116.3千克,而年人均包括猪、牛、羊肉等肉类消费量从25.6千克增至29.5千克,水产品消费量从10.4千克增至11.4千克,禽类消费量从7.2千克增至9.0千克,奶类和蛋类消费量也明显增加。中国进口的玉米和大豆一路飙升,在2019年进口的粮食中,进口玉米479.3万吨,进口大豆和玉米共9330.3万吨,占当年进口粮食的87.67%,这主要用于生猪、水产、禽类等养殖业饲料加工,并非居民消费。同时,随着城乡居民收入的快速增长,人们的饮食结构已经发生了变化,不仅要"吃饱"还要"吃好",这便引起粮食需求结构的变化。如国内生产的强筋小麦和弱筋小麦满足不了市场需求,弱筋小麦主要用于做糕点和蛋糕,强筋小麦主要用于做面包,需求量不大;进口小麦348.8万吨、大米254.6万吨,主要用于口粮品种调剂,从越南、泰国等进口的价格低、口味好的大米,主要满足消费者对粮食多元化、个性化的需求,让消费者有更多选择,进口量也不会大幅增加。为防止因粮食保管不善造成浪费和后期价格下跌带来损失,要理性看待粮食"缺口",避免恐慌跟风囤粮。

(二)粮食产量态势稳足,居民口粮国内自给充足

党的十九届五中全会提到"粮食年产量连续五年稳定在一万三千亿斤以上",小麦和稻谷两大口粮完全实现自给,解决了人民吃饭问题,如 2019 年全年粮食产量 66384 万吨,年末全国大陆总人口 140005 万人,人均粮食产量达到 474.15 公斤,远高于人均 400 公斤的国际粮食安全标准线。从表 1 可以看出,我国粮食产量从 2010 年的 54641 万吨增加到 2019 年的 66384 万吨,增加了 11743 万吨,增长 21.49%。2013—2019 年,粮食产量每年都保持在 60000 万吨以上,人均粮食占有量从 2010 年的 407.46 公斤增加到 2019 年的 474.15 公斤,均超过人均 400 公斤的国际粮食安全标准线。粮食产量稳定增长,满足了居民基本用粮需求,对进一步稳定其相关产品价格,保障人们生活,促进经济社会高质量健康发展具有重要的意义。

表 1　2010—2019 年粮食产量、年末总人口及人均粮食占有量统计表

年度	粮食产量(万吨)	年末总人口(万人)	人均粮食占有量(公斤)
2010 年	54641	134100	407.46
2011 年	57121	134735	423.95
2012 年	58957	135404	435.42
2013 年	60194	136072	442.37
2014 年	60710	136782	443.84
2015 年	62144	137462	452.08
2016 年	61624	138271	445.68
2017 年	61791	139008	444.51
2018 年	65789	139538	471.48
2019 年	66384	140005	474.15

数据来源:中华人民共和国 2010—2019 年国民经济和社会发展统计公报。

(三)从国际市场适度进口粮食,满足粮食需求结构升级

我国人口众多,14 亿人口按照人均每年粮食消费量 400 公斤计算,粮食消费量高达 5.6 亿吨,加上工业用粮增加、饮食结构改善和人口快速增长,粮食需求呈现刚性增长。海关总署数据显示,2019 年我国进口粮食总量为

10643万吨,因此,从中长期来看,我国粮食供需将处于紧平衡状态。从表2可以看出,在进口粮食中,大豆、玉米占绝大部分,主要用于企业加工水产、生猪、禽类等动物饲料。如2014—2019年,大豆和玉米进口量分别为7400万吨、8642万吨、8708万吨、9836万吨、9155万吨、9330万吨,占进口粮食总量的比例分别为69.54%、69.26%、75.93%、75.30%、79.23%、83.72%。稻谷、大米和小麦等口粮进口量处于较低水平,主要用于口粮品种调剂,扣除出口,几乎可以忽略不计。如2014—2019年,稻谷和大米进口量分别为258万吨、338万吨、356万吨、403万吨、308万吨、255万吨,占进口粮食总量的比例分别为2.42%、2.71%、3.10%、3.09%、2.67%、2.29%。

表2　2014—2019年粮食进口情况统计表　　　　　　　　　单位:万吨

年度	粮食总量	大豆	玉米	稻谷、大米	小麦	大麦
2014年	10642	7140	260	258	300	541
2015年	12477	8169	473	338	301	1073
2016年	11468	8391	317	356	341	500
2017年	13062	9553	283	403	442	886
2018年	11555	8803	352	308	310	682
2019年	11144	8851	479	255	349	593

数据来源:海关总署2010—2019年12月份统计月报。

(四)粮食储备体系逐步健全,粮食储备能力显著增强

政府粮食储备是保安全、稳预期、守底线的"压舱石"。疫情、极端天气和蝗灾等因素,冲击了粮食生产、加工、储运、交易等各个环节,世界粮食安全问题日益突出。在粮食产需缺口逐步扩大,进口量不断增加的情况下,一旦与粮食出口国发生摩擦、冲突等,粮食安全就会受到较大影响。如全球新冠肺炎疫情暴发后,俄罗斯、泰国、柬埔寨、越南、哈萨克斯坦、塞尔维亚、印度等十几个国家相继出台措施,限制粮食出口。粮食进口受更多、更复杂因素的影响,过度依赖进口粮食来解决粮食需求,粮食安全的风险会大大地增加。近年来,国家维修改造了一批老粮库,规划建设了一批现代化新粮仓,仓容规模进一步增加。2018年,全国共有有效仓容总量9.1亿吨,其中,简易仓容、标准粮食仓房仓容分别为2.4亿吨、6.7亿吨,有效仓容总量比1996年增长

31.9%①。政府粮食储备包括中央储备粮和地方储备粮,粮食储存安全,数量充足,质量良好,小麦、稻谷均能满足1年以上消费需求,粮食库存消费比远高于联合国粮农组织提出的安全警戒线水平②。中储粮储备规模稳定,从战略性、全局性解决粮食供给,如遇到重大自然灾害等情况;地方粮食储备规模有所不同,主产区、主销区以及产销平衡区储备粮规模分别保持在3个月销量以上、6个月销量以上以及4.5个月销量③。为保障口粮绝对安全,储备小麦、稻谷等口粮品种占比约70%,不断提高面粉、大米等成品粮库存比例,原粮、成品粮储备充足。各储备粮库广泛采用机械通风、电子测温、内环流控温、氮气气调等先进绿色储粮技术,确保粮食新鲜、绿色、营养,满足人们由"吃得饱"向"吃得好"和"吃得放心"转变的需求。同时,国家还建立了粮食应急保障机制,建立起两级监测体系,密切跟踪粮食价格动态和供求变化。全国31个省(区、市)、587个市(地)、2440个县都建立了应急预案。2020年末全国共有5388家粮食应急加工企业、44601个粮食应急供应网点、3454家粮食应急储运企业和3170个粮食应急配送中心,在价格易波动地区和大中城市储备了10～15天的应急成品粮油,构成应急供应网络体系,一旦发生因自然灾害、各种突发公共事件等引起的粮食市场异常波动现象,则可以随时将储备粮投放市场,调节粮食市场供求总量,稳定粮食价格,保障居民口粮供应需要。

二、我国粮食生产面临的现实困境

随着工业化和城镇化的推进,我国粮食生产发展仍然面临资源约束趋紧、劳动力结构性短缺、生产成本较高等现实困境,影响了粮食生产综合能力的提升。

---

① 中华人民共和国国务院新闻办公室:《中国的粮食安全》,载《经济日报》,2019年10月15日005版。

② 中共国家粮食和物资储备局党组:《积极应对疫情影响 扛稳国家粮食安全重任》,载《求是》,2020年第7期,第7～11页。

③ 刘慧:《放心! 库存稻麦可供全国吃一年以上》,载《经济日报》,2020年8月28日005版。

(一)农民工逐年增长,粮食生产劳动力结构性缺失

随着工业化、城镇化进程加快,乡村大量农民进城经商务工,愿意留在乡村从事农业生产的适龄劳动力数量逐年减少。从表3可以看出,乡村人口由2010年66558万人下降到2019年55162万人,减少11396万人;而农民工由2010年24233万人增加到2019年29077万人,增加4844万人,大量的适龄劳动力离开乡村,制约了粮食生产及综合生产能力的提高。如笔者从安徽省宣州区寒亭、水东、朱桥、水阳、狸桥等乡镇调查发现,越来越多的青壮年劳动力离开了乡村,直接导致农村劳动力供给不足。虽然农业机械可以代替部分人力劳动,缓解劳动力供给不足,但留在乡村从事粮食生产的劳动力质量逐年下降,文化程度较低,对新技术、新品种缺乏足够的认识,推广新品种、新技术难度大,粮食生产经营管理粗放,难以提高粮食单产和综合生产能力。

表3 2010—2019年乡村人口、农民工相关情况统计表

年度	乡村人口(万人)	农民工(万人)	农民工增长率(%)
2010年	66558	24233	5.4
2011年	65656	25278	4.4
2012年	64222	26261	3.9
2013年	62961	26894	2.4
2014年	61866	27395	1.9
2015年	60346	27747	1.3
2016年	58973	28171	1.5
2017年	57661	28652	1.7
2018年	56401	28836	0.5
2019年	55162	29077	0.8

数据来源:中华人民共和国2010—2019年国民经济和社会发展统计公报。

(二)耕地质量下降,影响粮食生产能力提高的基础

粮食生产的基础是耕地,耕地质量和耕地规模的稳定,对提高粮食产量和粮食综合生产能力以及维护国家粮食安全而言非常重要,但城镇化、工业化的发展导致耕地面积缩减,化肥、地膜和农药的大量使用,破坏了农村生态

环境,影响了耕地生产能力。《2019中国生态环境状况公报》显示,2019年,全国耕地20.23亿亩,划定15.50亿亩永久基本农田。截至2019年底,全国耕地质量平均等级为4.76等。其中,6.32亿亩一至三等耕地(即高等地),占耕地总面积的31.24%;9.47亿亩四至六等(即中等地),占46.81%;4.44亿亩七至十等(即低等地),占21.95%。农民为了追求生产效益,大量使用化肥、农药、除草剂,笔者在安徽省宣州区寒亭、水东、朱桥、水阳、狸桥等乡镇调查发现,每亩小麦平均使用碳酸氢铵15公斤、复合肥10公斤;每亩水稻平均使用碳酸氢铵15公斤、复合肥17.5公斤。每亩小麦平均使用农药0.6斤、除草剂1斤;每亩水稻平均使用农药1.5斤、除草剂2斤。大量施用化肥、农药和除草剂确实有利于提高粮食产量,但过量施用化肥,大量未被利用的磷、氮流失到水体和土壤中,造成农业面源污染①。根据《第二次全国污染源普查公报》,2017年,农业源水污染物排放量:氨氮、总氮、总磷分别为21.62万吨、141.49万吨、21.20万吨,其中种植业水污染物氨氮、总氮、总磷分别为8.30万吨、71.95万吨、7.62万吨。同时,粮食生产过度依赖化肥,导致土壤板结、耕作层变浅等耕地质量下降问题,直接影响粮食生产的可持续发展。与此同时,随着经济的发展,在推进城镇化、工业化过程中,较多的土壤质量和水利灌溉条件好的粮田被占用,使粮食种植面积有所减少,即使用占补平衡的方法来补充耕地,也存在占优补劣的现象,忽略了粮食生产用水、耕作半径、坡度、光照等因素,被灌排设施不完善、地力条件不佳的土地置换,耕地质量也出现下降趋势,制约了耕地占补后的粮食产量和综合生产能力的提升②。

(三)粮食生产比较效益低下,农民种粮积极性受损

农民种粮意愿和积极性是保证粮食生产、提高粮食产量的根本。但农民种粮的目标是获得经济收入,而种粮成本高、比较效益低的问题,影响了农民种粮意愿和积极性,农民将土地改种其他经济效益较高作物或用于从事其他

---

① 刘洪涛、郭小夏、成升魁、甄霖、刘晓洁:《我国粮食生产的耕地资源环境效应特征与代价分析》,载《中国环境管理》,2019年第4期,第68页。
② 黄寿海、胡小平:《占补平衡制度下耕地质量对粮食生产的影响》,载《财经科学》,2019年第12期,第121~129页。

工作,导致粮食种植面积减少。如2019年粮食种植面积比上年减少97万公顷,其中,小麦种植面积减少54万公顷、稻谷种植面积减少50万公顷、玉米种植面积减少85万公顷。笔者在安徽省宣州区寒亭、水东、朱桥、水阳、狸桥等乡镇调查发现,种一亩水稻约需成本707.5元,其中种子55元、农药170元、肥料152.5元、耕地100元、播种30元、水肥药等田间管理100元、收割100元,一般可收获稻谷1200斤,按110元/百斤计算,可获得收入1320元,剔除成本后的收益仅612.5元,这没有考虑土地流转费用和自然灾害、干旱抽水等风险,而农民进城从事体力劳动,无任何风险,劳动日工资在120~150元。笔者在安徽省宣州水阳镇调查发现,一亩田用于水产养殖,剔除成本后的收益在2000元以下,而且水产养殖的劳动强度远比种植粮食轻松。在比较效益的拉动下,大量土地肥沃的圩田被改造成了鱼蟹虾等水产养殖场地,10.1万亩耕地面积的水阳金宝圩,仅有2000~3000亩用于粮食生产,好多无粮食生产村出现。从表4可以看出,2016—2019年,全国粮食种植总面积比上年分别减少31万公顷、81万公顷、95万公顷、97万公顷,其中,稻谷分别减少5万公顷、0.2万公顷、56万公顷、50万公顷。

表4 2016—2019年粮食种植面积减少情况统计表　　单位:万公顷

年度	粮食种植总面积比上年减少数	小麦	稻谷	玉米
2016年	31	增加5	5	136
2017年	81	20	0.2	132
2018年	95	24	56	27
2019年	97	54	50	85

(四)农村土地分散经营,制约了粮食规模化、专业化生产

粮食种植面积是提高粮食生产效率的有利环境因素。在粮食种植过程中,面积越大,越有利于引入新技术,越有利于优化粮食生产资源配置,越有利于发挥规模效应,降低生产成本,减少要素投入浪费,从而提高粮食生产效率[①]。土地流转是种粮大户、新型农村经营主体发展粮食规模化生产的先决

---

① 胡逸文、霍学喜:《不同规模农户粮食生产效率研究》,载《统计与决策》,2017年第17期,第105~109页。

条件,没有土地流转就谈不上粮食专业化、规模化生产。

一是我国人多地少,实行家庭联产承包责任制后,耕地好坏搭配、平均分配给农民,田块分散,在一定程度上影响了土地流转,不利于种粮大户、新型农村经营主体发展粮食规模化生产。从调查的四个乡镇来看,户均耕地不足5亩、人均不到2亩,根本不具备规模经营条件,仅靠种植粮食,农民获得的收入有限,很难实现生活富裕(如表5)。在种粮比较效益较低的情况下,留在农村种粮的农民大多数年老体弱,再加上粮食生产技术、机械化水平较低,制约了粮食规模化生产经营。

表5 四个乡镇农业户户数、人口、耕地面积等情况统计表

乡镇名	农业户户数(个)	农业人口(人)	耕地面积(亩)	户均耕地(亩)	人均耕地(亩)
宣州区寒亭镇	5948	18988	28841.64	4.85	1.52
宣州区朱桥乡	7619	24737	29701.27	3.90	1.20
宣州区狸桥镇	16599	58968	69898	4.21	1.19
宣州区水东镇	7391	26356	18420	2.49	0.70

二是流出土地的农户受"土地是命根子"的传统思想观念束缚,怕吃亏上当,不主动参与土地流转,甚至担心一旦按了手印、签了字,就有一种土地"被出卖"的感觉,到时要不回土地,因此,习惯于以口头约定方式将土地流转给亲朋邻里。同时,流出土地的农户和流入土地的经营者法治观念不强,嫌麻烦,不愿到土地流转机构办理信息登记、土地流转合同鉴证等手续,加上土地流转信息网络不完善,社会化服务程度不高,土地流转步伐不畅,严重制约了土地流转的有序发展。笔者从寒亭、水东、朱桥、水阳、狸桥等乡镇调查发现,土地流转口头协议居多,签订土地流转合同的还不足10%,规范化的书面合同更少,在粮食生产过程中易产生纠纷。

三是种粮大户和新型农村经营主体都希望土地流转期限长而稳定、土地流转集中连片。但笔者在调查中发现,流转期限短而不稳,大规模土地集中连片流转难以成功,不利于长期投资和规模化、专业化粮食生产。

(五)社会化服务体系建设滞后,与粮食生产尚不能完全匹配

2019年末,我国人口城镇化率为60.60%,仍有55162万人生活在农村,

致使在较长时期内农业人口数量庞大。第三次全国农业普查主要数据显示，2016年，全国共有20743万户农业经营户，其中只有398万户规模农业经营户，仅占农业经营户的1.92%。因此，农户家庭小规模、分散经营仍将占据重要经营方式地位，我国粮食生产的主要承担者仍是农村家庭承包经营户。在市场经济日益快速发展的形势下，粮食生产社会化服务体系建设滞后，仍处于较低发展水平，暴露出小农户与现代农业发展脱节的问题。

一是基层的农技服务质量普遍偏低，服务功能不健全，农资购买、粮食种植结构调整、良种引进和推广、标准化和品牌化生产等服务组织实力不强。

二是粮食生产机耕机种机收等机械化作业依存度很高，但大型收割机、插秧机等农机具购置费用高，小农户购买"不经济、不划算"，难以有效推广一些先进适用的农机具。笔者从寒亭、水东、朱桥、水阳、狸桥等乡镇调查发现，除花钱购买机耕机收服务外，播种全都是采用人工撒播，更没有集中育苗育秧、肥料统配统施、灌溉排水和病虫害统防统治服务。

三是稻谷烘干、运输及储藏、质量检测检验服务缺失，导致大量农民不得不将种植出来的粮食在田头低价销售给贩子，市场波动较大。

三、发展粮食生产的几点对策建议

我国粮食生产以生态、优质、高效、安全为发展目标，着力解决劳动力结构性缺失、生态环境破坏、粮食效益低等方面问题，坚决做到数量与质量并重，确保谷物基本自给、口粮绝对安全。

（一）制定培育新型经营主体计划，为粮食产业高质量发展提供优质劳动力

随着城镇化、工业化发展，农村年轻劳动力不断由农业向非农产业转移，劳动力结构发生了显著变化，而粮食生产具有很强的季节性，季节性雇工需求大，雇来的都是50岁以上的人，雇工老龄化现象较严重，农村季节性雇工矛盾将变得突出。这就需要制定培育种粮生产新型经营主体计划，解决劳动力结构性缺失问题，留足适龄劳动力，为粮食产业高质量发展提供优质劳动力，提高粮食生产综合能力，从而保证粮食的高质量供给。

一是在保持农村生产经营劳动力充足的情况下，必须鼓励过剩劳动力转移,为"人"与"地"要素的合理配置以及新型职业农民创业和粮食生产提供空间。第三次全国农业普查主要数据显示,2016年,全国共有耕地面积134921千公顷,20743万农业经营户,农业生产经营人员31422万人,户均9.76亩,人均耕地6.44亩。

二是培育种粮生产新型经营主体,引导返乡农民工、有文化的中青年和大中专毕业生从事粮食规模化、专业化生产,鼓励他们牵头成立粮食生产合作社,组织粮食生产技术培训,使他们成为粮食生产经营的"生力军"。

三是立足国情、省情,加大对新型职业农民的培训力度,出台新型职业农民培训的扶持政策,鼓励更多的返乡中青年农民、大中专毕业生主动参与培训,解决粮食生产劳动力结构性短缺问题,全面提升粮食生产劳动力素质,推动粮食生产现代化发展。

四是根据当地粮食生产需求,通过提供助学金、减免学费等方式,委托一些高校培养一批粮食生产专业技能和管理人才,并与这些学生签订就业协议,让他们毕业后服务粮食生产,并出台创业优惠政策,让他们留在农村、扎根农村,使他们成为粮食生产的引领者。

(二)强化耕地保护措施,保障粮食产业高质量发展耕地有效供给的数量与质量

粮食生产的根本在耕地,只有保证耕地数量与质量的有效供给,才能稳定粮食生产和保证粮食自给率的提高。因此,要以最严格耕地保护和节约用地制度为根本遵循,全面落实永久性基本农田划定及保护、耕地占补平衡等政策措施,绝不能与粮食生产争地,确保耕地数量稳定。同时,改善耕地质量,提高耕地生产率,实现"藏粮于地"的目标。

一是划定耕地保护红线,坚守耕地保护红线不动摇,严格遵守耕地保护方面的法律法规,绝不能突破已经确定的耕地红线。加强农用地管理和耕地保护的监管,无论何种经济活动,绝不能随便占用耕地,只要涉及占用耕地,都必须遵循土地规划和耕地用途管制制度。完善永久性基本农田的划分和设置,始终要对永久基本农田加以特殊保护[①],保持耕地资源数量稳定,为粮

---

① 乔金亮:《像保护大熊猫一样保护永久基本农田》,载《经济日报》,2020年9月7日007版。

食生产提供保障。

二是坚持存量优先、兼顾增量原则,统筹兼顾乡村产业用地需求,利用好集体经营性建设用地,通过入股、租用等方式着力盘活废弃集体公益性房屋和建设用地、农村闲置宅基地和农村住房,满足乡村产业发展用地需求,推动乡村一二三产业融合发展①。

三是以机耕道路、土地平整、农田水利、土壤改良等为重点,加强高标准农田建设,提高粮食综合生产能力。加强高标准农田管理,把建成的高标准农田直接划为永久基本农田,并加以特殊保护,任何单位和个人不得擅自占用农田、改变农田用途或损毁农田,确保高标准农田数量不减少,防止耕地"非农化"。

四是鼓励和支持农户、新型农业经营主体采用化肥减量增效新技术,通过测土配方施肥、有机肥替代、种植绿肥、秸秆还田、沼渣沼液还田、堆肥还田等措施,着力解决化肥利用率不高、使用过量的突出问题,防止地力下降,促进耕地质量提升。大力推广和开发生物农药,禁用对环境造成严重污染、毒性高、不易分解的农药品种,减轻粮食生产对有机农药的依赖,最大限度减轻农药对粮食生产环境的污染。

五是在耕地占补平衡政策实施过程中,重点打击以次充好、弄虚作假行为,以保障耕地的生产能力为核心,开展深松整地作业,增强保墒抗旱能力、增加土壤有机质,提高补充耕地的持续生产能力,实现耕地数量与质量上的占补平衡。

(三)提高粮食种植比较优势和效益,实现高质量投入产出

从我国粮食产量的分析可以看出,粮食种植结构存在严重失衡问题,因此,应在确保粮食自给和口粮绝对安全的基础上,以市场需求为导向,合理有效地调整粮食种植结构,提高粮食种植比较优势和效益,实现高质量投入产出,调动农民种粮积极性。

一是在满足粮食供给量的情况下,因地制宜调整粮食种植分布,优化粮食种植结构,重点发展粮食生产功能区和发展优势区域,做好粮食品质改良,

---

① 刘晓萍:《深化农村土地制度改革要谋求共赢》,载《经济日报》,2020年9月7日007版。

选育和推广适应性强、优质、高产的粮食新品种,着力解决粮食结构失衡、供给过剩等问题,从而提高粮食种植比较优势和效益,调动农民种粮积极性。

二是强化优质粮食品种的选育和推广,推进粮食品种优质化,引导种粮农民应用新品种、新技术、新材料,种植适销对路的优质粮食品种,采用科学的方法播种、施肥和管理,提高粮食亩产,以最小的投入创造最大的效益。

三是物价部门要严格对肥料、农药、种子、农膜、农具等种粮所需的生产资料核价,查处乱涨价行为,控制农资价格上涨的范围,降低粮食生产过程中的物化成本。同时,在充分考虑当期粮食生产成本的基础上,确定国家粮食最低收购价,并随农资和工价等成本的上涨及时予以调整,确保粮农的应得利益不被农资等价格上涨侵害。在粮食收购中,强化对收购价政策执行情况的监管,对出现的压价压质行为给予严厉打击,确保农民应得利益不受侵害。

四是建立完善的粮食收购和储存体系。笔者在安徽省宣州区寒亭、水东、朱桥、水阳、狸桥等乡镇调查发现,种粮农民都没有建设粮仓,也没有烘干设备,不得不将刚收割的粮食在田头低价卖给粮贩,以防粮食放在家中霉变。因此,要鼓励粮食企业依托自身有利条件,建立粮食银行,代农户储存粮食,农民可以根据自身需求,按照一定标准提取成品粮食,也可直接卖给粮食企业,以此降低粮农的销售和储存成本,实现粮食供给稳定、粮食销售便利、粮食储存安全的"藏粮于民"目标。

五是鼓励相关企业收购秸秆并集中处理,把秸秆加工成饲料、肥料、燃料等,进行综合利用,实现经济循环高质量发展,一方面可降低农民处理秸秆的成本,另一方面可减少秸秆焚烧时对空气造成的污染。

(四)促进农村土地集中连片流转,实现粮食规模化、专业化生产

土地流转是建设现代农业的基础,没有土地流转,在一定程度上说,就没有现代农业。各地应立足当地资源禀赋和土地资源情况,做好土地流转规划,按照依法、自愿、有偿的原则,全面推进土地集中连片流转,同时培育种粮大户,引入一批有实力的种粮新型经营主体,推进粮食规模化生产、集约化经营,构建农户、种粮大户及种粮新型经营主体共赢的格局。

一是组建农村土地流转市场服务中心,收集并发布土地流转供求信息,提供农村土地流转相关政策、法律等咨询服务,帮助土地流转当事人双方签

订统一的土地流转合同,规范土地流转程序,着重解决流转机制不够活的问题。

二是强化农村土地集体所有权地位,探索建立土地流转监控体系,严格进行对集中连片流转土地用途的监管,对一定规模土地流入的种植大户和种粮新型经营主体经营实力进行考察,避免出现一些短期逐利或盲目跟进"圈地"行为,造成土地资源浪费和农民利益受损。

三是在土地集中连片流转中,充分尊重农民的主体、选择和谈判权,并结合实际,对支持集中连片流转的农户也给予一定的奖励或资金补助,提高农户的主动性和积极性。

四是引导土地流转双方合理确定流转期限。在土地集中连片流转中,当年新增流转期限在5年以上的,按流转面积,一次性给予流出户每亩一定金额资金补助;凡是农户流转承包土地后,所剩下土地人均不足0.3亩,且协议连续流转时间超过10年以上的,可以购买失地保险。着重解决土地流转周期短问题,让种粮大户、种粮新型经营主体放心扩大再生产和增加粮食生产投入。

(五)加强粮食生产社会化服务体系建设,推进粮食生产高质量配置

党的十九大报告提出,要"健全农业社会化服务体系,实现小农户和现代农业发展有机衔接"。各地应从本地实际出发,整合资源,鼓励和发动现代农业企业、农民专业合作社、家庭农场等新型农业经营主体和种粮大户依托自身的人才、技术、资金等优势,根据粮食生产需求提供形式多样的专业化服务,推进粮食生产高质量配置,提高粮食综合生产能力。

一是围绕粮食生产的翻耕、供种、播种、施肥、病虫防治、机收、秸秆还田、保险等环节,培育粮食生产全程社会化服务组织,着力提高、扩大粮食生产社会化服务能力和服务覆盖面。在构建农业社会化服务体系时,按照"因地制宜、市场主导、错位发展"的原则,积极引导现代农业企业、农民专业合作社、家庭农场等新型农业经营主体和种粮大户采用投资分流方式新建一批专业化服务组织,优化资源配置,避免出现重复投资、恶意竞争而造成不必要的浪费,有效地实现粮食生产专业化服务区域优势整合、协同发展。

二是按照装备先进、实用高效的要求,加大对粮食生产性服务的基础设

施建设扶持力度,重点扶持运作较规范、发展潜力较大、服务能力较强的粮食生产社会化服务组织,对购置拖拉机、插秧机、收割机、烘干机等大中型农机具和兴建水稻育秧中心、烘干中心、库房等基础设施建设给予财政补贴,并在用地、用电、税收、信贷、资金等方面给予更优惠政策,为粮食生产社会化服务组织创造更宽松的发展空间,促进它们快速健康发展。

三是强化农资供应、生产过程、信息技术、加工储存、市场营销等服务保障,从小农户需求最迫切、粮食生产最关键的环节出发,推进集中育秧、机耕机播机插机收、病虫害统防统治、粮食烘干、仓储等关键生产环节的社会化服务工作,大力推行粮食生产全程承包服务,提高灾害应急排涝抗旱、烘干仓储能力,提升小农户粮食生产现代化水平,全面提高粮食生产社会化服务的组织化、规范化、规模化和专业化程度。

四是建立监督机制,完善粮食生产专业化服务组织的管理制度,对服务过程和行为进行监督指导,规范服务行为、收费标准,满足小农户粮食生产产前、产中、产后社会化服务的需求,实现小农户和现代农业、小农户和大生产有机衔接,推进粮食生产现代化进程。

(原发表于《西北师范大学学报(哲学社会科学版)》,2021年第3期)

关于家庭农场发展模式的思考

在城镇化进程中,随着农村青壮年劳动力大量进城务工,"谁来种地"将成为长期萦绕在城镇化进程中的关键的问题之一。党中央已经看到家庭农场在现代化农村建设中的活跃性。2013年中央一号文件首次提出了家庭农场的概念。李克强总理在《2014年政府工作报告》提出:"坚持家庭经营基础性地位,培育专业大户、家庭农场、农民合作社、农业企业等新型农业经营主体,发展多种形式适度规模经营。"国家对家庭农场模式的鼓励和支持态度,也为农业农村改革提供了一条新的路径。

一、家庭农场发展现状及特点

家庭农场有着传统农耕方式很多无法比拟的优势,比如高度的集约和规模化以及技术更新快,这些优点对于整个社会经济的发展和进步意义重大。2014年末,安徽省百亩以上种粮大户26207个,注册登记家庭农场9700家,各类林业合作组织达6580个,家庭林场3100个。

(一)家庭农场模式发挥规模效益,释放农业的潜力

各家各户传统的生产模式已经没有多少活力,土地的生产效率较低,农民的信息采集能力、决策能力、抵御风险能力等能力都非常有限。水稻生产为早、晚稻两季,以1年1亩平均产量为1000斤计算:$2 \times 1000 = 2000$斤,如每100斤稻谷售价为135元,1亩水稻出收两季后,年收入为:$(2000/100) \times 135 = 2700$元。双季稻成本:种子约50元/亩;化肥约300元/亩;农药(含除草剂)约100元/亩;使用收割机90元/亩;拖拉机耕作100元/亩,共计640元。这其中,田间管理、务工等一系列劳动力成本暂不核算。双季稻毛收入,1亩双季水稻1年收入:$2700 - 640$元$= 2060$元,如以单位家庭2口人共有6

亩水稻田计算,即全年收入为:2060×6＝12360元。人均水稻种植收入为:12360元/2人＝6180元,如除去其他支出,所剩无几。以2013年安徽宣城市场繁重体力劳动收入120～200元/天为标准,种植1年双季稻人均收入有6180元,但只需要务工2～4个月即可。如按安徽宣城市场非繁重体力劳动最低收入1500元/月为标准,种植1年双季稻人均收入有6180元,但只需要务工4～5个月即可。而且两者劳动强度相去甚远,可以说在外打工的农民尝到了甜头,在家种田的农民吃尽了苦头,且没什么盼头,导致部分农民不愿种田。

在家庭农场模式中,农场主必须按照企业管理方式来核算成本、加强管理、追逐利润,必须要适应市场、开拓市场,由于家庭农场实行规模化、集约化、商品化生产经营,因而具备较强的市场竞争能力。据统计,截至2013年,安徽省宣城市郎溪县的家庭农场达到363户,家庭农场人均纯收入将近3万元,约为全县人均纯收入的4倍。

(二)家庭农场采用机械作业,破解"谁来种田"的问题

当前,随着城镇化的不断发展,数以亿计的农民工进城打工,村里留守的大多是老人和儿童,大量的耕地主要靠老人打理。尽管农业机械化日益发展,但年龄越来越大的老年人还是越来越感到力不从心了。《中国乡村发展研究报告》显示,2012年,在农村人口中,留守儿童、留守老人、留守妇女分别达到5000万人、4000万人、4700万人。2.46亿农业劳动力中,留守老人和妇女成了主要力量,小学、初中文化程度的劳动力占70%以上。浙江、江苏务农农民平均年龄已达到57岁。据调查,2013年宣城市宣州区某村民组有400多人,现有在家务农人口43人。在现有的43人中,以农村70岁后丧失劳动力为标准,70岁以上有5人,占该村民组人口1.25%;50岁至70岁有20人,占该村民组人口5%,;40岁至50岁为17人,占该村民组人口4.25%;30岁至40岁仅为1人,占该村民组人口0.25%;可以看出,50岁至70岁的人群成为农村主要劳动力,而40岁以下的人基本没有从事农业生产。留守农村的劳动力无论是体力还是接受和应用新技术的能力都较低,严重影响了农业生产。

家庭农场主采用全程机械化作业。采用机耕、机收、机播的方式,不但深

耕平整了土地，更解决了农村劳动力缺乏的问题。据了解，宣州区以粮食生产为主的家庭农场有61家，2013年中、晚稻面积有66万多亩，油菜计划播种面积22万亩左右，小麦计划播种面积近30万亩。全区农机总动力达到85.8万千瓦，年递增6.8%；大中型拖拉机达到1195台，年递增25%；插秧机达到400台，年递增80%；联合收割机达到2320台，年递增9%；全区机耕水平达到96%，水稻栽植机械化水平达到20%，水稻机收水平达到95%；油菜生产综合机械化水平达到35%；区域特色农产品生产加工机械化水平进一步提高。

（三）家庭农场模式可以优化配置资源，破解农田抛荒问题

一批农民长期在城市务工经商，已经积累了留城落户的实力，然而，他们并不选择落户城市。他们继续经营土地或让亲友代耕，甚至抛荒。农民进城务工经商是为了追求较高的收入，但真的在城市落户定居，要是出了什么偏差，在农村老家，至少还有那块地做最低生活保障之用。"不可不种田，不愿多种田，不想种好田"，是进城务工农民的真实心理。据笔者调查，宣城某村民组，有近61亩农田抛荒，大约占该村民组243多亩农田的25%。其余农田主也不再把粮食种植作为家庭主要收入来源，而是为了获得口粮罢了。

在家庭农场模式中，家庭农场主通过流转土地，实现规模经营，土地归村民集体所有的性质是不变的，农民在合同到期后可以收回土地。因而，家庭农场模式并不会伤害农业的根基，并不会伤害其他农民和村集体的利益，可以使种田的人有田种，不想种田的人放心走，达到了"双赢"的目标。农业部首次对全国家庭农场发展情况统计调查结果显示，截至2012年底，家庭农场的平均经营规模达到200.2亩，是全国承包农户平均经营耕地面积7.5亩的近27倍。其中，经营规模50亩以下的有48.42万个，占家庭农场总数的55.2%；50~100亩的有18.98万个，占21.6%；100~500亩的有17.07万个，占19.5%；500~1000亩的有1.58万个，占1.8%；1000亩以上的有1.65万个，占1.9%。

（四）家庭农场模式可以激发农民的积极性，促使其成为农业农村改革发展的排头兵和骨干力量

国家的惠农政策，激发了农民的积极性。农业部首次对全国家庭农场发

展情况统计调查结果显示,截至2012年底,全国30个省、区、市(不含西藏)共有符合本次统计调查条件的家庭农场87.7万个,在全部家庭农场中,已被有关部门认定或注册的共有3.32万个,其中农业部门认定1.79万个,工商部门注册1.53万个。2012年,全国各类扶持家庭农场发展资金总额达到6.35亿元,其中江苏和贵州超过1亿元。经营耕地面积达到1.76亿亩,占全国承包耕地面积的13.4%。平均每个家庭农场有劳动力6.01人,其中家庭成员4.33人,长期雇工1.68人。在全部家庭农场中,从事种植业的有40.95万个,占46.7%;从事养殖业的有39.93万个,占45.5%;从事种养结合的有5.26万个,占6%;从事其他行业的有1.56万个,占1.8%。2012年全国家庭农场经营总收入为1620亿元,单个家庭农场的平均收入为18.47万元。

(五)家庭农场模式注重科技成果转化,农产品产量和质量得到保障

一家一户分散经营模式让农户无力抵御和承担新技术带来的风险,在没有相应保障机制和风险分担机制的情况下,再上农民经济实力差、资金少、科技文化素质低,新工艺、新技术、新产品的推广应用都会遇到很大困难。大部分农民仍然沿袭传统农作模式,凭经验种田,别人买什么自己就买什么,别人种什么自己就种什么,新品种、新技术使用率低,农产品产量和质量也得不到保证。

随着家庭农场模式的发展,各地各部门积极贯彻落实国家进一步支持家庭农场健康发展的惠农政策,转变观念,调整思路,针对农业技术上出台了多项新举措,帮助家庭农场发展壮大,为区域经济发展注入了新的活力。如安徽宣州区以新型农民培训为主体,注重培育家庭农场主的主力军。邀请省、市、区有关专家,结合农时季节,以农业实用技术为重点,将以新品种、新技术、新信息和规模化、集约化、专业化、标准化生产技术,以及生产经营管理、市场营销等知识和技能为主要内容,分期、分批对各类粮食生产加工经营主体和大户进行培训,提高他们的种粮水平和经营能力。同时,不定期组织家庭农场主到科研院所参观学习,使他们在学习中提高,在提高中扩大生产经营规模。截至2013年年底,安徽全省新型农民培训工程共培训39.11万人,受训农民年人均收入超过12000元。2014年7月底,安徽启动农村青年创业

致富"领头雁"培养计划,力争用 5 年时间培养农村青年致富带头人35000 名。

二、发展家庭农场模式面临的困难和问题

尽管我国家庭农场发展已初具规模,但仍存在自身实力弱、技术水平和经营管理水平偏低等问题,更面临土地流转不规范、社会化服务体系发展滞后、支持政策不完善等诸多障碍。

(一)农场主文化素质水平较低,生产经营水平提高难

家庭农场作为一个组织,其管理者除了需要具备农产品生产技能,更需要有一定的管理技能,需要有进行产品生产决策能力,需要具备与其他市场主体进行谈判技能,需要具备市场开拓的技能。种养什么,生产多少,都需要家庭农场主审时度势地进行规划,及时调整经营战略。目前,家庭农场主大多是农村的种田能手、村组干部等,他们虽然在农村中素质相对较高,一部分人还通过学习和实践,提高了经营管理水平。但是,受年龄、学历、理念等因素影响,他们知识储备不足,品牌意识认识不足,抗风险意识不强,与现代家庭农场经营管理者的要求还存在较大差距,在市场经济的竞争中还处于劣势,抑制了家庭农场大发展。

(二)专业技术人才缺乏,生产集约化水平提升难

人是农村生产力诸要素中最活跃、最重要的因素。发展家庭农场模式目的是实现农业的现代化,这对生产者的素质提出了较高的要求。一些农产品的生产技术,需要通过设备进行操控;对农产品生长过程中的各种问题进行解决处理需要专业的知识。但是,农业及农业从业人员在我国社会地位相对较低,许多年轻人,特别是知识文化程度较高的人不愿意从事农业生产。受城乡二元体制的影响,农村青壮年劳动力和高素质劳动力大多转移到非农产业和大中城市,从事农业生产的劳动力大多年龄偏大,受教育程度不高,掌握的知识和新技术不多,部分农户对机械化作业认知程度还不够,抑制了家庭农场的发展。

(三)家庭农场发展缺规划,家庭农场发展难

家庭农场该向哪个方向发展?平原地区,土地集中、农业基础设施水平较高,适合大规模、机械化作业,相较偏远山区更适合发展家庭农场;南北方耕作方式不同,对家庭农场的规模要求也会有较大差别。如何避免投资的盲目性?规划定位要清楚,要根据市场调研的数据来决定投资。然而,从目前各地家庭农场调查情况来看,家庭农场的投资主要取决于农场主的喜好、专长及其掌握的资源。缺乏规划,难免盲目跟风,打破市场供求均衡,使得生产发展了,产量增加了,价格却急剧下跌,甚至跌破材料、人工等成本价格,造成部分家庭农场亏损严重。同时,家庭农场所经营的项目也很难与当地政府的产业规划相契合,将在很大程度上导致区域产业发展不平衡。与之相对应的是,一旦当地产业规划发生调整,家庭农场的发展将会在很大程度上受到影响。

(四)土地流转不顺畅,家庭农场土地成片、成规模难

家庭农场承包的土地应该比现有农户要多,至少要多出一倍或者数倍,这个多出的耕地就需要从别的农户租种。如何将零散的土地连片集中整理,是棘手问题。农村土地都由农民分散经营,由于相当一部分农民抱着"宁可抛荒不可失地"和"宁可抛荒不得流转他人"的"红眼病"思想,不愿意把土地流转给他人耕种。即使愿意流转,但流转顾虑多,不愿意长期流出土地,多数流转期限以3~5年为主,有一年一签,甚至一季一签,家庭农场难以获得长期稳定的土地经营权,影响了其对土地的长期投资。在土地大面积的转包过程中,往往会出现整片土地中有一两户不愿流转,导致流转土地不能成片,出现"插花田",使得家庭农场成片租赁土地难度较大,不便于统一布局和管理,制约农业规模生产发展。农村大多数青壮年劳动力都在外务工,留在家里的基本上是老人和小孩,有些甚至举家外出,导致大部分家庭农场在与村里或组里签订土地承包合同时,只有部分农户在合同上签了字,流转合同不规范,部分农户甚至合同期未到就要回土地,在农业生产中易产生纠纷,致使家庭农场难以稳定地保持足够的土地经营规模。

(五)缺乏贷款抵押物,家庭农场融资困难

家庭农场扩大生产规模,不但需要租赁土地、购买农资,前期还需要投入建设一些基础设施设备,比如水利设施建设等,在经营初期一次性投入比较集中,资金需求较大。多数家庭农场自身资金积累不足,往往需要借贷一定的资金。由于农业生产周期较长,比较效益低,回报见效慢,家庭农场租赁的土地、钢架大棚、大型农机具等还不能作为银行贷款的抵押物,在融资筹资方面都存在着授信担保困难、申请手续繁杂、隐性交易费用高等诸多问题。笔者在调查中了解到,多数家庭农场在金融机构借贷遇阻,转向民间借贷,利息翻了一番,借款利率月息一般在1分以上,有的高达1角。如果遇到丰年,尚能偿还借款;一旦遭遇天灾人祸,家庭农场多年积累可能一夜之间"血本无归",更谈不上还借款,高额的借款利息很有可能成为压倒农场的"最后一根稻草"。

(六)基础设施薄弱,经济效益提高难

近几年来,虽然农业基础设施有了大幅度的改善,但是建设滞后的状况还没有根本改变。以农田水利为重点的农业基础设施多为土地承包经营前修建的,普遍陈旧老化,在"大包干"和乱建房屋的过程中,河、沟、渠等水系被随意隔阻或改道,再加上分户的小规模分散经营,排、灌和统一治理自然灾害的能力大大削弱。家庭农场从不同的农户手中流转过来的土地在地力、水源、基本设施等方面差别很大,受流转期限短、资金的影响,保障农业生产能力严重减弱,大灾时有,小灾不断,收成无保障,制约了家庭农场的发展。

(七)社会化服务体系不健全,家庭农场做优做强难

家庭农场对农业社会化服务的需求已经由单纯的生产环节的服务向资金、技术、信息、加工、运输、销售、管理等综合性服务扩展,但现有的服务主体仍然主要集中在产前、产中,而产后服务仍然比较薄弱,内容比较单一,形式比较简单。同时,随着市场化的不断发展,农产品市场竞争激烈、情况复杂,家庭农场对农业社会化服务质量的要求也越来越高,但公益性的农业社会化服务发展相对滞后,无法提供高效优质的服务。在推进农村信息化建设中,

涉农部门重硬件建设、轻信息资源开发的问题比较突出,信息资源开发不足,信息服务缺乏综合集成和有效分析。涉农网站专业性、时效性、实用性不强,信息质量不高,没能形成统一的、专业性的信息提供、发布和反馈平台。农机装备水平较低,农机装备结构不合理,农机具配套比例失调,小型机械多、大中型机械少,低档产品多、高档产品少。农业产业化龙头企业进行的社会化服务存在供给不足、全盘意识不够、定位水平较低等问题,辐射带动作用还不显著。大部分家庭农场虽实行了标准化生产,但目前大多数仍以生产初级产品为主,未开展农产品加工,品牌意识缺乏,产品销售仍没摆脱传统农产品销售路径,即依靠中间商进行销售,很难实现销售专业化,一旦产品产能过剩,产品销售就困难,影响农场效益。

三、培育和发展家庭农场的几点思考

在我国传统农业向现代农业转型的过程中,家庭农场是从传统农户中脱颖而出的适应现代农业发展的新型主体,为解决目前家庭农场发展中存在的问题,推进家庭农场健康快速发展,现提出以下几点思考:

(一)培训、培育家庭农场主,提高农场主经营管理水平

围绕家庭农场主所需要的农业科学技术知识和经营管理知识,搭建家庭农场主培训平台,提高他们业务素养和理论水平。组织家庭农场主交流会,通过交流管理经验,提高家庭农场主的管理水平。组织现场观摩和外出考察,让农场主开眼界,长见识,增强农场主的光荣感和信心,提振精神,提高农场主的品位。充分发挥农业科技人员优势,定期组织他们下乡举办讲座,深入田间地头作指导,积极引导和帮助家庭农场应用新技术。积极帮助家庭农场主解决在生产、经营中的问题,并主动为他们提供信息咨询、技术指导、资金融通、法律维权等服务。制定家庭农场主中长期培育计划,逐步培养一大批有文化、懂技术、善经营、会管理的家庭农场主。制定和完善相关政策措施,鼓励吸引大中专毕业生、返乡农民工、农机大户、市场经纪人等兴办家庭农场。实施"青年家庭农场主"创业计划,在大中专院校开设"家庭农场经营管理"等相应专业,培育家庭农场主,培养农村未来接班人。

(二)培养、引进高素质从业人员,推动家庭农场转型升级

各级政府科学制定新型职业农民培训的近期、中期和远期规划。按照当地重点发展的畜牧、粮油、蔬菜、渔业、林果、花卉苗木、茶叶等各类产业的发展现状,分产业制定家庭农场从业人员的培育模式,根据家庭农场从业人员的知识文化水平,设计符合其学习能力的教学内容,力求通俗易懂、简洁实用、便于掌握,增强学习的针对性和实效性。利用和整合各类培训资源,对现有的家庭农场从业人员进行培训,提高他们素养。建立农村实用人才信息网络,定期发布农村人才供需信息、举办农村实用人才交流会,鼓励农场引进人才,提升农业生产专业化、集约化水平,有效推动家庭农场转型升级。同时,在引进人才的同时与大中专院校合作,定向培养人才,对自愿到家庭农场从业的高校毕业生,给予岗位补助和奖励。

(三)强化规划引导,促进家庭农场良性发展

我国农业分布广阔,同样需要针对当地的气候等自然条件进行家庭农场类型的布局,当然也需要结合特定地区的社会需求进行局部调整。各级政府把发展家庭农场纳入"三农"工作的总体部署,按照"因地制宜、合理布局、突出特色"的原则,依据新农村建设规划和现代农业发展规划,充分利用当地地形等条件,科学合理地编制家庭农场发展整体规划,合理布局粮油、蔬菜、水果、花卉苗木、中药材、水产等各类产业,确定家庭农场的适宜发展区及限制发展区,形成错位发展、资源互补的局面,使得管辖区内家庭农场数量增加、档次提升、效益提高,进而促进农业生产规模化、集约化、标准化、信息化、社会化程度明显提升以及家庭农场土地产出率、资源利用率、劳动生产率明显提高。鼓励引导家庭农场主做好前期论证,包括当地的基础设施、土壤、水质情况,针对当地的农业资源,对种植业、养殖业发展方向、市场前景、农业产业导向等作出预判,根据自身的实际资金能力,选择最适合自己发展的种植业或者养殖业,不能拍拍脑袋一哄而上,盲目投资,从而避免家庭农场间竞争同质化、无序化,促进家庭农场良性发展。

(四)加强对农村土地流转的服务,促进家庭农场适度规模经营

土地适当集中是家庭农场发展的基础,在"依法、自愿、有偿"的前提下,做好土地流转的法律与政策宣传工作,使农户能正确看待土地流转,解决土地连片难等问题,从而稳定土地流转规模,使农场主能够放心投入、生产与经营。积极鼓励开展"互换并地"工作,减少农户耕作的地块数,探索"土地入股"流转、"中介服务"流转、"大户承包"流转等多种模式,促进土地连片集中,提高农机作业水平和土地利用率。搭建土地流转沟通和交易平台,为供求双方提供法律咨询、供求登记、信息发布、中介协调、纠纷调处等服务,规范土地流转合同、引入事前准入审核、事中监督管理等机制,规范土地流转,以保护双方的权益。完善农民保障体系,及时做好离土农民社保工作,为土地全部流转出去的农户提供就业信息服务,消除离土农民的后顾之忧。

(五)拓宽融资渠道,增强家庭农场发展动力

各级政府部门积极支持金融机构加速金融服务创新,家庭农场可以采用资产抵押、农业担保等新型贷款方式。鼓励设立农业担保公司为家庭农场提供融资服务,探索将钢架大棚等农业设施、大型农机具、土地经营权等作为抵押的贷款方式。开展家庭农场信用等级评定,对信用等级高的家庭农场给予一定的授信额度。简化信贷手续,提高贷款发放效率,对家庭农场贷款给予利率优惠,降低其融资成本,真正解决家庭农场融资难问题。发挥财政资金对信贷资金流向的引导作用,对支持家庭农场力度较大的金融机构实施税收减免、财政奖补等政策,激发金融机构支持家庭农场发展的积极性。扩大财政贴息贷款面,把家庭农场纳入信贷财政贴息贷款对象。合理整合财政、农业、国土、水利等部门资源,根据土地集中流转情况,优先安排有利于家庭农场改善生产条件的项目,尤其是农业、林业、畜牧等职能部门在项目资金安排上,要重点向家庭农场倾斜,适宜家庭农场申报的农业项目要优先安排。建立抵抗农业风险保险体系,提高农业各险种政府补助额度,以防范自然风险。按照"农户可承受,财政可承担,实际可操作"原则,创立小额家庭农场务工农民人身意外伤害保险,扩大农产品保险的品种范围,降低灾害损失和农业规模经营风险。

(六)夯实基础设施建设,不断提升家庭农场生产能力

在强化家庭农场发展规划的基础上,搞好农村道路、电网改造和水利设施建设,把水利建设作为家庭农场基础设施建设的优先领域和重点任务,通过完善水利配套设施,强化农场农业排泄防洪功能,全面提升家庭农场农业防汛抗旱减灾综合能力。目前,要抓住国家、省重视农业基础设施建设工作的有利时机,积极申报项目,争取上级政策、项目、资金支持,加快项目兴水步伐。捆绑利用土地整理、高产农田建设、低丘岗田改造等各项农业建设项目,加快流转区农田基础设施建设,为家庭农场经营提供良好的基础。在山丘区重点加强塘、坝建设和灌排渠系建设,建设拦水坝、当家塘,解决水源问题。通过开挖疏浚衬砌渠道及渠系建筑物配套,力争自流灌溉。圩区重点加强灌排工程和提水工程建设,确保旱能灌、涝能排。在干旱严重而土地又可成片的乡镇,利用机电井,发展节水灌溉技术。在水土流失较重的丘陵乡镇,大力发展以小流域治理为重点的生态建设,把中低产田改造成高产、稳产、节水、高效基本农田。经过集中投入、艰苦努力,改善家庭农场项目区生产、生活条件,提高家庭农场综合生产能力。

(七)健全各类社会化服务体系,为家庭农场做优做强提供保障

强化新型农业社会服务化体系建设,指导家庭农场应用先进农业技术,引进优质高产新品种,帮助家庭农场创建品牌,开展无公害农产品、绿色食品、有机农产品、地理标志农产品认证,开展标准化生产。建立现代家庭农场协会,引导家庭农场抱团发展,发挥在技术支撑、信息咨询、农资采购、产品销售、形象展示等多方面的作用。在支持农民合作社、龙头企业为家庭农场提供服务的同时,扶持一批专业性强、效率高的专业服务公司,形成多元化的社会化服务体系,为种子种苗供应、农资供应、农机作业、统防统治、农产品物流配送、农产品检测等提供服务。整合各类网络资源,建立完善产销网络服务体系。积极探索农产品营销模式,构建电商销售联盟和城市展示(直销)平台,鼓励支持家庭农场开设配送公司,开展农市对接、农超对接、农企对接,不断拓宽农产品销售渠道。加快农村服务网络建设,定期收集和发布农产品供求信息,采取产销对接、产品展销展示等方式,引导农业龙头企业与家庭农场

建立紧密的利益联结机制,实施订单生产或直接上门收购,提高农产品市场交易能力,切实解决农产品市场销售问题。加大家庭农场农产品质量的检测力度,定期进行抽检,并通过专门的信息发布渠道,公告检测结果,让居民知晓家庭农场农产品的质量情况,引导消费。同时,政府对家庭农场采购的农药残留检测设备进行适当补助,杜绝不合格农产品。设立财政专项扶持资金,通过贴息、补助、奖励等形式,支持家庭农场兴建生产服务设施,扩大生产规模,对经济社会效益显著、示范带动作用强或获得驰名商标、名牌农产品、"三品一标"认证的家庭农场,重点给予奖励补助,切实扩大和提高家庭农场发展规模和质量。

(原发表于《农业部管理干部学院学报》,2015年第1期)

对农村土地适度规模经营的分析与建议

一、土地适度规模经营是实现农业现代化的要求

一直以来,农业、农村和农民问题,始终是我国社会经济发展最为基本的问题。农业能否持续发展、农民能否增收、农村是否稳定直接影响国家的长治久安和经济的持续发展。中国人多地少,现有的耕地仅有 18 亿亩多一点。一方面要确保粮食安全,解决中国人的吃饭问题,另一方面也要解决农民增收的问题,特别是种粮农民增收问题。事实上,中国农村的土地问题是"三农"问题的核心,已成为中国经济、社会矛盾的焦点之一。但深入研究后我们不难发现,农业生产的现代化已成当务之急,农业生产的规模化、专业化、产业化经营势在必行,以家庭联产承包责任制为基础的分散生产经营模式对现代化农业生产的局限性、制约性越来越凸显,农村土地流转在这样的现实要求下应运而生。农村土地流转工作是一项巨大的工程,工作政策性强、影响面广,既关系到农村经济的健康持续发展,又关系到农民的切身利益和农村社会稳定。在现行土地制度下,土地承载着保障农民经济收入、满足就业、家庭养老、社会保障等多种功能,是农民赖以生存的基础。农村土地流转面积不断扩大,农业生产结构调整和规模经营的发展,土地资源使用效益的提高,有效地实现了生产要素的合理流动和优化配置。

农村土地流转对于美好乡村建设、城镇化和农业现代化的建设都具有十分重要的意义。美好乡村建设、城镇化、农业现代化的根本目标就是农村经济发展和农民增收致富,农村经济发展决定性因素就是农村土地问题。解决农村土地流转中的问题,加快农村土地的流转,有利于解决农村人地矛盾和耕地抛荒问题,有效提高土地资源配置效率,激活农业剩余劳动力的转移,保持农村土地承包关系的长期稳定;有利于提高土地利用率,促进农业生产结构调整和稳定农业生产;有利于进一步推进农业产业化经营,为农业规模化、集约化、高效化经营提供广阔空间,加快农业发展,并促进农民增收。

从理论上讲,农村土地的流转,对于促进土地资源的合理配置,加快农业现代化进程,推动农村劳动力向城市转移,加快城乡一体化进程都具有举足轻重的作用。但在农村土地流转中制度、机制、认识等方面的问题越来越凸显,并且这些问题很难由参与土地流转的农民通过市场自主解决。从实践上讲,解决目前农村土地承包经营权流转中的各种问题,已成为中国各级政府高度关注的问题,也已经成为学术界研究的热门课题。

二、目前土地经营模式缺陷逐步显露

农村土地制度的改革和变迁,与农业的增长有十分密切的关系。1978年12月的一天晚上,小岗村18位村民秘密签下了分田到户、自主生产的"生死契约",拉开了波澜壮阔的中国农村改革的序幕。1981年底,分田到户、包产到户等不同形式的农业生产责任制在全国农村90%以上的生产队建立起来。那次土地制度变迁,全面推行以家庭联产承包为主的责任制,其普遍意义在于实现了土地所有权和经营权的分离,重新确立了家庭经营的基础地位,恢复了农民生产经营自主权,其结果是极大地调动了广大农民的生产积极性,促使粮棉等主要农产品产量高速增长,农民收入持续大幅度增加,为广大的农民提供了衣食保障。但是,随着时代的发展,受市场经济以及科技革命的影响,农村土地的经营模式也面临着新的挑战,现有的农村土地家庭承包经营方式暴露出一些弊端。

(一)小规模分散经营,农业生产经济效益低下

实行家庭联产承包责任制以来,由于一家一户分散经营,农业生产规模小,难以获得社会平均利润率,甚至所耗成本费用比农产品市场价格还高。如我曾任职的七岭村,2006年末,有8个自然村,30个村民组,965户,3552人,耕地面积3372亩,人均耕地0.95亩。每年每亩按700公斤杂交稻、150公斤油菜籽计算,人均毛收入才1000多元,扣除化肥、种子等成本费用,所剩

不多。农民靠种田也不会真正摆脱贫困。

(二)小规模分散经营阻碍农业现代化发展

土地小规模分散经营格局,以及好差搭配、户均承包土地的做法,造成土地使用上的细碎化,加上各个农户种植结构上的差异,使得许多先进农用机械无法在零碎分散的土地上使用,严重阻碍了农业现代化发展。

(三)小规模分散经营不能充分发挥土地的效能

由于化肥、农药、地膜等农业生产资料的大量使用,加上农机推广使用,农业生产能力不断提高,农村剩余劳动力也大量出现,相应地也使得农产品生产成本加大。农业生产比较效益低下,无法满足农民求富的需要。农民要增加收入,而农业生产容纳不了众多的剩余劳动力,受经济利益的驱动,一些乡村办起了乡镇企业,农民自发地向二、三产业转移。农民在家承包有集体的耕地,但他们在乡镇企业里上班,主要从事二、三产业劳动,拿乡镇企业的工资,"离土不离乡,工作三班倒,种田早中晚"是他们的写照。20世纪80年代中期,随着经济体制改革,城里的二、三产业大发展,需要劳动力,于是"进厂又进城,离土又离乡"的农民工就大量出现了,使得农业收入在家庭收入中比重下降,农业也从过去的主业变成副业。同时,相当数量的青壮年农民离开了农业生产第一线,导致农业劳动生产率和土地产出率的下降,出现了种田后继无人的情形。为确保农村稳定,土地管理遵循"增人不增地,减人不减地"的政策原则,人口的变化造成农户之间的承包面积差距拉大。在这种情况下,占地多的农民享受国家的补贴政策多,占地少的农民享受国家的补贴政策少,导致隐性失业,新的社会矛盾出现,争田争地的问题较为突出。

(四)小规模分散经营致使农业抵御、承担自然风险的能力很弱

农村每年可能出现汛情旱灾等一些自然灾害。面对自然灾害,一家一户无法组织起有效的防灾、抗灾自救体系,不仅资金缺乏,而且土地分散经营难以统一规划,最终只能全部依赖政府支持。在一些自然条件差,交通闭塞,易涝易旱"靠天收"的地方,农民几乎失去了种田的积极性,怕投下去无收入,或投得多收得少,更谈不上充分利用土地。同时,一家一户分散经营模式使农

户无力抵御和承担新技术带来的风险,没有相应保障机制和风险分担机制,将进一步阻碍农业技术的推广。如笔者曾任职的七岭村仍然沿用千百年来一麦(油)一稻的传统种植模式,影响了农民增收。同时,农户遇到农产品收购商、农产品加工企业等侵犯其权益时,如压级压价、打折收购等,也没有能力维护自身权益,只能被动地接受。

(五)小规模分散经营难以应对激烈的市场竞争

我国农产品市场体系发育还不充分,市场设施落后,订单合同关系不稳定,组织化程度较低。农民作为农产品市场的最初交易者,因自身素质较差,市场观念淡薄,单个农户无法掌握较为详实的市场动态和信息,始终处于劣势一方。面对变化莫测市场,一家一户分散经营难以应对激烈的市场竞争,容易出现增产不增收的局面。如七岭村许多枣农加工的蜜枣进不了超市,只有靠枣农摆地摊、走街串户或坐等外地客商上门廉价收购,卖不上好价钱。同时,一些枣农为了追求经济利益,以质量低劣、包装粗的蜜枣充当"水东"牌蜜枣,甚至还以河北沧州、河南等外地蜜枣(外地蜜枣皮厚核大肉粗色暗,"水东"蜜枣皮薄核小肉细色明)冒充"水东"牌蜜枣,严重败坏了蜜枣品牌的声誉。

(六)小规模分散经营使得大量的土地粗放经营,甚至抛荒

一批农民长期在城市务工经商,已经积累了留城落户的实力,然而,他们并不选择落户城市。他们继续经营土地或让亲友代耕,甚至抛荒。他们对土地的期望值不高,经营目的是为了获得自给性口粮和继续拥有承包地的承包权。我国《中华人民共和国农村土地承包法》规定只有村民才拥有农村集体土地的使用权,办理城市户口也就意味着丧失了农地和宅基地的使用权且得不到任何补偿。农民进城务工经商是为了追求较高的收入,但如果真的在城市落户定居,要是出了什么偏差,至少还有农村那块地做最低生活保障之用。"不可不种田,不愿多种田,不想种好田",是进城务工农民的真实心理。

综上所述,随着时间的推移,农村土地经营制度缺陷逐步显露出来。农业要持续发展、农民要增收、农村社会要保持稳定,迫切需要土地经营制度的创新。从目前的生产力水平和社会结构出发,土地制度应由均田制向适度规

模经营转变。

三、土地适度规模经营必要性

从20世纪90年代初开始,农村经济形势发生了根本性变化。一方面非农产业进入高速增长阶段,农村社会总产值已接近城市社会总产值;另一方面,以粮、棉为主的农产品失去了增长势头,产量出现了徘徊局面,曾经一度滑向低谷。从这个时候开始,在农产品高速增长掩盖下的深层次矛盾——以福利原则"均包"土地的做法和农业生产专业化、现代化的矛盾重新引起了人们广泛的注意。实践证明,在农村市场经济全面发展,农村的劳动力、资金等要素按效益的原则开始配置的情况下,土地的这种小规模分散经营格局,给农业生产特别是粮食生产带来了相当不利的影响。所以,围绕农业专业化、市场化、现代化大目标,尊重广大农民的意愿,打破平均承包经营小块土地的格局,以家庭农场为主要形式,组织土地适度规模经营,实行专业化生产,从而大大提高农业劳动生产率和农产品商品率,大力发展农村经济可谓是势在必行。

(一)《中华人民共和国农村土地承包法》的出台,扫清了体制障碍

随着经济的发展,农村土地家庭承包经营制度已无法适应社会发展的需要,已无法按原有设计的模式正常运行,制度的缺陷需要用新的方法来弥补。《中华人民共和国农村土地承包法》第一次以国家法律的形式,赋予了农民长期稳定的土地承包经营权,明确规定了在承包期内不允许调整和收回承包土地,同时允许农村土地使用权有偿、合理的流转。被誉为中国第三次土地制度的大变革的《中华人民共和国农村土地承包法》,为农村土地适度规模经营,土地市场化流转和农业企业经营扫清了体制障碍,创造了一个良好的外部环境。《中华人民共和国农村土地承包法》坚持农村土地所有权属于集体所有,稳定农户农村土地承包权,鼓励农户有偿转让农村土地使用权,即允许农村土地所有权、承包权、使用权"三权分离"。在农村土地"三权分离"背景下,鼓励农户有偿转让农村土地使用权的规定,实质上是指土地使用权的分配,由福利原则向效益原则转化,鼓励使用权流动,并承认其价值。用转包、租赁、反租倒包、土地使用权入股等多种形式,将一些农民不愿种又不愿放弃

承包权的土地的使用权转移出来,组织规模经营。这种方法比较接近市场经济的要求,能较好地实现生产要素的优化组合。

(二)大量农村劳动力进城务工经商,为土地规模经营提供了现实的发展空间

农村土地家庭联产承包责任制的实行,调动了农民生产的积极性,促进了经济的稳步发展。但是耕地对绝大多数农民而言是一个生存资料,每户农民靠种几亩耕地,在一亩二分地上做文章、什么挣钱就种什么,即使土地回报率很高,但收效甚微,收入总量也是难以有较大增长的。在绝大多数群众解决温饱问题进入小康以后的今天,农村面临的突出问题已经不是农民的温饱问题,而是农民增收、致富的问题。近几年,二、三产业和城镇化发展迅猛,同样的劳动力就业于二、三产业的年收入数倍于农业,农民在比较利益驱动下,在土地低收入的"推力"和非农产业高收入的"拉动"下,纷纷外出打工。成千上万的农民"弃农务工""洗脚进城",农村日渐呈"空心化"的趋势,不少过去熙熙攘攘的村庄,仅剩下留守家园的祖孙隔代人,成为名副其实的"空心村",有的地方甚至出现了"无人组"。外出务工经商的农户,为解除"一心挂两头"的后顾之忧,纷纷将承包地有偿甚至无偿地转让给他人耕种,从而为土地规模经营提供了现实的发展空间。

(三)土地适度规模经营,增加了土地转让双方的收入

通过流转土地,实现规模经营,可以使种田的人有田种,不想种田的人放心走,达到了转让户和经营户"双赢"的目标。转让土地的农户不仅有转让金收入和惠农补贴收入,同时还能摆脱土地的羁绊,免除了他们失地的担忧,使其能够放心地从事其他行业,获得更多的打工收入。一些规模经营户还吸纳转让土地的农民打工,让他们在家门口赚钱,进一步扩大了转让户的收入来源。实行土地规模经营,能带来可观的经营收益。一方面,投资门槛较低,土地大规模经营普遍效益较高,如种一亩水稻的生产投资在300元左右,产稻谷1000斤,可以卖850元左右。另一方面,近几年,各级政府高度重视农业,一亩地的种粮补贴四五十元,一些地方补贴虽然不直接给到经营户,而是给到承包户,但这些地方往往租金较低。土地经营户则通过引用新品种、运用

新技术、实施机械化生产,降低生产成本,提高产出量,以规模经营带来增值收益。据调查,规模经营与小农户分散经营相比,种植水稻亩平均减少支出105元(主要是机械代替人工),增产110公斤,增收150元,合计255元。规模经营户平均年收入,一般都比小农户高出几倍。

(四)土地适度规模经营是实现农业现代化的要求

建设现代农业就是用现代物质条件装备农业,用现代科学技术改造农业,用现代产业体系提升农业,用现代经营形式推进农业,用现代发展理念引领农业,培养新型农民发展农业,转变农业增长方式、促进农业又好又快发展。目前,一家一户分散经营模式是以土地均分为基础,土地好坏、远近搭配的平等条件进行分配的,把一些成片的土地划得狭小而零星,使得各农户承包的土地地块分散而零碎。一方面地块过于狭小影响了机械作用的效率,造成使用机械耕作很困难,农业机械无用武之地;另一方面,地块过于狭小使得多种机械作业难以施展,从而限制了农业机械类型的增加。再加上土地小块经营农户经济实力差、资金少、科技文化素质低,新工艺、新技术、新产品的推广应用都会遇到很大困难。一家一户分散经营方式与农业现代化不相容,是阻碍农业现代化的最大因素,而没有农业的规模经营,农业现代化是不可能的。所以,土地适度规模经营是实现农业现代化的要求。

(五)土地适度规模经营有利于增大农业投资

目前我国农业还是一个弱势产业,农业与工商业相比,除了面临工商业存在的市场风险外,还要面临自然灾害的风险;农业生产条件还相当落后,农业生态环境还比较脆弱,农业抵御自然灾害的能力低,农民还未摆脱"靠天吃饭"的局面。农业与其他产业相比,农业比较效益低下,很多农产品生产费用居高不下,投入多、产出少,农民难以获得社会平均利润。一方面农业分散经营模式导致农民从耕地上获得的收入极其有限,且农民对未来收入预期信心不足,不愿把有限资金投向农业。另一方面金融机构认为对个体农户发放贷款风险太大、交易费用太高,不太愿意向农户发放贷款。农业投入不足,一直是制约农业发展的一个重要问题。因此,要发展规模农业,进行适度规模经营,吸引一些有投资实力的公司和个人,特别是一些从农村走出去的"老板",

鼓励他们回到农村"租田置地,圈山买水",投资经营农业,促进土地、资金、技术、劳动力等生产要素合理流动,因地制宜,调整和优化农业生产结构,推动农业产业化经营发展和农产品商业基地建设,使农业生产经营向专业化、市场化的方向推进,以取得规模效益和市场效益。解决农业效益低的同时,推进土地规模化经营,还能培养出一大批懂经营、会管理的农业企业家、新型农民,增强农业的凝聚力,使一批年轻有为的生产经营能手、技术骨干转移到农业生产上来,把农业当成主业。

四、土地适度规模经营要把握"度"

党的十七届三中全会提出:按照产权明晰、用途管制、节约集约、严格管理的原则,进一步完善农村土地管理制度。建立健全土地承包经营权流转市场,按照依法、自愿、有偿原则,允许农民以转包、出租、互换、转让、股份合作等形式流转土地承包经营权,发展多种形式的适度规模经营。笔者认为,土地适度规模经营要把握"适度"两个字,否则适得其反。

一是要把握"温度"。党的十七届三中全会结束后,农村土地流转成了焦点、热点,专家、学者展开了热烈的讨论,农村土地流转话题在媒体上吵得沸沸扬扬,可见其"温度"之高。但地方各级政府要把握"温度",不能跟风或不按照依法自愿有偿原则,以行政手段推行农村土地流转。在农村土地流转过程会遇到很多莫测的风险,政府决策部门出台政策时要巧妙地避开礁石和暗流。如要制定相应的社会保障制度和拓宽劳动力分流渠道,使失地农民不至于有冻饿之忧,使愿意干活的人能按劳取酬。这一点安徽省宣城市宣州区的做法值得借鉴,该区一方面着力把劳务输出作为重要突破口紧抓不放,借助紧邻苏浙沪的良好区位优势,根据市场对劳动力供求情况,认真抓好劳动力市场需求与培训和就业等环节的衔接,开展多层次、多形式的分类培训,提高农民就业能力,积极拓宽农村富余劳动力转移渠道。

二是适度规模经营并不是规模越大越好,要把握规模的"适度"。首先,要与生产单位的生产能力相适应。在一定的条件下,生产单位的生产能力大小不一,其经营土地规模的大小也不相同。生产能力大的,经营土地规模可以大一些;生产能力小的,经营土地规模要小一些。一个只能经营 10 亩土地的单位,这 10 亩土地对它来说,就是"适度规模经营"。如果让它经营 12 亩,那 2 亩就有可能粗放经营,甚至抛荒,以致浪费土地资源;如果让它经营 8 亩,那就有经营 2 亩的生产能力闲置,降低了劳动生产率。其次,要与生产环境相适应。土地的地理位置、土质的肥瘦、用水灌溉条件等生产环境也影响土地经营的规模。在一定的生产能力的情况下,经营土地的生产环境不同,经营土地规模的大小也不同。生产环境好的,经营土地规模可以大一些;生产环境差的,经营土地规模要小一些。再次,还要考虑盈亏平衡点,算好经济账。在同等的生产环境下,加大投入,可以通过提高生产能力来扩大经营规模。这时,就要考虑经济实力、投入产出率、边际成本和边际收益,确定一个最佳经营规模。这个规模就是"适度规模经营",过大或过小都会影响经济效益。

五、案例分析:宣州区推行农村土地适度规模经营的模式、主要做法及启示

(一)宣州区推行农村土地适度规模经营的模式

当前,宣州区农村土地流转主要有转包、出租、转让、互换、入股及其他等形式,在全面推进农村土地流转过程中,宣州区结合自身实际,科学把握土地流转的趋势和规律,探索出具有鲜明特点的土地规模经营模式。

(1)种粮大户带动型。一些熟悉农业种植技术且具备一定经济实力的大户,通过转包和租赁土地的流转方式获得土地的经营权,以实现规模经营。2013 年,狸桥镇山湖村许三定以年租金 12 万元的价格承包了位于振兴街内涉及 256 户 550 亩的土地。狸桥镇东云村钱良坤以年租金 16.1 万元的价格承包了位于茆市湖圩的 850 亩农民耕地;狸桥镇昝村昝小马以每年每亩 420 元的价格承包了姜家圩 1360 亩的耕地,用于培育农作物良种。

(2)农民专业合作社带动型。以农民家庭经营为基础,以农民专业合作社或农民专业协会为主导,集体统一组织部分生产经营环节,发挥集体优势,形成规模经营。2013 年,水阳镇裘公社区蔬菜专业合作社,建立大棚蔬菜基地,带动土地规模流转 204 亩。向阳镇成立了宣板西瓜农民专业合作社,带动土地规模流转 1016 亩。

(3)农业龙头企业带动型。由龙头企业直接租赁土地,雇请农民工与农户形成利益共同体实现规模效益,促使小农户分散性经营向集中集约化经营转变,从而实现千家万户与大市场对接。比如,2013年,黄渡乡华龙乳业,转包农民耕地1200亩,用于种植饲草,所有田间用工雇请被流转户农民。文昌镇鑫源蔬菜有限公司租赁农民128.4亩耕地种植大棚蔬菜。

(4)集体经济组织带动型。由集体经济组织出面协调,采取经济合作社或股份合作联合社,以及农村土地承包经营权入股等形式,推动规模经营。比如,2013年,向阳镇鲁溪村采取返租倒包方式流转土地2500亩发展烟叶。

(5)社会资本带动型。引导具有一定社会影响力和经济实力的致富能人回乡创业,通过他们的资本和号召力带动当地农户进行土地流转,集并土地,创办农业公司,发展现代化农业。

(二)宣州区推行农村土地适度规模经营主要做法

宣州区以促进产业发展和提高农民收入为目标,着力夯实现代农业发展基础,不断推动农业向规模化、产业化、特色化方向发展。

1. 强化责任考核,重视土地流转

为顺利开展农村土地承包经营权流转工作,破解以往土地流转不规范、流转困难的问题,该区专题研究并制定措施,组织人员进行了相关政策法规的学习和培训,做到分工明确、责任到人,确保流转工作有序开展。同时,出台相关文件,把土地流转列入了乡镇、村工作的重要议程,做到年初有计划、年底有考核,明确各乡镇、村要建立以主要领导为组长的农村土地承包经营权流转工作领导小组,落实目标任务和责任措施,加快推进土地流转,特别是鼓励土地连片集中流转。

2. 加强宣传力度,营造舆论氛围

为了让土地流转工作深入民心,赢得干部群众的理解和支持,该区加大了对土地流转的宣传和引导力度。区委、政府多次召开了土地流转工作会议,根据土地流转工作中出现的新问题,及时进行专题部署,在全区上下形成了土地流转工作的良好局面。以动员、座谈、广播、村务公开栏等多种形式,对开展农村土地承包经营权流转工作的重要性、必要性进行广泛深入的宣传,统一全区干部群众的思想认识,使其树立正确的土地流转理念,在全区形成有利于推进农村土地流转、发展规模经营的良好氛围。在土地流转工作中,积极宣传农村土地承包经营权流转相关政策,算好经济账,使更多农户知道土地流转后不仅原有的土地承包权没有变动,经济收益没有减少,而且优化了土地资源配置,产业层次得到提高,加快特色产业规模化集约化发展,更快推动农业增效、农民增收。

3. 尊重群众意愿,规范土地流转程序

该区乡镇、村干部通过调查摸底,征集农地转出、转入信息,对流转土地信息进行登记,并根据登记信息,组织需求双方查看现场、对接洽谈,双方满意后签订流转合同。在流转某片土地时,时常会遇到需求方要求流转的土地必须集中成片、价格合理。区域内个别农户不愿意流转土地,甚至叫出"天价",遇到这种情况,乡镇、村干部就反复多次地做好深入细致的思想工作和调解工作,采取在不影响农户承包经营权的前提下,通过土地调整、互换等多种办法解决。不论采取哪种土地流转形式,该区都充分尊重绝大多数农户的意见。村组在土地流转之前,都要召开村民代表大会,把土地流转有关事项提交给群众讨论,经到会绝大多数村民同意后签字认可,再由村委会报镇政府审批后,报区、镇农经管理部门备案。

4. 示范引路,带动土地流转

"喊破嗓子,不如做出样子",为了让土地流转这种新型土地经营模式得到推广,该区采取了"典型引路,科学示范"的方法,优先鼓励本镇有实力的创业者参与土地流转,加强同在外务工人员、企业老板、成功人士等的联系,鼓励其回乡投资兴办观光农业、生态农业等产业。同时,发挥各类农业协会作用,扩大土地流转规模。2011年,一家农业开发有限公司在该区洪林镇施村流转土地1380亩,建立千亩蔬菜基地,成为全市千亩蔬菜种植示范区。有万余名劳动力在蔬菜公司就业。当年,该区洪林镇施村和皖南烟草公司达成协议,将小汤组流转的1000亩土地用于种植烟草,极大地带动了该村经济发展。这些产业大户的辐射示范,一方面带动了一批返乡创业能人投资农业产业,另一方面促进了农户分散的土地向大户集中。2013年,该区已建成1380亩蔬菜基地、2000亩绿化大苗基地、5000亩烟叶基地、200亩葡萄基地、2000亩精品水产养殖基地等特色基地。

5. 做好土地流转规划,加大招商引资力度

该区区委、政府在广泛调查研究的基础上,提出土地流转意见,要求土地

流转要向养殖大户、经营能手集中,要形成一定规模,建设农业基地和农业各类科技示范园区。规划建设新品种新技术示范展示区、畜禽养殖精品展示区、设施蔬菜精品展示区、农产品精深加工展示区等四个展示区。全力打造现代农业精品示范区、特色农产品示范区、农产品精深加工示范区、观光农业示范区。区内种植业由粮食、蔬菜种植等组成现代种植业示范区,养殖业以家禽养殖为主构成现代畜禽健康养殖产业示范区。为了充分利用这一资源优势,解决部分抛荒田,促进产业结构调整,在抓好土地流转规划的基础上,洪林镇利用报纸、杂志、因特网等宣传媒体和派出招商人员外出,实行全方位招商,积极对外推介宣传,吸引外商前来投资兴办高效农业、观光农业、生态农业等,突出招商引资推进土地流转的特殊作用。经努力,2011年,洪林镇新增规模以上企业3家,总数达7家;新增粮食、农机、苗木花卉、蔬菜合作社4家,农业龙头企业发展迅速。

6. 建设好水、路、电等基础设施,夯实农业现代化基础

在抓好土地流转工作的同时,该区坚持以良好的投资环境吸引客商,以优秀的服务态度为客户服务。该区强力推进高标准农田项目建设,铺建水泥路,架设电线杆,修造抗旱排涝渠道,确保路通、水通、电通。仅该区某一镇建设面积达4.2万亩,2013年,已完成土地平整2万亩。同时,洪林镇还通过整合小农水、烟水配套、良田达标等项目建设,全面提升农田生产能力,一个"田成方、树成行、沟相通、渠相连"的示范区雏形已呈现,为农业发展专业化、规模化、机械化奠定了良好基础。

(三)宣州区农村土地适度规模经营对推进"三化"协调发展的启示

无论是新型农业现代化、新型工业化,还是新型城镇化,前提都是不减少耕地,不牺牲农业和粮食。如何促进"三化"协调发展,那就是通过土地流转,推行农村土地适度规模经营,使大量农民从土地上解放出来,转移到二、三产业中去,在耕地总量不变的前提下,减少种地农民数量,从而激活农村经济,推动现代农业的快速发展。

1. 农村土地适度规模经营奠定了建设农业现代化的基础

在"三化"协调发展中,作为"三化"协调发展基础的农业现代化既是"三化"的起始点,又是"三化"协调的落脚点。当前,农户经营的土地规模较小,地块零星分散,这种状况不利于农业投入和科技推广,限制了现代农业规模化、产业化、集约化、专业化的发展,严重制约了农业现代化建设进程。农村土地流转已成为发展现代农业迫切需要解决的现实问题。通过宣州区案例来看,只有鼓励农民以多种形式广泛进行土地流转,建立农村土地流转有形市场,才能不断推进土地适度规模经营,促进现代特色农业健康快速发展。

2. 农村土地适度规模经营催化了城镇化建设

城镇化的本质是农民向城镇持续稳定转移,是农村农民不断减少、城镇规模不断扩大、城镇人口不断增加的过程。农地合理、有序流转,改变了部分农户"亦商亦农""亦工亦农"的兼业化状况,使农户摆脱了土地的束缚,有力地促进农村劳动力向非农产业转移,使人口往城镇聚集,加快了城镇化建设进程。通过宣州区案例来看,农民把宅基地转让或置换,由政府集中建设现代新城镇,将几个或十几个自然村集中,建设现代化小区,新村民可以在镇上的企业务工,也可以自谋职业,还可以承包大片的土地,实现规模耕种。

3. 农村土地适度规模经营为工业化提供人力保障

伴随着工业化和城镇化的推进,城镇劳动力资源紧张,尤其是二、三产业,需要大量工人。农村劳动力转移到二、三产业,扩大了二、三产业劳动力来源,给企业注入新的活力。有关资料显示,目前农民工这一新兴的工人队伍在人数上已超过传统工人人数,成为当代中国产业工人的主体。近年来,各地大力推进招商引资,外来落户企业逐年增加,用工人数也快速递增,企业缺工现象日益突出。用工难成了企业持续发展的一大瓶颈。通过宣州区案例来看,土地流转,提高了农业生产效率,释放了一部分富余劳动力,大批大龄劳动力就地被聘为农业工人,而中青年劳动力通过短期技能培训被推荐到企业当了产业工人,这使农民不离开家就实现了打工的愿望,有效杜绝因外出打工带来的"留守儿童""留守老人"无人照顾的问题,以及因外出打工造成夫妻长期分居导致家庭破裂的问题。同时,推动新办企业向城镇工业园区集中,为园区工业项目的供水、供电、供气、供热、垃圾处理、排污、交通、通讯、金融和各种中介服务提供了方便,降低了企业成本、提高了企业竞争力,因而产生巨大的集聚效应。

4. 农村土地适度规模经营带动了特色优势产业发展壮大

有偿流转土地承包经营权,加快推进农业结构调整和专业化、标准化、规模化生产。让种田能手在较大范围内推广应用主打品种和先进适用技术,充分发挥良种良法的集成效应,为做大做强地方性特色产品和区域性优势产业奠定基础,有力地加快了该区域农业结构调整步伐,推动了农业向规模化、集约化和市场化发展。

六、推行农村土地适度规模经营的影响因素与存在问题

(一)农民思想认识有待提高

由于土地流转政策的宣传不够深入,群众对土地流转的认识还存在误区,部分农民怕土地流转出去后,自己丧失了土地承包权,没有了生活的最低"保障线",因此部分农民外出打工后,宁愿将土地交给亲戚朋友代耕,也不愿意签订长期流转合同对土地经营权进行流转。同时,国家惠农政策不断得到加强,农民依附土地得到的实惠越来越多,也是现阶段农民对土地流转积极性不高的原因之一。

(二)农村土地纠纷复杂

在国家一系列惠农政策的激励下,农民发家致富的干劲空前高涨,掀起了一轮"要地热",引发了一系列土地纠纷,直接影响了农村土地适度规模经营的推行。笔者曾任安徽省第二批选派的村党支部第一书记,在平常工作中主要遇到过以下几类矛盾。

一是土地二轮承包时,少数农户因嫌税费过高,外出经商务工自动放弃土地承包权,现今回乡后,向村委会要求与本村村民组其他村民一样承包土地。

二是土地二轮承包后,由于大量农民涌向城市经商务工,各地出现了数量不小的抛荒地,而当时的村委会为了保证国家税费,不得不想方设法把这些抛荒地处理给他人耕种。现在面对大量要地的农户,村里基本上没有耕地可给。由于要不到耕地,享受不到国家政策的实惠,无地农民与村委会的矛盾日益突出。

三是农民外出经商务工前,为了让自己的土地不抛荒,交给他人耕种,由耕种人代他完成国家的税费任务。现在觉得种地划算,想要回耕地,可是对

方又种植了林果等多年生作物。

四是村级公益事业占用农民的耕地,当时协商是每年通过减免一定数量的农业税作为补偿,现在农业税取消了,农民不仅得不到补偿,而且享受不到粮种补贴等国家政策的实惠。因此,现在村级公益事业占用农民的耕地更困难了。

(三)土地集中连片流转难,承包大户开发难成规模

由于土地分户经营,承包大户在实施土地流转,进行规模经营时,往往因为一户或几户不愿流转土地,难以完成土地规模化流转,从而导致土地比较分散,制约了规模经济的发展。

(四)土地流转手续不规范

一是部分农户流转土地,只有口头约定,无书面合同,或者书面合同内容不规范,不具有法律效力;二是合同条款、标的不明确,甚至与现行法规相冲突。因土地流转手续不规范引起的纠纷,已严重影响了农民流转土地的积极性。

(五)土地流转服务体系不健全

土地流转还没有形成完善的市场体系,缺乏一个连接流转双方的中介机构,致使土地供求双方的信息受阻,延缓了土地流转进程。同时,出现流转纠纷时,也缺乏有效的仲裁机构进行调解、仲裁。

七、对推行农村土地适度规模经营的几点建议

加快农村土地流转,推行农村土地适度规模经营,是推进农业产业化、发展壮大农村经济、促进农民增收的需要;也是率先实现城镇化和工业化及城乡一体化的需要。

(一)要加大各个层面的宣传、培训力度

把土地流转的政策法规宣传提上重要日程。由党校等干部培训部门负责制定乡村干部农村土地政策法规培训计划,以提高基层干部执行政策的水

平和依法办事能力,减少农村土地流转纠纷的发生。针对工业化、城镇化发展的需求,制定劳动力中长期培训规划,按照企业所需有针对性地对劳动力进行技能培训;加强中等职业技术教育,培养有一定专业知识和技能的产业技术人员或技术骨干;同时加大物流、餐饮、家政护理等服务业技能人才培训,为新型工业化发展提供服务保障,使农村劳动力转移能够真正实现"转得出、稳得住、效益高"的目标,确保农村土地流转的稳妥推进。

(二)要正确处理农村土地矛盾纠纷

针对农村土地矛盾纠纷,笔者认为应结合各地实际情况,本着尊重历史、兼顾现实的原则,不回避矛盾,不搞一刀切,站在保护农民利益的立场,想方设法满足要地农民的要求。第一,对自动放弃土地承包权的农户,我们要在其所在村民组召开会议,由村民表决。尽量多做村民思想工作,有预留田的将预留田发包无地户;无预留田的进行小调整。如村民反对,就向无地户解释,等下一轮土地承包时再考虑。第二,由村委会处理的耕地,如果是一些已经被长期发包抵债的,依法终止合同,把耕地退还给回乡要地的农户;如果是一些由村委会出面将抛荒地集中承包给种田大户的,依法终止承包协议,由村集体和要地农户共同向现承包户适当支付一定比例的补偿金。第三,如果是被承包而又种植了林果等多年生作物的抛荒地,在合同到期前或果树淘汰前,仍可以由现在的承包户经营,在经营期间由现在的承包户向要地的原土地承包权所有者支付一定比例的补偿金。也可通过协调,让现在的承包户将所经营的林果等多年生作物转让给要地的原土地承包权所有者。第四,对村级公益事业占用农民耕地的,尽量做通被占地农民的思想工作或者给一定数额的补偿,一次性了结。兴建村级公益事业占用农民的耕地时,请村民代表做被占地农户思想工作,对占地多的,用预留田补给,少的也就算了。第五,对一些农民外出后承包地被本组农民捡种的情况,要协调捡地户将这些土地交还给原承包户。协商不成的,引导双方通过司法程序解决。总之,采取的措施要不违反国家法律,又能让各方接受,圆满化解土地矛盾纠纷,保护农民土地权益。

（三）要因地制宜，重视分类指导，不能一刀切

要认准目标，多路探索，不拘形式地往前推进。应发挥本地资源优势，集中土地后，积极发展生态农业、观光农业和高效农业；已有农民专业合作社参与土地流转的乡镇，要充分发挥农民的主体作用，引导农户本着自愿、互利的原则加入合作社，实现"合作社＋农户"的利益联结；要以农民专业合作社和种植大户为依托，引导农户采取土地经营权入股、委托村组织流转等形式向农民专业合作社、种植大户等规模经营主体流转土地经营权，发展特色农业、设施农业等高效农业。

（四）要对农村土地适度规模经营的用途限制

在不损害土地耕种条件和基本农田保护的前提下，将农作物（含果树、经济作物、苗木等）种植和畜禽、水产养殖等视为农业用途。粮食主产区在土地流转后，要建设粮食生产功能区，使粮食生产组织化、规模化、现代化、商品化水平得到提高。要加强农田设施建设、农业主体培育、农机化推进和先进技术应用，优化水稻品种结构。提升粮食生产社会化服务水平，推广测土配方施肥、增施有机肥等适应技术，培育地力。农村建设用地，也要统筹城乡土地利用、开发整理规划，提高土地节约集约利用水平，实现农村集体建设用地减少与城镇建设用地增加挂钩，提高土地的合理利用水平，而土地开发整理专项资金主要用于保护耕地占补平衡和基本农田建设，以增加有效耕地面积，提高耕地质量。

（五）要坚持统筹发展，努力提高城镇化水平

传统的农村院落不仅要解决农民居住的问题，还要承担储存农产品、放置农具、晾晒粮食、饲养家禽家畜以及进行简单的农副产品加工的职能，往往需要比较大的土地面积。随着城镇化的发展，大量农村人口进入城市生活居住，造成农村许多房舍院落闲置得不到有效利用，村中空闲的院落越来越多，形成"空心村"现象。因此，要以镇村规划为指导，坚持连片开发、组团发展的原则，进一步优化镇村空间布局。全面实施镇内交通基础设施建设，打通集镇与市区、周边镇街的快速通道，努力改善投资的硬软环境。按照"布局合

理、用地集约、设施配套、功能完善、环境优美"的要求,全面实施好"绿化、亮化、美化"工程,高品位规划建设农民集中居住新社区,努力完善集镇配套功能,不断改善人居环境,引导农民集中居住,加快农地流出农民落户城镇的步伐,使小城镇规模在扩大的同时,集镇的整体发展水平同样得到提高,集镇的对外形象得到进一步提升。鼓励引导进城农民从事为城镇服务的商业零售、餐饮服务、交通运输、物业管理等行业,并最大限度地在证照办理、税费减免等方面给予他们优惠,有效增加进城农民收入,确保农民搬得出、稳得住、能致富、不反弹。对已在城镇有固定收入并有固定住所的农民,应通过政策引导,将其户口转为城镇户口,让其享受农村安居富民政策后退出宅基地,其所承包土地均纳入应流转范围。对城郊农民,可有计划地实行用宅基地置换城镇住房的方法,并由政府给予适当补贴,置换出来的宅基地可纳入城镇整体规划用地。

(六)要坚持工业主导,以企业为依托,吸纳农村劳动力向城镇转移

要按照市场化的模式运作,通过制定优惠政策,鼓励有实力的大企业参与园区建设。在加强硬环境建设的同时,更加着力改善发展软环境,打造公平竞争的市场环境,营造重商、亲商、富商、安商的良好环境,吸引更多企业和客商投资。加大企业和项目引进力度,加快在建项目建设进度,力促大批项目尽快建成投产,以工业规模化吸纳农地流出农民向非农产业转移。大力发展劳动密集型产业、社区服务业和非公有制经济,千方百计增加就业岗位,为农地流出农民就业提供广阔空间。对已经在企业就业的农地流出农民,要鼓励他们积极参加以降低成本消耗、节约能源、保护生态环境为主要内容的劳动竞赛、合理化建议活动,为发展循环经济、建设资源节约型和环境友好型企业作贡献。要鼓励他们积极参加以加速产品升级换代、提高产品科技含量和产品加工制造水平为内容的技术攻关、技术改造、技术革新和技术合作活动,充分发挥他们在企业自主创新中的作用。鼓励他们积极参加以保质量、保进度、保安全、降低成本为主要内容的经济技术创新活动,为企业发展贡献力量。

(七)要建立完善农村社会保障制度,弱化农村土地的社会保障功能

土地是农民的命根子,承载着农民的生活、养老、教育、医疗、福利等多重社会保障功能,农民"不敢"流转或交出土地承包经营权。当前重点是要进一

步建立健全包括农村最低生活保障制度、农村社会救济制度、农村社会养老保险制度和新型农村合作医疗制度等在内的农村社会保障体系。为推进新型工业化和城镇化建设而引导农民流转土地时,对有外出务工意向的农民,应制定统一的、非歧视的劳动就业制度,切实加强失业、工伤、生育保险等工作,不断扩大各项社会保险覆盖面,积极与入驻本地的企业协调,放宽企业招工年龄界限,使更多的农村劳动力能够及时进入企业工作,让更多农村青年能更快地走出土地,投身并享受新型工业化的发展成果。同时积极探索推进户籍制度改革,允许进城务工农民或自愿放弃农村户籍农民在城镇落户。

(八)要建立合理的土地流转机制

首先,加强土地流转服务,促进土地流转市场化。目前农村土地流转市场中的中介组织发育很不完善,大部分地区都没有中介组织,而流转活动又迫切需要中介组织提供服务。为避免土地流转出现"有买找不到卖,有卖找不到买"的现象,县、乡镇要建立土地流转服务机构,多渠道收集供需信息,给流转主体牵线搭桥。农业部门要结合《中华人民共和国农村土地承包法》制定促进土地流转的相关政策,统一规范土地流转合同并加强合同监管,以第三方或见证人的身份出现,促进公平交易的进行,并对农村土地承包中的合同纠纷及时处理,规范调处。其次,要把好"三关",规范农村土地流转程序。一是申请关。土地流入、流出必须由个人或单位向土地流转服务机构提出书面申请,申请时需要注明土地流入、流出的条件、地类、面积及流转形式,在双方协商一致的基础上,经发包方同意后,签订书面意见,真正做到有据可查,避免日后因土地流转发生矛盾。二是合同关。经双方协商后依法签订土地流转合同,切实保护依法形成的土地流转关系和农民土地承包权。三是登记关。签订土地流转合同时,由承包方向发包方所在地乡镇农业承包合同管理机构登记。乡镇、村两级对土地流转情况要做到准确记录,并实行土地承包动态管理。再次,坚持自愿、互利、有偿原则,努力实现土地的集中连片。各地可因地制宜,在坚持农民自愿的前提下,实现农村土地流转高效化,打破所有制、行业的界限,建立多形式、全方位的开放的流转机制,达到优化农业资源配置的目的。即使由于种种原因,出现绝大多数农户同意、极少数"钉子户"不同意的情况,也只能依赖乡村干部反复细致的思想工作,争取农户同意,或动员农户置换土地,不可搞一刀切,损害农民利益。最后,要按照依法治国方略,加强农村土地流转的法律法规建设,使农村土地流转走上依法管理轨道,完善农村土地制度,依法保障农民的主体地位及土地流转关系。另外,还要加强执法力度,做到有法必依、违法必究、执法必严,确保党的农村政策依法落到实处,使群众反映的土地"焦点""热点"问题得以及时处理。

(九)要多途径探索和开辟新的方式,保障土地出让后的农民增收

"三农"问题的核心是农民增收问题。大规模的农村土地流转是建立在大量农村劳动力转移到非农产业并有稳定的工作和收入来源的基础上的。只有在非农产业获得的稳定收益超过承包地所能提供的效益和福利,人们才会把土地投放到流转市场。大规模的土地流转,必然导致大量的农村劳动力从土地中释放出来,这部分劳动力能否实现新的就业、获得稳定的生活来源,直接影响土地流转能否顺利推行和农村的稳定。首先,从各地实情和现实生产力出发,要解决好农民转出土地后的出路问题,除了消除制度性障碍外,就要积极发展劳动密集型产业,创造大量的就业机会,加速农村就业结构的调整。同时,抓好农民素质培训,按不同行业、工种,对土地出让后的农民进行培训,拓宽他们的就业空间。对年龄大、文化程度低的农民进行短、平、快的培训,使其掌握一技之长;对具有初高中文化程度的青年农民,培训时与大中专学校"联合造舰",进行电脑操作与维护、机械加工、服装加工等技能培训,使他们向智力型人才转变,即需要什么工种,由用工单位和企业开出"订单",政府随即开出"菜单",选出符合要求的农民进行专业技能培训,培训合格后再向企业输送、推介,期间产生的培训等费用则由政府"埋单",不增加土地出让后的农民的任何负担。其次,完善农村社会保障体系。在经济上,农村土地的社会保障功能正随着农业比较效益的降低和土地在农民收入来源中的重要性的下降而减弱,尤其对于没有非农收入的纯粹农业生产者来说,土地就是一切生活的保障,失去土地就意味着失去安身立命的基础,因此在土地流转中,对这部分农民未来生活的保障就显得至关重要。通过完善农村社会保障体系,为土地出让后的农民办理养老、医疗、教育等保险,使之老有所养、病有所医、子有所教,既解决土地出让后的农民的后顾之忧,稳定其思想情绪,又保证社会的安定。

(十)要充分发挥村级组织的作用

目前,农村土地细碎化决定了一定规模的土地有着众多的承包户,土地流转需要牵涉到许多个农户。大规模的土地流转是很难通过与多个农户的交易来完成的,与多个农户进行交易必然导致谈判费用、合同签订成本和执行成本增加。在农村,村级组织具有较高的组织能力和一定的权威,履行中介组织职能时的交易费用最少,受让人更愿意与一个能代表众多农户的村级组织进行交易。村级组织一直充当政府与农户之间的桥梁,执行政府在农村的政策,同时也往往为广大农户谋取利益,得到了广大农户和上级政府的双重认同。所以说,村级组织是充当土地流转中介最优的选择。借助并充分发挥村级组织的力量和优势,以较小的交易成本进行土地流转,实现土地集中连片和专业化规模经营。第一,通过组织协调和土地整理,为大规模的土地流转创造条件。利用地域亲缘关系和行政性资源,集体组织通过对那些有条件、也愿意进行土地流转的农户进行组织动员,将分散的土地集中起来,从而实现土地集中连片。通过对集中起来的土地进行规划、整理和初步投资,能够增加有效耕地面积,优化土地利用结构,改善农业生产条件和生态环境,彻底改变田、地、塘相互"插花"现象,为土地集中连片、专业化规模经营创造条件。第二,通过招商引资,传播土地流转信息,带动、引导和帮助农户进行土地的有效流转。由村级组织出面进行招商引资,吸引农业经营大户和工商企业投资效益农业,促进农业向集约化、专业化、高效化方向发展,提高土地利用率,增加出让土地的承包户的收入,为承包户从事非农产业创造条件。第三,签订流转合同,并对土地流转实施监督管理。在大规模的土地流转中,由各农户分别与村级组织签订流转合同,将土地使用权出让给村级组织,村级组织再与受让人签订流转合同,有利于降低交易成本和合同执行成本,有利于建立较长期、稳定的流转关系,提高受让人的流转收益预期。这种土地流转模式,在水阳镇裘公社区蔬菜连片种植基地取得了很好的效果。土地流转后,村级组织要监督新的经营者是否按流转合同要求规划土地用途,一旦发现改变土地用途的现象应予以制止。对土地流转中出现的纠纷,集体组织应做好调解工作,及时化解矛盾,消除农村不安定因素。

城镇化过程中农村宅基地流转问题的调查与思考

随着城镇化、工业化的不断加快,大量农民涌入城镇,成为非农产业从业者或"城里人",越来越多的农村住房处于闲置或半闲置状态,隐形宅基地流转现象不断发生。

一、农村宅基地流转存在的问题及原因分析

随着城乡一体化进程的推进,由于现行政策法律等条件的限制,以及村庄规划编制滞后等因素,农村宅基地闲置、无序流转等问题日益凸显。

(一)宅基地土地整治难度较大

在制定宅基地整治专项规划时,乡镇一级规划的技术力量薄弱,很难做到与村庄、交通、水利、电网等相关规划衔接好,规划深度不够,项目选择随意性大,新的宅基地沿道路、河流松散排列,阻碍了农村居民点用地的集约化。在宅基地土地整治中,一些村民,特别是老年村民,恋旧情绪严重,加上农地耕种、就业出路和子女上学等一系列问题的影响,不愿意移址建设。接受安置的中心村出于自身利益考虑,不愿将有限的土地资源提供给对当地经济发展贡献不大的外来村民。

(二)宅基地自愿退出机制效果不明显

部分地区出台了宅基地退出补偿激励政策,农民自愿退出宅基地的补偿标准是每亩最高可获 6 万元补助,但退出宅基地的前提是农民自愿。由于就业、养老、子女上学等后续配套政策不健全,农民积极性不高,政策落实情况不容乐观。

（三）农房买卖、租赁等宅基地流转遇困境

宅基地所有权归农村集体经济组织,根据现行法律和国家规定,分配对象仅限于本村村民,买卖、租赁等宅基地流转难越法律等障碍。据调查,没有一户农民宅基地出让后能办到合法手续。当转让、出租行为发生后,双方一旦发生矛盾和纠纷,法院只能依法判处这种交易不成立。

二、推进农村宅基地流转的思考与建议

加快推进农村宅基地流转,对于促进美好乡村建设意义重大,要根据国家有关农村宅基地的法律法规,严格农村宅基地管理,依法保障宅基地的用益物权,不断提高土地的集约节约利用水平。

（一）开展调查摸底,做好农村宅基地不动产确权登记

按照《不动产登记暂行条例》,对农村宅基地进行一次调查,建立信息平台,将农民所拥有的宅基地和住宅登记信息纳入平台,与住房城乡建设、农业、林业、国土资源、公安、民政、财政、税务、工商、金融、审计、统计等部门信息互通共享。农村宅基地无论是抵押、买卖还是征收、出租以及审批,只要到信息平台查一下就可以准确、快捷地了解农村宅基地的权利归属和内容,有效地防止各种欺诈骗局。

（二）加强规划管理,促进宅基地有序流转

在不突破土地利用总体规划确定的用地面积和范围内,从方便农民生产、生活的实际出发,积极推进农宅集居化建设,合理布点村庄,控制宅基地用地规模和布局。优化村庄内部用地结构,充分利用村内老宅基地、各种废弃地、闲置地,合理安排公共设施用地、生产用地、道路用地和农民建房用地。在村庄（宅基地）整治、农房宅基地征拆过程中,将布点村庄作为安置区。自愿退出宅基地的农户,一旦在城里难以落户,允许他们在布点村庄按规定标准购买宅基地建房。安置户和购宅基地的农户以及布点村庄原有农户,在统一规划的基础上,根据各自不同家庭人口、生活需求以及审美观设计房屋

样式及庭院布局,能避免农民随意建房、乱占土地,杜绝少批多占等不合理现象。

(三)规范行为,规避宅基地抵押贷款风险

要结合实际情况,出台相关措施和政策,制定有效、科学的管理方法和制度,明确贷款对象、额度、利率和期限,建立规避贷款风险机制。金融机构在贷款前设置农户申请农房宅基地抵押贷款必要的条件,如农户有多幢房屋的,在留有一幢满足居住的情况下,可将其他农房宅基地抵押;农户仅有一幢房屋的,须提供第三人为其提供居住场所的担保,以保证农户抵押的农房宅基地变卖处置后仍有安居之地。同时,必须经农户宅基地所在地集体经济组织同意,并出具同意抵押、处置证明。在贷款后构建日常监测、信息管理、考核监督的检查体系,对抵押贷款农户定期不定期进行走访调查,倾听农户诉求,掌握农户情况,特别是对贷款资金运用和经营状况进行管控,确保信贷资金专款专用,防范贷款风险。政府部门要根据农户贷款用途,每年按农房宅基地贷款额度设立一定比例专项风险补偿基金,增强农户抵抗风险能力。

(四)理清思路,梯度推进农村宅基地整治

将靠近集镇、交通便利等居住环境好的村庄和大村落,纳入村庄布点规划,根据土地利用总体规划确定村居用地规模。控制零星村落发展,对零星村落农民申请建房的,在布点规划村庄内严格按国家制定的标准批准供给宅基地,逐渐减少村民在零星村落住居。积极推行城镇建设用地增加和农村建设用地减少相挂钩工作,将布点规划村庄附近的零星小村落归并到布点规划村庄,腾出的土地进行复耕,增加耕地面积。利用农村宅基地管理(或不动产登记)信息平台,核实村民申请建房情况,用科技手段管理宅基地审批,杜绝农村超占、"一户多宅"现象发生。

(五)完善机制,稳妥实现宅基地有序退出

要充分尊重农民意愿,引导他们自愿退出。对已在城镇购置商品房或愿意进城镇规划区定居且以后不再申请新宅基地的农民,鼓励其自愿退宅。退出宅基地的农户,可选择现金补偿,也可选择在临近乡镇、县城的安置房,还可选择在临近布点规划村庄内按照村庄规划自建住宅。着力完善农村住房保障、农村社会养老保险与合作医疗保障制度等农村社会保障体系,弱化宅基地保障功能,解农民宅基地退出之忧。

(六)加强监管,在一定条件下允许农房宅基地买卖、租赁

当前,伴随着城镇化进程的加快,不少农民在城镇里购置房屋居住,从而造成大量的农村房屋长年空置;一些城里人在乡下投资创业并租赁或私购农房居住。允许城镇居民承租农房,但对租赁限期给予限制,如可以一年一租,也可三年五年一租,不可以租代买。要允许城镇居民以及本经济组织外农民买卖、租赁农房宅基地,但出卖、出租农房的家庭,必须在出卖、出租农房后,还有一处自居房屋;同时购买农房和承租宅基地建房的家庭尚无住房。城镇以及本经济组织外无房家庭仅允许其购买一处住房或仅允许其租赁一处宅基地建房,占地面积不允许超过每户宅基地的规定标准。坚持一户一宅,凡农户申请宅基地的,必须符合土地利用总体规划、村庄规划和新民居设计要求,对不符合要求的一律不批准其购买、租赁宅基地。成立农村农房宅基地收储机构,对农民自愿退出或放弃持有的农房宅基地进行收购储备。在零星村庄收储的房屋可用于征迁临时安置、过渡房,当达到一定规模后,实施土地整治;对布点村庄收储的农房宅基地,可以用于征迁安置房或提供给征迁户自建住房,也可转让给符合条件的村(居)民居住或自建住房。

(原发表于《当代农村财经》,2015年第8期)

宣城市实施乡村振兴战略路径研究

党的十九大首次提出实施乡村振兴战略,2017年中央农村工作会议和2018年中央一号文件为实施乡村振兴战略制定了时间表和路线图。在深刻把握宣城市农业农村发展实际的基础上,本文围绕乡村振兴战略"产业兴旺、生态宜居、乡风文明、治理有效、生活富裕"五大目标,着重分析宣城市实施乡村振兴战略面临的困难与阻碍,并据此提出符合宣城市实际的乡村振兴战略思路与对策建议。

一、宣城市实施乡村振兴战略的有利条件和基础

该市始终把"三农"工作摆在重中之重的地位,不断加大惠农富农强农力度,提升农业质效,推进农村改革,改变农村面貌,改善农村民生,农村治理呈现新气象,为实施乡村振兴战略提供了有力支撑。

(一)农村产业稳步发展,农业提质增效

该市着力推进农产品供给由数量向质量、效益转变。2017年,粮食总产量133.2万吨,比上年增长1.3%,增加1.7万吨;肉类、禽蛋和水产品总产量分别为24.4万吨、5.3万吨和12.6万吨,分别增长1.9%、1.4%和3%;创建4个部(省)级标准化畜禽养殖示范场,新增62个"三品一标"产品,新增9个省级示范合作社、25个省级示范家庭农场、16个省级示范农业产业化联合体,实现810亿元农产品加工产值,增长9.5%。

(二)推进农村改革,激活农村新动能

该市扎实推进农村土地"三权分置"改革,农村产权交易平台上线运营,

2017年,完成农村集体产权制度改革200个村,实施农村"三变"改革97个村;加快旌德县农村集体产权制度改革试点和宣州农村综合性改革试点及农房抵押贷款试点进展;全面完成国有林场改革、小型水利工程产权制度改革,并荣获"全国集体林权改革先进集体"称号。农村改革工作的整体推进,保障了农民财产权益,壮大了农村集体经济,成为实施乡村振兴战略的强力引擎。

(三)坚持生态优先,持续改善人居环境

该市扎实推进全国绿化模范城市创建,实施林业"增绿增效"行动,在全省率先试点林长制,已成为全国绿色发展优秀城市和国家低碳试点城市。扎实开展农村环境整治,加强秸秆综合利用和禁烧,到2017年末,禁养区内畜禽养殖场472个全部搬迁或关闭,720个村、80个乡镇集中开展陈年垃圾清理,建设17个乡镇污水处理设施,改造2.6万户非卫生厕所。绩溪仁里村、宁国狮桥村成为全国改善农村人居环境示范村。

(四)开展农村文化惠民活动,营造乡风文明氛围

该市积极开展农村文化惠民和乡风文明引领行动,涵养淳朴民风,营造乡风文明浓厚氛围。加强管理和完善农村文化活动室、农家书屋设施,加强思想文化阵地建设。到2017年末,在全省率先启动数字化农家书屋建设,更新出版物65900册,文化信息共享工程补助投入132万元。建成24个乡镇(社区)综合文化服务中心、46个农民文化乐园。组织开展电影下乡、义务写春联、送戏下乡等群众喜闻乐见的文化活动,为群众提供文化服务。农村放映了7925场电影、开展了782场农村文化活动。推进以好家训好家风为主题的歌舞、小品、小戏创作,举办近500场"最美家庭"故事会、"培育好家风、传承好家训"微宣讲等各类主题宣讲活动。深入挖掘宣城45个最具有现实意义和影响力的名人家训,建设宣城家训馆,编纂出版《宣城家训》,广泛开展"扬家风""赞家风""晒家风"系列活动。

(五)深化"平安宣城"建设,打造共建共治共享的乡村治理格局

该市围绕争创全国社会治安综合治理优秀城市、建设全省"首安之地"、构建平安幸福宣城的工作目标,积极创新普法形式,从精准、细微入手,开展

法治家庭建设,先后荣获全国"五五"和"六五"普法先进城市。完善党委领导、政府负责、社会协同、公众参与、法治保障的乡村治理体制,提升乡村治理专业化、法治化、智能化、社会化水平。加强乡村治理体系建设,将886个村(社区)划分为5342个网格,采用宣传全到人、信息全采集、隐患全排查、诉求全受理、纠纷全调解、要素全覆盖的"六全"工作法,提高工作主动性。开展"栈、车、地"网建设,在公共复杂场所、重点路段、村社区所有路口、乡镇街道安装视频监控,提升社会治安防控实效,切实增强群众安全感。

二、宣城市实施乡村振兴战略面临的问题与困难

(一)农业产业结构仍然单一,农产品层次低

宣城市农作物总播种面积1995年为366.11千公顷,其中,粮食229.90千公顷,占62.80%;2000年为347.55千公顷,其中,粮食203.90千公顷,占58.67%;2005年为349.53千公顷,其中,粮食197.28千公顷,占56.44%;2010年为354.36千公顷,其中,粮食226.76千公顷,占63.99%;2015年为353.21千公顷,其中,粮食232.45千公顷,占65.81%;2016年为349.40千公顷,其中,粮食234.48千公顷,占67.11%。

表1 农作物播种面积统计表　　　　　　单位:千公顷

	1995年	2000年	2005年	2010年	2015年	2016年
农作物总播种面积	366.11	347.55	349.53	354.36	353.21	349.40
粮　食	229.90	203.90	197.28	226.76	232.45	234.48
谷　物	207.58	180.72	177.10	208.55	213.10	214.98
稻　谷	183.16	162.24	158.94	156.84	156.08	155.94
小　麦	19.53	12.48	13.51	47.61	49.27	50.18
玉　米	1.46	4.54	4.45	4.06	7.67	8.78
豆　类	6.46	11.86	10.40	10.04	9.99	9.87
薯　类	11.68	11.32	9.78	8.16	9.36	9.51
油　料	70.49	82.98	82.49	54.65	47.37	44.00

续表

	1995年	2000年	2005年	2010年	2015年	2016年
棉花	8.23	7.36	8.72	12.14	7.43	4.51
麻类	0.96	1.36	2.30	1.41	0.34	0.32
糖料	0.49	0.91	1.09	0.91	0.72	0.73
烟叶	0.12	0.90	2.05	4.55	7.71	7.65
蔬菜	19.86	27.68	32.27	34.80	37.40	37.48

资料来源：2017年宣城市统计年鉴。

(二)农产品加工业发展滞后，农产品增值困难

2013—2017年，第一产业(农林牧渔业)增加值远远低于二、三产业，增长率也远远低于二、三产业。从表2看，2013年第一产业实现增加值119.9亿元，增长3.1%；第二产业实现增加值442.9亿元，增长13.4%；第三产业实现增加值280.1亿元，增长9.6%。2014年，第一产业实现增加值126.9亿元，增长4.5%；第二产业实现增加值477.7亿元，增长10.4%；第三产业实现增加值307.9亿元，增长8.4%。2015年，第一产业实现增加值121.3亿元，增长4.2%；第二产业实现增加值486.3亿元，增长7.7%；第三产业实现增加值363.8亿元，增长10.6%。2016年第一产业实现增加值127.7亿元，增长2.6%；第二产业实现增加值502.2亿元，增长8.4%；第三产业实现增加值427.9亿元，增长11.1%。2017年第一产业实现增加值131亿元，增长4%；第二产业实现增加值571.5亿元，增长8.7%；第三产业实现增加值486.1亿元，增长9.7%。

表2　一、二、三产业增加值及增长率统计表

年份	第一产业增加值（亿元）	第二产业增加值（亿元）	第三产业增加值（亿元）	第一产业增长率（%）	第二产业增长率（%）	第三产业增长率（%）
2013年	119.9	442.9	280.1	3.1	13.4	9.6
2014年	126.9	477.7	307.9	4.5	10.4	8.4
2015年	121.3	486.3	363.8	4.2	7.7	10.6
2016年	127.7	502.2	427.9	2.6	8.4	11.1
2017年	131	571.5	486.1	4	8.7	9.7

资料来源：宣城市2013—2017年国民经济和社会发展统计公报。

(三)农业生产经营方式落后,难以形成规模经营

从农业机械化情况来看(见表3),农业机械化生产水平虽然逐年提高,但总体水平不高。如1995年农作物总播种面积366.11千公顷,其中,机耕面积96.48千公顷,占26.35%;2000年农作物总播种面积347.55千公顷,其中,机耕面积110.64千公顷,占31.83%;2005年农作物总播种面积349.53千公顷,其中,机耕面积116.43千公顷,占33.31%;2010年农作物总播种面积354.36千公顷,其中,机耕面积128.04千公顷,占36.13%;2015年农作物总播种面积353.21千公顷,其中,机耕面积152.46千公顷,占43.16%;2016年农作物总播种面积349.40千公顷,其中,机耕面积188.43千公顷,占53.93%。

表3 农业机械化情况统计表

	1995年	2000年	2005年	2010年	2015年	2016年
农作物总播种面积(千公顷)	366.11	347.55	349.53	354.36	353.21	349.40
机耕面积(千公顷)	96.48	110.64	116.43	128.04	152.46	188.43
机播面积(千公顷)	1.37	6.89	9.94	28.54	53.88	68.78
机播小麦面积(千公顷)	1.21	0.76	2.19	5.44	2.40	4.78
机械植保作业面积(万亩次)	41.67	40.56	43.78	98.18	117.20	1617.80
机械收获面积(千公顷)	1.71	55.56	113.17	182.70	231.57	218.50

资料来源:2017年宣城市统计年鉴。

从土地流转情况来看,到2017年底,该市耕地282.33万亩,累计流转土地115.72万亩,约占41%,还有一大部分耕地分散在小农户手中。

(四)农村环境污染较重,生态环境有待改善

随着村民生活方式的转变和生活水平的提高,农村生活垃圾数量增多,没有进行有效处理,全部露天堆放,生活污水任意排放,给农村环境造成污染。特别是在农业生产中,农药、化肥、地膜等不合理使用,不仅造成农产品品质下降、地面污染,还对水、土壤、大气、生物和人体健康造成严重危害。如

宣城市农用化肥施用量(见表4):1995年为7.59万吨,2000年为9.01万吨,2005年为10.34万吨,2010年为13.83万吨,2015年为13.23万吨,2016年为12.69万吨。

同时,畜禽业特别是畜禽非规模化养殖业的废弃物,没有经过任何处理,乱排乱放,使得农村环境污染越来越严重,村民的日常生活受影响。

表4 农药、化肥、地膜等使用统计表

	1995年	2000年	2005年	2010年	2015年	2016年
农用化肥施用量(万吨)	7.59	9.01	10.34	13.83	13.23	12.69
农用塑料薄膜使用量(万吨)	0.50	0.13	0.19	0.23	0.34	0.28
地膜使用量(万吨)	0.45	0.08	0.09	0.13	0.18	0.17
地膜覆盖面积(千公顷)	6.78	10.26	23.01	14.36	16.18	16.46
农药使用量(万吨)	0.24	0.31	0.44	0.45	0.40	0.38

资料来源:2017年宣城市统计年鉴。

(五)城乡发展不平衡,差距逐年拉大

从宣城市2012—2017年城乡居民人均可支配收入来看(见表5),虽然城镇居民人均可支配收入增长率低于农村居民,但由于城镇居民人均可支配收入的基数大,城乡居民收入差距绝对值逐年拉大。如:2012年城镇居民人均可支配收入为20477.9元,农村居民为9036元,收入差距绝对值为11441.9元,城镇居民、农村居民比上年增长分别为13.8%、15.2%,扣除价格因素城镇居民、农村居民实际增长分别为11.6%、12.9%;2013年城镇居民人均可支配收入为22731.0元,农村居民为10247.0元,收入差距绝对值为12484元,城镇居民、农村居民比上年增长分别为11.0%、13.4%,扣除价格因素城镇居民、农村居民实际增长分别为8.5%、10.9%;2014年城镇居民人均可支配收入为26289元,农村居民为11251.0元,收入差距绝对值为15038元,城镇居民、农村居民比上年增长分别为15.7%、9.8%,扣除价格因素城镇居民、农村居民实际增长分别为8.2%、9.7%;2015年城镇居民人均可支配收入为

28602.4元,农村居民为12309.0元,收入差距绝对值为16293.4元,城镇居民、农村居民比上年增长分别为8.8%、9.4%,扣除价格因素城镇居民、农村居民实际增长分别为7.1%、7.7%;2016年城镇居民人均可支配收入为30876.9元,农村居民为13379.4元,收入差距绝对值为17497.5元,城镇居民、农村居民比上年增长分别为8.0%、8.7%,扣除价格因素城镇居民、农村居民实际增长分别为6.4%、7.1%;2017年城镇居民人均可支配收入为33547.8元,农村居民为14590.3元,收入差距绝对值为18957.5元,城镇居民、农村居民比上年增长分别为8.7%、9.1%,扣除价格因素城镇居民、农村居民实际增长分别为7.5%、7.9%。

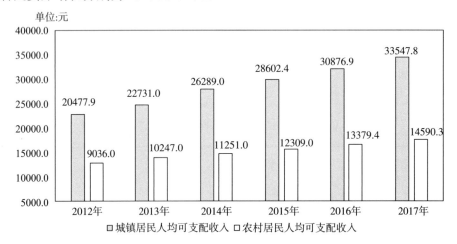

2012－2017年宣城市城乡居民人均可支配收入图

图来源:宣城市2017年国民经济和社会发展统计公报,有改动。

三、宣城市实施乡村振兴战略的路径与建议

(一)整体布局,规划引领

实施乡村振兴战略,要立足当地实情,从人文历史、经济水平、发展机遇、制度环境、自然环境、资源禀赋等方面考虑,对乡村振兴进行整体布局和战略规划,采取分类有序渐进的方式推进乡村振兴。一是在管辖区域范围内开展调查摸底,摸清管辖区域范围内有多少农田、多少水面、多少山林、多少村庄、多少文化遗产、多少道路,并对调查摸底情况进行全面和系统梳理,为下一步

实施乡村振兴整体布局和战略规划打下扎实基础。二是根据调查摸底梳理的情况,从村—乡镇—县(市、区)—市逐级进行整体布局和战略规划,上一级进行整体布局和战略规划时,要结合下一级整体布局和战略规划情况,进行汇总和合理修编,并反馈给下一级修订,切不可出现空中楼阁。三是乡村振兴整体布局和战略规划体系编制完成后,要强化其约束力和执行力,特别是对乡村产业布局、村庄空间系统优化、环境资源保护要有约束和关键性引领作用,避免破坏环境、乱占滥用土地、浪费资源等现象发生。

(二)调整升级乡村产业结构,推进乡村产业高质量发展

当前,一些大宗农产品总量过剩,价格下行压力大,库存积压严重,突出表现为结构性供给不足和供过于求,必须对农业生产力和生产结构布局进行调整,实现由总量扩张向质量提升转变。一是依托本地环境和资源,划定粮食生产功能区、特色农产品优势区、重要农产品生产保护区,优化水产、畜禽养殖区域布局。建设粮食生产功能区,推进高标准农田建设和农村土地整治,提高粮食生产能力,藏粮于地、藏粮于技,一旦需要粮食时,能产得出、供得上,保障粮食安全。在不影响粮食生产能力的条件下,加快发展特种水产、畜禽、优质粮油、优质烟叶、蔬菜、茶叶、中药材等优势特色农业。组织实施家禽业转型升级、徽菜富民、特色林业产业发展、茶产业提质增效等工程,培育壮大农业主导产业,打造现代生态农业产业化基地。二是推广稻田立体种养、经果园立体种养、猪(禽)—沼—粮(菜、果等)、休闲观光生态农业、小流域农业生态治理等模式及其技术,促进农渔结合、农林结合、农牧结合、种养循环,发展绿色生态农业。重点围绕优质粮油、畜禽、茶叶、中药材、徽菜等产业,推进农产品加工转型升级。鼓励发展专业农户、家庭农场、各类农民专业合作社和龙头企业,培育新型职业农民和新型农业经营主体,促进乡村一、二、三产业融合发展。三是加强现有1个国家级和6个省级现代农业示范区的建设和升级,积极申报省级以上各类农业园区和鼓励田园综合体建设,提升农业产业化水平。四是推进农产品品牌、企业品牌和区域公共品牌建设,打造"生态宣城、绿色产品"大品牌,提高品牌竞争力和影响力。

(三)走绿色发展之路,打造生态宜居乡村

健全以绿色生态为导向的乡村振兴政策支持体系,构建科学适度有序的乡村空间布局体系,切实改变乡村发展过度依赖资源消耗的情况,实现农业生产清洁化、废弃物资源化、投入品减量化、产业发展模式生态化。一是全面推进村庄布点规划,改造和整治"空心村",强化新建农房规划、设计和管控,加强对历史文化名镇、古村落和古树名木的利用和保护,保留保护乡村风貌,实施乡村美化绿化工程,使乡村既宜居,亦宜游。二是实施人居环境整治行动,对畜禽养殖科学规划布局,推行畜禽标准化养殖、废弃物资源化利用和处理。加强乡村环境监管,落实县乡两级政府环境保护主体责任,完善乡村垃圾日常清运、管理和保洁机制,推行农作物秸秆禁烧和综合利用,严禁将城镇和工业污染向乡村转移。三是推进测土配方施肥,以有机肥替代化肥,实行病虫害统防统治,实现化肥农药零增长。推广可降解和加厚地膜,对农药废弃包装物、废弃地膜回收处置,综合治理耕地化肥、农药、地膜、重金属污染。推进乡村生态清洁小流域建设,加强乡村水环境治理,推广节水型农业,实现乡镇政府驻地污水处理全覆盖,保障乡村饮用水水源安全。四是加快农田水利、供气、环保、物流、广播电视、通村组硬化道路等基础设施和数字乡村建设,发展智慧气象,推进乡村电网改造升级、宽带网络和第四代移动通信网络覆盖,推动乡村基础设施提档升级。

(四)推动移风易俗,提升乡风文明程度

目前有些乡村仍然存在着一些赌钱等不文明陋习和封建迷信思想。要加强无神论宣传教育和农村科普工作,着力培育淳朴民风、良好家风、文明乡风,不断提升乡村文明程度和改善村民精神风貌。一是弘扬和践行社会主义核心价值观,全力打击黄赌毒、非法宗教、邪教迷信等违法犯罪行为,遏制赌博、斗酒贪杯、相互攀比、大操大办、铺张浪费、沉迷网络等陋习在乡村滋生蔓延。二是围绕农民群众孝敬父母、探望师长、尊老爱幼、看望乡亲等优良传统美德,深入挖掘典型事迹,在网站、手机报、微信微博公众号等新媒体平台上推送,以正面典型推动移风易俗,营造勤俭节约、厚养薄葬、婚丧简办、节地安葬、生态安葬等新风尚。同时,对不文明行为、不良现象进行曝光,推动农民

群众主动抵制不良风气。三是推进诚信建设,强化农民群众的主人翁意识、规则意识、集体意识、社会责任意识。完善文明校园、文明单位、文明家庭、文明村镇评选和动态管理机制,以文明创建活动培育文明乡风。四是推进乡村综合性文化服务中心建设,健全乡村公共文化服务体系,实现乡村公共文化服务全覆盖。开展"菜单式""订单式"文化惠民服务,编排雅俗共赏、农民群众喜闻乐见以及鼓舞人、温暖人、引导人、启迪人的文艺节目到乡村演出,传递正能量,丰富农民群众的文化生活,从而改变他们的一些陈旧思想观念和不良习俗,树立良好风尚。

(五)夯实乡村基层基础,创新乡村治理体系

建立健全党委领导、政府负责、社会协同、公众参与的现代乡村治理体制,构建自治、法治、德治相结合的乡村治理体系,使乡村社会环境和谐稳定有序,充满活力。一是扎实推进基层党组织标准化建设,着力引导乡村党员干部在乡村治理中发挥先锋模范作用。按照"懂农业、爱农村、爱农民"要求,整体提升优化"三农"工作队伍,高质量完成村"两委"换届工作,选优配强村党组织和村委会班子,特别是选好村党组织书记和村委会主任,把农村致富带头人、高校毕业生、复员退休军人、外出务工经商人员、机关事业单位优秀党员干部吸引到"三农"工作队伍中来。建立完善落实农村党员定期培训制度,实施乡村干部、党员素质提升工程,注重在优秀年轻村民中发展党员,培养、储备乡村"三农"工作队伍和基层党员干部后备力量。推行小微权力清单制度,加大小微权力腐败惩处力度,严厉整治集体资产管理、惠农补贴、土地征收、脱贫攻坚等领域侵害农民利益的腐败问题和不正之风。二是加强群众性自治组织建设,依托村民会议、村民代表会议、村民议事会、村民理事会等,积极发挥村规民约、自治章程的作用,形成民事民办、民事民管、民事民议的多层次协商格局。三是推进"法律进乡村",增强乡村干部法治观念和法治为民意识,将各项涉农工作纳入法制化轨道。健全乡村公共法律服务体系,开展民主法治村创建活动,推进乡村法治宣传阵地建设,开展群众性法治文化活动,引导农民群众增强学法守法用法的意识。推进平安乡村建设,积极开展乡村群防群治、矛盾纠纷排查化解和信访维稳工作,建立健全乡村调解、县市仲裁、司法保障的纠纷调处机制,整治乡村滥塑宗教造像、乱建庙宇问题,

依法开展扫黑除恶专项斗争和制止利用宗教干预乡村公共事务行为,全力维护乡村社会稳定。四是开展"立家规、传家训、扬家风"活动,组织评选表彰好媳妇、好儿女、好公婆等身边好人的活动,依托道德评议会、村红白理事会、禁毒禁赌会、村民议事会等,鼓励农民群众自我服务、自我教育、自我管理、自我提高,引导农民群众重义守信、向上向善、孝老爱亲、勤俭持家,提升乡村德治水平。

(六)拓宽农民收入渠道,缩小城乡差距

近年来,农村居民收入不断增加,收入增长速度也持续略高于城镇居民,但城镇居民收入基数大,城乡居民收入差距绝对值并没有缩小。"生活富裕"是乡村振兴战略五大目标之一,而实现"生活富裕"目标的核心就是增加农民收入。一是大力培育新型职业农民,提高他们的种养水平。同时,加快推进农业产业化,发展和培育农业社会化服务组织,把小农生产经营引入现代农业生产发展的轨道,提升产业附加值,增加农民经营性收入。二是做好农民就业创业培训,提高农民就业创业水平,引导农民进城经商务工,鼓励企业吸纳农民就业,促进农民向城镇、非农领域转移就业,增加农民工资性收入。三是按照归属清晰、权能完整、流转顺畅、保护严格的要求,深化农村土地产权制度改革,完善承包地"三权"分置制度,探索宅基地"三权分置"制度,增加农民财产性收入。四是推进光伏发电、农业产业化、教育助学、促进就业、政府兜底、生态补偿、乡村旅游等脱贫攻坚工作,提升和巩固脱贫成效,引导贫困群众克服等靠要思想,全面推进农民生活富裕。

(原发表于《当代农村财经》,2018 年第 9 期)

安徽实施乡村振兴战略的路径选择

安徽居中靠东,处于国内几大经济板块的对接地带和全国经济发展的战略要冲,沿江通海,经济、文化与长三角其他地区有着天然和历史的联系。安徽的粮、棉、油产量均居全国前列,2018年安徽粮、棉、油产量分别为4007.3万吨、158万吨、8.9万吨。安徽也是全国重要的绿色食品和无公害农产品生产基地,在中药材和蔬菜、烟草、水果、茶叶等高效农业、特色农业方面也具有比较优势,农业产业化前景广阔。为贯彻落实党的十九大精神和2018年中央一号文件精神,全面实施乡村振兴战略,要坚持把解决好"三农"问题作为重中之重。

一、安徽实施乡村振兴战略的现状和有利条件

2018年是实施乡村振兴战略开局之年。安徽省牢记习近平总书记视察安徽时的嘱托,大力弘扬敢为人先的"大包干"精神,全面实施乡村振兴战略,坚持农业农村优先发展,推进农村综合改革,不断取得新成效、新突破。

(一)提高农业综合生产能力,保障农产品有效供给

安徽省以农业供给侧结构性改革为主线,坚持绿色兴农、质量兴农,着力构建现代农业产业、生产和经营体系,提高农业竞争力、创新力和全要素生产率,稳步推进农业大省向农业强省转变。2018年全省农林牧渔业增加值为2775.4亿元,比上年增长3.4%。

一是深入实施藏粮于技、藏粮于地战略,建立粮食生产功能区和重要农产品生产保护区,大规模推进高标准农田建设和农村土地整治,积极开展粮

食绿色增产模式攻关,集成推广资源节约、高产高效、绿色环保技术,提高粮食综合生产能力。2018年,全省全年粮食种植面积7316.3千公顷,其中优质专用粮面积和稻渔综合种养面积分别达1455万亩、160万亩,粮食总产4007.3万吨,总产量位居全国第4位,实现"十五连丰"。

二是调整种植业结构,不断推动农业结构优化升级,统筹粮油棉、经济作物协调发展,确保棉花、食用植物油、蔬菜等农产品稳定供给。2018年,全省全年棉花种植面积129.45万亩,比上年减少2.7万亩,产量8.9万吨,比上年增长2.9%;油料种植面积780.3万亩,比上年增加2.85万亩,产量158万吨,比上年增长2.2%;蔬菜种植面积978.3万亩,比上年增加36万亩。

三是推进以草食畜牧业和生猪为重点的畜牧业结构调整,大力发展安徽特色畜禽品种,促进饲草生产与畜牧养殖协调发展,形成以规模化生产、集约化经营为主导的产业格局。2018年,全省肉类总产量、牛奶产量和禽蛋产量分别为421.7万吨、30.8万吨和158.3万吨,比上年增长分别为1.6%、3.2%、2.3%,其中猪牛羊肉产量269.7万吨,比上年增长0.9%。

四是加强渔业资源保护,积极发展水产健康养殖业,合理确定水库和湖泊等公共水域养殖规模,规范发展山泉流水养殖业,稳定池塘养殖业,着力构建稻渔综合种养产业体系、生产体系和经营体系,发展稻渔综合种养,提高优质特色养殖业比重,促进全省渔业绿色、可持续发展。2018年,全省稻渔综合种养面积160万亩,比上年增长77.8%。

五是实施林业特色产业和木本粮油建设工程,大力发展新产业新业态,积极培育新型林业经营主体,持续推进优势特色农产品高质量发展。2018年全省林业总产值4044亿元,同比增长11.98%,新增省级120个农民林业专业合作社示范社,认定70个首批示范家庭林场和15家第四批省级现代林业示范区,新造薄壳山核桃、油茶20万亩。

(二)推进农村人居环境整治,建设生态宜居的美丽乡村

安徽以村容村貌提升、农村垃圾处理和污水治理为主攻方向,改善农村人居环境,建设好生态宜居的美丽乡村,补齐农村建设这块突出短板,切实解决农村发展不平衡不充分问题,为决胜全面建成小康社会、实现乡村全面振兴打下坚实基础。

一是开展对非正规垃圾堆放点的整治,重点整治工业污染"上山下乡"、垃圾围村、垃圾围坝、垃圾山,持续推进农村生活垃圾资源化利用和源头分类工作,以市场化方式推行农村垃圾收运服务,逐步建立"定点投放、分类收集、回收利用、末端处置"运行体系。截至2018年底,安徽省完成非正规垃圾堆放点整治109个,全省90%乡镇垃圾"收储运清"实现市场化运营。

二是推进"厕所革命",按照"统一采购、施工和验收"的原则组织实施农村卫生厕所改造。农村卫生厕所改造后,探索社会化管护,鼓励企业进行定期收运、检查维修等后续工作。合理选择改厕模式,鼓励农民户用厕所进院入室,推进粪液粪渣还田资源化利用。截至2018年底,全省共149.3万户完成改厕,占3年总任务数的71.1%。

三是优化污水集中处理设施布局,科学确定污水治理技术和方式。乡镇政府驻地采用相对集中或集中处理模式,鼓励采用生态处理工艺,积极推广处理效果好、易维护、低能耗、低成本的污水处理技术。截至2018年底,全省1133个乡镇规划建设1050个污水处理厂,已建成的675个、在建的263个,占总任务数的89.3%。

四是加快推进入户道路、通村组道路建设,结合村庄地形地貌、规模形态,合理确定村庄内部道路宽度和等级,充分利用当地资源选择路面材料,基本解决村民出行不便、村内道路泥泞等问题。安徽省交通运输厅公布,自2016年起,到2018年10月底,全省共完工农村道路畅通工程建设任务7.2万公里,其中,完成9992公里乡级道路畅通工程,25019公里老村级道路加宽改造工程,19165公里撤并建制村路面硬化工程,10396公里较大自然村道路硬化工程,5891公里非建档立卡村通村硬化路工程。

(三)繁荣兴盛农村文化,着力厚植文明乡风

安徽省以社会主义核心价值观为引领,大力弘扬具有安徽特色的民俗文化、山水文化和传统农耕文化,培育文明乡风、良好家风和淳朴民风,改善农民精神风貌,激发乡村文化创新创造活力。

一是精心设计,采取符合乡村特点的载体和方式,充分运用公益广告、文艺作品、各类媒体开展农民喜闻乐见、多样化的群众性文化活动,广泛开展理想信念教育和"践行核心价值·打造好人安徽"主题实践活动,把社会主义核

心价值观转化为村民的行为习惯和情感认同,融入乡村发展各方面。

二是广泛运用和动员社会力量,学习和传播新思想、新理念、新知识、新政策、新风尚,在解决农村实际问题中强化政策和理论引导的作用,着力解决影响公共社会秩序、涉及群众切身利益的突出问题,培育农民积极向上、理性平和、自尊自信的社会心态。

三是在农村地区深入开展"传家训、立家规、扬家风"、寻找"最美家庭"和评选星级文明户、五好家庭、文明家庭等活动,强化尊敬长辈、孝敬父母的优良传统,营造劳动最光荣、幸福靠奋斗的乡村社会风气,培育共建共享、相亲相爱、爱国爱家的家庭文明新风尚。

四是深化农村科普工作,加强无神论宣传教育,传播科学健康生活方式,积极引导广大村民崇尚科学文明和党员干部带头践行移风易俗,进一步弘扬向上向善的文明乡风。同时,依规依纪对党员干部违反文明节俭相关规定操办红白事问题进行严肃责任追究。

五是以"皖南古村落——宏村、西递"世界文化遗产为核心,以凤阳县小岗村、绩溪县龙川村、旌德县江村等历史文化名村为重点,实施传统村落保护利用工作,保护、挖掘和传承好文化资源,系统保护人文资源、景观风貌和乡村历史文化遗产。建设宣纸、徽墨、宣笔、歙砚、望江挑花、徽州三雕等非物质文化遗产传习基地,将弘扬传统文化、民风民俗和非遗保护相结合,保护好少数民族特色村寨、传统建筑、农业遗迹、灌溉工程遗产、文物古迹等,充分发挥其在教化群众、凝聚人心、淳化民风中的重要作用。

(四)坚持党建引领,构建治理有效新体系

党的十九大提出:"完善党委领导、政府负责、社会协同、公众参与、法治保障的社会治理体制"。安徽省强化现代治理能力建设,坚持党建引领,走共建共治共享的乡村善治之路,把夯实基层基础作为固本之策,确保农村社会和谐有序、充满活力。

一是坚持党建引领,坚持和加强党对农村工作的领导,扎实推进农村基层党组织建设,实施农村带头人队伍整体优化提升行动,选优配强村"两委"班子,吸引农村致富带头人、高校毕业生、机关企事业单位优秀党员干部、外出务工经商人员、复员退伍军人等到村任职。同时,提高农村党员素质,注重从青年农民中发展党员,引导农村党员发挥先锋模范作用,为乡村振兴提供坚强有力的政治组织保障。2018年5月至9月,安徽省村、社区"两委"首次同步实行换届,打破界限、不拘一格,通过请贤回村、机关下派、跨村任职等方式配齐配强"两委"班子,全省共回请回引6378名优秀人才,下派机关事业单位干部2320名。在"两委"换届中,严格资格条件,突出政治标准。

二是坚持以自治为基础,依法开展民主选举,有序产生村(居)委会、村(居)务监督委员会、村(居)民小组等群众性组织。创新民主决策程序,完善民主协商、管理制度,形成民事民议、民事民办和民事民管的多层次决策、协商和管理格局。全面建立村务监督委员会,推进村务公开信息化建设,规范村务公开程序,丰富村务公开内容,实现村级事务公开、透明。在自然村或村民小组建立村民理事会和村民监事会等多种形式的自治组织载体,代表村民在本自然村或村民小组范围内开展民主协商议事、监督管理等关系村民切身利益的公共事务,真正实现农村有章理事、有人管事、有钱办事,保障村民能够在公共事务治理的问题上充分表达自己意愿。

三是坚持以法治为本,强化法律在化解农村社会矛盾、规范市场运行、生态环境治理、农业支持保护、维护农民权益等方面的权威地位。坚持学用结合、普治并举,加强承包地流转、劳动和社会保障、社会救助、土地征收、生态保护等方面法律法规的宣传教育活动,为农民提供法律咨询和政策服务,增强群众尊法学法守法用法意识和切实依法保障自身合法权益的能力,预防和减少现代化进程中的乡村社会矛盾。推进"12348"公共法律服务热线平台建设,为农民群众提供方便快捷的法律咨询和法律服务,维护他们的切身利益。以"雪亮工程"为重点,加快物防技防向农村延伸,推进农村立体化、信息化社会治安防控体系建设。开展"守护平安——2018铁拳行动",深入推进扫黑除恶专项斗争,严厉打击农村宗族恶势力、黑恶势力和黄赌毒盗拐骗行为等,进一步提升农村群众安全感。

四是以乡情为纽带,结合时代要求,深挖乡村熟人社会蕴含的道德规范,广泛开展好公婆、好儿女、好媳妇等评选表彰活动,弘扬公序良俗,引导农民自我教育、自我服务、自我管理、自我提高,教化农民讲道德、守道德,自觉养成孝老爱亲、重义守信、勤俭持家、向上向善的优良品质,以达到家庭和睦、邻里和谐、干群融洽,促进自治、法治、德治的有机融合,最终实现善治。

（五）农民收入稳定增长，脱贫目标如期实现

随着乡村振兴战略的实施，安徽省进一步加大了一系列富农、惠农政策以及扶贫攻坚措施落实力度，不断缩小城乡收入差距，农民收入稳步增长，消费水平和质量不断提高，生活条件显著改善，为实现乡村振兴战略"生活富裕"目标奠定了坚实的基础。据有关数据统计，2018年，安徽省农民人均可支配收入13996元，高出全国0.9个百分点，同比增长9.7%，绝对差距比上年减少53元，相对差距比上年缩小0.8个百分点。

一是深化跨省劳务协作和皖江皖北等地区劳务对接，引导本省农村富余劳动力由皖北地区向省外和皖江等劳动力缺少地区转移就业。合理引导产业梯度转移，扶持劳动密集型中小企业发展，大力发展县域经济，为农村劳动力创造更多适合的就业岗位和机会，推进农村劳动力就近就地转移就业。建立健全城乡劳动者平等就业制度，破除农村劳动力就业的制度障碍，深化户籍制度等改革，保障城乡劳动者平等就业权利，落实农村土地所有权、承包权、经营权"三权分置"制度，为农村劳动力转移就业提供同等的政策咨询、职业介绍、职业指导等就业服务，推动农村居民非农就业规模稳步增长，促进农村居民工资性收入增长。据有关数据统计，2018年，安徽省农村居民人均工资性收入5058元，占可支配收入的比重为36.1%，同比增长9.4%。

二是充分发掘森林氧吧、油菜花海、稻田湿地等绿色生态价值，发展乡村旅游和休闲农业，鼓励利用闲置农房发展养老、民宿等项目，让乡村旅游和休闲农业成为农民经营性收入新的增长点。据有关数据统计，2018年，安徽省乡村旅游和休闲农业经营主体达1.7万余家，从业人员139万余人，实现综合营业收入787亿元，带动近120万农民就业。农村居民人均经营性收入5412元，占可支配收入的比重为38.7%，同比增长7.7%。

三是农村外出劳动力规模扩大和劳动力工资水平提高，外出务工收入成为农民转移性收入重要来源。农村居民最低生活保障标准普遍提高，城乡养老金提标，农业支持保护补贴等富农、惠农政策力度加大，政策性补贴成为农民转移性收入最具保障的增长元素。据有关数据统计，2018年，安徽省发放的各类惠农补贴资金比上年增加26.5亿元，达到312.2亿元，同比增长9.3%，仅此项实现全省农民户均收入2118.1元、转移性人均收入950.9元，

较上年分别增长8.7%和12.3%。全省共发放117.3亿元社会保障类补贴资金,占比37.6%。其中,发放63.6亿元农村困难群众生活救助资金,比上年增加20.9亿元,增长48.9%,16.6亿元农村五保补助资金,比上年增加3.2亿元,增长23.9%;25亿元农村抚恤(优抚)资金,比上年增加3.7亿元,增长17.3%;10亿元农村残疾人生活救助资金,比上年增加1.7亿元,增长20.5%。农民转移性收入3271元,占可支配收入的比重为23.4%,同比增长13.2%。

四是积极推进农村集体产权制度改革,2018年,安徽省5856个村完成集体资产股份合作制改革,人均分红100元,3752个村完成"三变"改革,户均增加财产性收入1000元。土地流转租金净收入和农村改革释放的红利成为农民财产净收入的重要来源。2018年,安徽省农民财产性净收入256元,占可支配收入的比重为1.8%,同比增长16.9%。

五是实施"四带一自"产业扶贫、"三业一岗"就业扶贫等模式,2018年,到户、到村产业扶贫项目覆盖率分别达98.71%和100%,开发公益岗位12.43万个,建设扶贫车间1303个、就业扶贫驿站607个,吸纳10.22万贫困人口就业,完成贫困人口易地扶贫搬迁1.99万人,如期实现72.6万贫困人口脱贫、725个贫困村出列和18个贫困县摘帽的年度目标,贫困发生率由上年的2.22%降至0.93%。

二、安徽实施乡村振兴战略面临的现实问题

随着乡村振兴战略的实施,一系列富农、惠农政策落实,安徽省农民收入稳定增长,生活水平也不断提高,但农业从业人员文化程度较低、老龄化问题严重,乡村产业发展落后,城乡发展不平衡不充分问题依然存在,而这些现实问题直接影响安徽乡村振兴战略的实施。

(一)乡村产业发展落后,影响产业兴旺目标的实现

产业是经济社会发展的基础,也是乡村振兴战略的核心。但安徽省农业发展水平不高,效益较低,非农产业发展水平较低,直接影响产业兴旺目标的实现。

一是农产品生产结构单一,如农作物种植仍以粮食种植为主。据安徽统

计局年度数据,2011—2017 年,农作物总播种面积逐年减少,由 2011 年 9022990 公顷减少到 2017 年 8853638 公顷,减少 169352 公顷;而粮食作物播种面积由 2011 年 6621540 公顷增加到 2016 年 6644500 公顷,增加 22960 公顷,2017 年粮食作物播种面积比 2016 年减少 2000 公顷,粮食作物播种面积占农作物总播种面积的比重逐年增长,由 2011 年 73.39% 增长到 2017 年 75.03%,处于主导地位。其中,粮食作物中谷物播种面积由 2011 年 5484960 公顷增加到 2016 年 5603900 公顷,增加 118940 公顷,2017 年谷物播种面积比 2016 年减少 25260 公顷,谷物播种面积占农作物总播种面积的比重逐年增长,由 2011 年 60.79% 增长到 2017 年 63.01%,超过农作物总播种面积的 60%,处于主导地位,如表1。

表 1 农作物总播种面积、粮食作物和谷物播种面积等统计表

	农作物总播种面积(公顷)	粮食作物播种面积(公顷)	粮食作物占总播种面积的比例	谷物播种面积(公顷)	谷物占总播种面积的比例
2011 年	9022990	6621540	73.39%	5484960	60.79%
2012 年	8969598	6622000	73.83%	5498250	61.30%
2013 年	8945642	6625300	74.06%	5534400	61.87%
2014 年	8955766	6628930	74.02%	5543330	61.90%
2015 年	8950464	6632900	74.11%	5598980	62.56%
2016 年	8893614	6644500	74.71%	5603900	63.01%
2017 年	8853638	6642500	75.03%	5578640	63.01%

二是农产品加工企业规模小,多以粗加工、初加工为主,产业链条短,没有充分开发农副产物价值,加工转化率还比较低,农副产物利用率更低,将农副产物完全作为废弃物直接处理掉。大多数农产品加工企业存在产品档次低、科技含量低、产品增值率低以及低水平重复建设或盲目建设问题,部分龙头企业陷入经营困局,或压缩产能,或偏离主业经营,或基本停产,甚至破产清算。据农业部门统计,近年来,因经营管理不善等多重原因,安徽省有 10 家以上国家级龙头企业被"摘牌",涉及烘烤制品、种植养殖、粮食加工等领域。

三是多数农业龙头企业缺乏研发机构,在超亿元销售收入的农业龙头企业中,不足 30% 的龙头企业建立了产品研发机构,产品创新能力弱。科技研

发经费投入不足,部分农业龙头企业科技创新能力相对较弱,设备更新、生产工艺、产品开发滞后,企业升级扩张速度缓慢,精深加工程度较低,农产品加工附加值不高。

四是与发达地区相比,农业高质量发展仍有一定差距。截至 2018 年底,安徽共有 3266 家、5872 个产品获得"三品一标"农产品认证,无公害农产品 2557 个,而上海市 2018 年国民经济和社会发展统计公报显示,上海市有 1701 家企业、6396 个产品获得"三品一标"农产品认证,无公害农产品 5824 个。

(二)乡村统筹规划滞后,村庄整治有待加强

实施乡村振兴战略的第二个要求则是"生态宜居",过去乡村建设统筹规划和生态环境保护理念滞后,导致完成"生态宜居"任务成为一项系统性、长期性工程。

一是村庄在早期的形成和发展过程中,根本没有建设规划,加上后期翻建时,规划严重滞后,村民建房选址随意性大,看中哪里就在哪里建,房屋坐落散乱,设计陈旧,新房旧房交互错落,朝向、高矮不一,布局混乱。

二是伴随着城镇化、工业化的推进,大量的农民涌向城市,部分农民在城镇购买了商品房,实现了从"农民"到"市民"的转换,村里的老房子空了下来,旧的住宅得不到妥善处理,任其被雨水冲刷,最终住宅荒废、畜禽圈舍废弃和厕所等坍塌损毁,东倒西歪、残垣断壁,无人问津,这些老村庄走向"空心化"。

三是农村土地占用成本较低,为避免自己利益受损,人人都想尽可能多占有土地,越多越好,相互攀比,新建也不拆旧,农村一些地区不同程度地存在一户两宅或三宅的现象。如从表 2 中可看出,2015 年年末农村常住居民人均住房建筑面积 46.76 平方米,到 2018 年年末农村常住居民人均住房建筑面积52.9平方米。同时,乡村人口由 2015 年 3041.1 万人,减少到 2018 年 2865.2 万人,而农村常住居民住房建筑总面积由 2015 年 142201.836 万平方米,增加到 2018 年 151569.08 万平方米,四年间乡村人口减少 175.9 万人,而农村常住居民住房建筑总面积增加了 9367.244 万平方米。

表2 2015－2018年年末乡村人口、农村常住居民人均住房建筑面积及总面积统计表

	乡村人口 （万人）	农村常住居民 人均住房建筑面积 （平方米）	农村常住居民 住房建筑总面积 （万平方米）
2015年	3041.1	46.76	142201.836
2016年	2974.5	49.4	146940.3
2017年	2909.1	50.7	147491.37
2018年	2865.2	52.9	151569.08

数据来源：安徽省2015－2018年国民经济和社会发展统计公报。

四是虽然许多地方制定了村庄规划，但规划脱离实际。虽然房子建得很漂亮，但是统一建设的房型不实用，公共服务和基础设施跟不上，农民生产生活十分不便，再加上离家太远，农民大多不愿入住。

（三）生态环境被破坏，修复治理任务重

过去十几年来，工业化、城镇化快速发展，很多地方没有妥善处理好经济发展与环境保护之间的关系，生态环境保护理念滞后，经常出现不惜牺牲环境来发展经济的行为，导致要为此花大量成本治理或修复生态环境。

一是在乡村发展过程中，过度使用农药化肥、塑料薄膜，农村生活垃圾乱丢乱弃等，导致农村土壤、河流污染，农村生态保护成为"生态宜居"重要内容。从表3可看出，2015年城镇生活污水排放量20.89亿吨，2013年农药使用量11.78万吨，2014年化肥使用量341.39万吨，2015年农用塑料薄膜使用量9.79万吨。

表3 城镇生活污水排放量等统计表

	城镇生活污水排放量（亿吨）	生活污水中化学需氧量排放量(万吨)	生活污水中氨氮排放量(万吨)	农药使用量(万吨)	化肥使用量(万吨)	农用塑料薄膜使用量(万吨)
2000年				7.56		5.81
2005年	9.31			9.48		7.83
2010年	11.37	29.63	3.22	11.66	319.77	8.07
2011年	17.24	45.05	6.06	11.75	329.67	8.61
2012年	18.70	44.02	5.90	11.67	333.53	9.12

续表

	城镇生活污水排放量（亿吨）	生活污水中化学需氧量排放量(万吨)	生活污水中氨氮排放量(万吨)	农药使用量(万吨)	化肥使用量(万吨)	农用塑料薄膜使用量(万吨)
2013年	19.51	43.64	5.81	11.78	338.69	9.49
2014年	20.25	43.22	5.68	11.40	341.39	9.62
2015年	20.89	42.72	5.44	11.10	338.69	9.79
2016年	19.08	44.40	5.24	10.57	327.01	9.70
2017年	19.06	45.96	5.44	9.94	318.72	9.76

数据来源：安徽省统计年鉴。

注：因资料有限，部分数据未找到。

二是空气超标污染物主要为臭氧（O_3）和PM 2.5。据《2018年安徽省环境状况公报》，2018年，PM 2.5年均浓度分别为49微克/立方米，臭氧（O_3）浓度为166微克/立方米，分别超过二级标准0.40倍、0.04倍。

（四）农村劳动力素质整体偏低，制约了农业现代化

安徽省是一个农业大省，也是一个人口大省。随着城镇化、工业化的推进，农村劳动力纷纷外出经商务工，农村现存劳动力多为留守妇女、老人等，整体素质偏低。

一是从表4可看出，安徽户籍总人口逐年增加，乡村从业人员数、乡村农业从业人员数逐年减少。户籍总人口由2015年6949万人增加到2017年7059万人，而乡村从业人员数由2015年3050.02万人减少到2017年2999.43万人，减少了50.59万人；乡村农业从业人员数由2015年1390.25万人减少到2017年1358.88万人，减少了31.37万人。

表4　2015—2017年户籍总人口、乡村人口数、乡村劳动力资源等统计表　单位：万人

	户籍总人口	乡村人口数	乡村劳动力资源数	乡村从业人员数	乡村农业从业人员数
2015年	6949	5032	3375.57	3050.02	1390.25
2016年	7027	4952	3364.41	3033.27	1377.14
2017年	7059	4866	3364.51	2999.43	1358.88

数据来源：安徽省统计年鉴。

二是从表5可看出,安徽省乡村常住人口逐年减少,全省60岁以上人口比重及按比重测算60岁以上乡村常住人口数逐年增加,表明农村人口老龄化问题明显。

表5　2015—2018年安徽省乡村常住人口、60岁以上人口比重等统计表

	乡村常住人口(万人)	全省60岁以上比重	按比重测算60岁以上乡村常住人口(万人)
2015年	3014.1	29.02%	874.69
2016年	2974.5	29.8%	886.40
2017年	2909.1	30.54%	888.44
2018年	2865.2	31.31%	897.09

数据来源:安徽省2015—2018年国民经济和社会发展统计公报。

三是从表6中可看出,安徽省外出人口年龄主要集中在20到45岁,留在乡村从业的青壮年劳动力很少。除了少数承包大户、致富领头人,其他农民不愿意加大资金等生产要素投入,对外来技术、新生事物的消化接受能力较差,现代农业发展思路普遍缺乏,也不愿从事农技学习。

表6　安徽省外出半年以上人口按年龄划分表　　　　　　　单位:%

	20~24岁	25~29岁	30~34岁	35~39岁	40~44岁	45~49岁	50~54岁	55~59岁
2013年	17.85	13.18	10.51	10.01	12.40	9.6	3.83	2.37
2014年	16	14.67	10.28	9.61	11.65	9.89	4.93	2.21
2015年	14.17	16.49	11.11	10.36	11.27	10.15	5.90	1.89
2016年	15.76	15.06	10.93	10.60	11.67	9.63	4.43	1.92
2017年	11.13	17.02	10.54	9.35	10.39	9.95	7.14	2.23

数据来源:安徽省统计年鉴。

四是农村青壮年劳动力流失,农业生产技术人才也随之流失,制约了农业从业人员自身经营管理能力及农业现代化水平的提升。如《安徽省第三次全国农业普查主要数据公报(第五号)》显示,2016年,全省1557万人从事农业生产经营,其中年龄35岁及以下的有265.1万人,占17%;36至54岁之间的有757.2万人,占48.6%;55岁及以上的有534.7万人,占34.3%。受教育程度构成中,未上过学、小学文化程度、初中文化程度、高中或中专文化

程度、大专及以上文化程度的分别为：11.8%、36.8%、45.8%、4.6%、1.0%。

(五)生产要素低效配置，农民增收难度大

资金、土地等要素低效配置，乡村经济发展"软实力"滞后。在农技水平没有重大突破的情况下，由于强降水、台风等气象灾害频繁，非洲猪瘟、禽流感等疫情扩散快、早期发现难，农业遭灾受创较大，再加上各类生产管理成本逐年增加，挤压农业经营效益，导致农民增收空间有限。

一是安徽省与长三角其他省市相比，经济发展较落后，带动农民增收能力有限，农民人均可支配收入相对于长三角其他省市较低。从表7可看出，经济发展越好的地区，农村居民人均可支配收入越高，如2011年至2017年，长三角三省一市中，上海市农村居民人均可支配收入最高，安徽省最低。

表7 2011—2017年长三角三省一市农村居民人均可支配收入统计表　　单位：元

年度	安徽省	上海市	浙江省	江苏省
2011年	8469.10	15644	13071	10805
2012年	9630.25	17401	14552	12202
2013年	10349.23	19208	17494	13598
2014年	12467.63	21192	19373	14958
2015年	13752.45	23205	21125	16257
2016年	15514.88	25520	22866	17606
2017年	16983.01	27825	24956	19158

数据来源：安徽省、上海市、浙江省、江苏省统计年鉴。

二是由于农产品生产成本高，层次较低，深加工率不高，经济效益低，农民经营净收入增长空间不大。从表8可看出，上海市农民工资性收入、转移净收入占比分别为72.92%、19.05%，经营净收入占比只有4.93%；而安徽省农民经营净收入、工资性收入和转移净收入占比分别为52.26%、27.23%和19.02%。

表8 上海市与安徽省农民人均可支配收入对比分析表

	上海市		安徽省	
	绝对值(元)	比重(%)	绝对值(元)	比重(%)
农民人均可支配收入	27825	100	16983.01	100

续表

	上海市		安徽省	
	绝对值(元)	比重(%)	绝对值(元)	比重(%)
工资性收入	20289	72.92	4624.02	27.23
经营净收入	1373	4.93	8875.53	52.26
财产净收入	862	3.10	252.77	1.49
转移净收入	5301	19.05	3230.69	19.02

数据来源:安徽省、上海市2018年统计年鉴。

三是农民进城经商务工人数逐年增加,但人均耕地仍然很少,无法从规模上解决产业化问题,也无法通过适度规模经营来控制生产成本、提高农产品品质,更谈不上品牌化销售。从表9可看出,2011年至2017年,安徽乡村农业从业人员人均耕地面积由5.6亩增长至6.5亩,在这么少的耕地上想取得较高的收入是很难的。

表9 2011—2017年安徽省耕地面积、乡村农业从业人员及人均耕地面积统计表

年度	耕地面积(亩)	乡村农业从业人员(人)	乡村农业从业人员人均耕地面积(亩)
2011年	83912625	14930093	5.6
2012年	84089775	14658737	5.7
2013年	84084300	14137921	5.9
2014年	88146225	13952766	6.3
2015年	88149570	13902518	6.3
2016年	88095000	13771355	6.4
2017年	88050450	13588791	6.5

数据来源:根据安徽省年度数据整理得出。

四是粮食收购价格连续下滑,生产成本逐年上升,农业经营收入在农民收入增长的贡献率,也随之降低。如2018年每50公斤粳稻、中晚稻、早稻、小麦最低收购价分别为130元、126元、120元和115元,比2017年分别下调20元、10元、10元、3元。而由相关统计数据可知,2018年安徽农业生产资料价格同比上涨1.5%,化学肥料、农药及农药器械、农机用油、农用手工工具、半机械化农具、机械化农具、农业生产服务、饲料分别上涨8.3%、1.3%、13.1%、2.8%、1.2%、0.3%、0.4%和0.8%。以粳稻为例,每亩种子费用

52.5元,除草剂和农药费用150元,复合肥和尿素费用150元,旋耕和机收费用200元,农业用水费用30元,土地流转费500元,人工费用100元(不含管理成本),每亩种植成本1182.5元,以平均亩产1300斤和收购价格130元/百斤计算,每亩产值1690元,扣除各项成本,每亩毛收入507.5元。

三、安徽乡村振兴战略的实施路径选择

习近平总书记明确指出,坚持把实施乡村振兴战略作为新时代"三农"工作总抓手。安徽作为农业大省,必须立足省情农情,以农业农村现代化为总目标,全面深化农村改革,大力发展乡村产业,提升农村公共服务和基础设施水平,完善"党建+三治"的乡村善治体系,有效推进安徽农业提质增效、农村全面进步、农民增收致富。

(一)坚持顶层设计,走有安徽特色的乡村振兴之路

实施乡村振兴战略需要从安徽省实情出发,尊重安徽省各地特色,把握安徽省现阶段乡村发展的特征。

一是乡村振兴战略是国家战略,党中央统揽全局,出台了《中共中央 国务院关于实施乡村振兴战略的意见》,同时,自上而下、统筹谋划,制定了《乡村振兴战略规划(2018—2022年)》。安徽必须按照"20字"乡村振兴战略方针的总要求,一张蓝图干到底,确保党中央、国务院重大决策部署在安徽省得到有效落实,乡村振兴战略的实施不变样、不走调。同时,要尽力而为,量力而行,不能超越现实盲目求多求全、大干快上,不能脱离实际搞"形象工程"和形式主义,更不能盲目追求短期成效,搞"政绩工程"。

二是在坚持顶层设计的前提下,乡村振兴要依据当地的乡村发展状况采取有针对性的政策手段[①]。安徽各地乡村资源禀赋有差异、经济发展水平不平衡、条件不一样以及功能定位各不同等,决定了全省乡村振兴齐步走、同步骤、共水平的推进方式难以实现,要承认安徽各地乡村的发展水平有高低、条件有优劣的客观事实。在实施乡村振兴战略过程中,安徽要科学研判本省未

---

① 胡月、田志宏:《如何实现乡村的振兴?——基于美国乡村发展政策演变的经验借鉴》,载《中国农村经济》,2019年第3期,第143页。

来发展趋势和所面临的机遇挑战,特别要结合各地实际,考虑乡村之间的差异和发展不平衡等现实状况,根据当地的特色选择适宜模式、分类推进,不能搞一刀切、一个模子套到底。如淮河以北地区土地平坦肥沃,是一望无际的大平原,在农业产业发展方面,可以考虑支持规模化、机械化生产经营;长江淮河之间地区河湖纵横,丘陵起伏,在农业产业发展方面,可以考虑支持水产养殖及适合丘陵地区发展的产业;长江以南地区山峦起伏,主要有黄山、九华山、大别山、天柱山、敬亭山等,可发展林业、中药材以及旅游经济。

三是实施乡村振兴战略,必须遵循乡村发展规律,按规律办事。在城镇化和工业化快速发展的过程中,乡村经济社会不可避免地发生重大变迁。要坚持一切从乡村经济社会客观实际出发,顺应发展潮流,找出事物之间的内在联系,判断乡村经济社会发展的基本趋势,选择恰当的乡村振兴战略实施途径。安徽要把握省内乡村发展的阶段性特征,处理好长期目标和短期目标的关系,合理设定阶段性工作重点和目标任务,循序渐进、扎实推进。

四是针对不同区域,结合区位特征,把可能出现的各种问题考虑在先,突出重点,对不同类型的乡村采取不同的政策,避免走弯路。如一些离城镇较远的乡村,经济基础较差、人口相对稀少,但生态环境更佳,可供开发的农村土地等资源相对丰富;而离城镇较近的乡村,特别是城郊乡村,乡村空间形态比较破碎,户籍人口多在城镇居住和就业,一些乡村外来人口甚至超过本村人口,此类乡村人口流动性较大,结构复杂,闲置的农房出租给来附近城镇务工人员,容易带来违章搭建和公共安全等问题。

(二)培育产业兴旺新动能,实现乡村产业高质量发展

习近平总书记指出,"产业兴旺,是解决农村一切问题的前提"。产业兴旺是乡村振兴的基础,也是实施乡村振兴战略的难点和重点。要以本地农业农村资源为依托,聚焦重点产业和资源要素,找准突破口,打造供应链、提升价值链、延长产业链,促进乡村产业高质量发展,为实现乡村振兴奠定坚实的物质基础。

一是遵循乡村产业发展一般规律,根据本区域资源优势及乡村产业基础,从乡村产业高质量发展方向、路径和目标等方面着手,鼓励群众、学者、企业参与,因地制宜地制定乡村产业发展规划。同时,根据本区域经济社会发

展实际、市场情况,适时调整发展规划,让乡村产业发展定位更加准确。

二是强化县域统筹,优化乡村产业空间布局。县域经济是实施乡村振兴战略的主战场、主阵地,是乡村社会稳定与发展的关键所在,其发展方式、速度和效果等对乡村振兴的推进具有重要作用。强化县域统筹,依托生态环境和自然资源条件,科学合理布局乡村产业体系,支持农产品加工企业、销售流通企业向乡镇、中心村集中,建立乡村产业与县域、镇域产业优势互补、科学分工、结构优化、合作发展的新格局[①],破解农产品增产不增收和同质竞争的困境,将资源优势转化为市场竞争优势,实现县乡(镇)联动、以乡(镇)带村的城乡产业协同发展。

三是加强高标准农田建设,划定粮食生产功能区,落实永久基本农田特殊保护制度,提升粮食生产能力。当国际粮食市场对进口有利时,采取适度进口等途径减少粮食种植面积,农田可改种不影响粮食生产能力的其他经济作物,提高经济效益,也可以休耕的方式来缓解因粮食生产而过度利用农业资源的压力;当国际粮食市场对进口不利时,则增加粮食种植面积,提高粮食产量。同时,粮食生产需要一个周期,要做好粮食储备工作,特别是要保证青黄不接时的粮食供给能力,提高粮食安全保障水平,满足当前和今后人们食物消费结构升级和生活水平提高的需要。

四是实施种养业绿色低碳循环生产模式,推进种养业转型升级。根据市场需求与行情,统筹粮食与蔬菜等经济作物、饲草作物、园艺作物协调发展,适度扩大薯类、杂粮、牧草、绿肥生产,确保粮食、食用植物油、棉花等农产品供给稳定。加强生猪等畜禽产能建设,大力发展地方特色畜禽品种,提升动物疫病防控能力,优化生猪和草食畜牧业布局,增加肉蛋奶等供给;积极发展水产绿色健康养殖业,提高优质特色养殖业比重,推进稻渔综合种养模式,促进渔业持续健康发展;实施林业特色产业工程和木本粮油建设工程,大力发展茶叶、水果、中药材等优势特色农产品生产以及以集约化经营、规模化生产为主导的林下经济。

五是着力构建农业与二、三产业交叉融合的现代乡村产业体系,促进农

[①] 农业部课题组:《中国特色乡村产业发展的重点任务及实现路径》,载《求索》,2018年第2期,第51页。

民增收、农业增效和农村繁荣。大力发展农产品精深加工企业,支持农业产业化龙头企业向优势区和重点产区集聚,引导农业产业化龙头企业以市场需求为导向,以技术创新、制度创新和商业模式创新为动力,以完善利益联结机制为核心,与家庭农场和农民合作社及小农户开展生产经营合作,跨界配置农业和现代产业要素,构建紧密联结机制,形成"农业+"多主体参与发展态势。大力发展休闲农业、数字农业、智慧农业和农村电商,推进农业与文化、教育、旅游、康养等产业深度融合,形成多业态发展、多要素聚集、多模式推进的融合格局。

(三)建立完善的城乡规划体系,合理确定村庄规模和布局

统筹城乡规划、生态环境保护规划、土地利用总体规划等各类空间性规划,突出地域特色,建立多规合一、功能完善、特色风貌凸显的城乡规划体系,一张蓝图干到底。充分发挥自身优势,打造升级版、现代版乡村,避免千村一面,提升农民生活品质。

一是依据村庄区位条件、产业发展、资源优势、历史文化等因素,合理确定村庄规模和布局。遵循乡村自身发展规律,以人的需求为核心,科学确定村庄发展方向,优化整合村庄资源,在原有规模基础上有序推进村庄改造提升,加强供水、供电、道路、通讯、污水垃圾处理等基础设施建设以及文化、娱乐、体育等公共服务设施建设,充分结合传统和现代元素,融入绿色、文化、创意等元素,保留复原自然水系、古建筑等,保护保留乡村风貌,激活产业、提振人气、优化环境、增添活力,形成布局协调、功能齐全,集休闲、娱乐、社交等于一体的多元化乡村空间格局,建设宜居宜业的美丽村庄。

二是优化中心村布点,提升乡镇承载能力,强化中心村、乡镇综合服务功能,引导易地扶贫搬迁人口、农业转移人口适度向中心村、乡镇集中。以农业为主的村庄,依托农业资源禀赋,重点提高农业生产效益和效率,积极发展农业多种经营;以工贸为主的村庄,主动承接城市产业外溢,增强自身承载能力,提升产业发展层级,就地吸纳农业转移人口;以休闲服务业为主的村庄,完善服务配套设施,挖掘特色资源优势,推动产品供给品质化、特色化,吸引城镇居民到乡村休闲消费。同时,合理确定村庄空间管控边界,加强乡村建设规划许可管理,特别是要做到农民建房按规划和宅基地有关规定管理,实

现有序的空间治理。

三是对于人口流失特别严重且不具有保留价值的村庄和因生存条件恶劣、自然灾害频发、生态环境脆弱以及重大项目建设需要搬迁的村庄,可以采取撤并搬迁,按照"一户一宅、面积法定"的原则在就近居民点提供宅基地安置,已经在城镇落户或进城务工经商暂不需要居住在农村的农民可以保留宅基地资格权,减少农村房屋空置的浪费,也为以后农民回乡居住提供保障。采煤塌陷区、行蓄洪区、库区、山区等不适宜居住的村庄,支持和鼓励农民外迁,逐步减少农民居住率。坚持村庄撤并搬迁与新型城镇化相结合,在乡村产业较发达的产业园区、基础设施较好的小城镇和中心村、环境优美的旅游景区、生态宜居的乡村旅游区等适宜居住的区域进行安置,为新增乡村人口预留足够的空间。同时,对撤并搬迁后的村庄原址,因地制宜地进行土地整治,可还耕、还林、还草、还湿,增加乡村生活生产生态空间。

四是对于城郊及城关镇所在的村庄,综合考虑城镇化、工业化发展趋势以及村庄自身发展需要,强化其承接城市功能外溢、服务城市发展、满足城市消费需求能力,加快公共服务共建共享、基础设施互联互通、产业城乡融合发展。

五是对于民族村寨、传统村落、历史文化古村等特色资源丰富的村庄,注重传统建筑和历史文化资源保护,特别是对传统民居、历史建筑、文物古迹等传统建筑的保护。注重传承民风民俗和生产生活方式,保护村庄的自然和田园景观以及风貌、格局等整体环境和形态,努力保持村庄的延续性、真实性和完整性。尊重原住居民传统习惯和生活形态,加快改善村庄公共环境和基础设施,合理利用村庄特色资源,充分彰显红色记忆、淮河文化、运河文化、佛教文化、徽文化、山区风光等内涵特质,发展乡村旅游和特色产业,形成村庄发展和特色资源保护的良性互促机制,促进乡村实现"内外兼修"。

(四)加大乡村生态环境保护、治理与修复力度,实现乡村绿色发展

时任安徽省委书记的李锦斌指出,要紧扣"高质量""一体化"两个关键,在生态产业体系培育、生态文明制度建设、生态系统保护修复、生态环境综合治理上争当样板,着力打造具有重要影响力的绿色发展样板区,实现产业模式生态化、投入品减量化、废弃物资源化、生产清洁化。

一是以资源永续利用和生态环境友好为导向,积极发展生态经济。利用生态理念和生态技术,科学选择农作物品种、耕作方式、种植制度,改造传统产业和构建新兴产业,大力推广林下经济、立体种养等生态循环农业,积极开发观光农业、健康养生、游憩休闲、农事体验、生态教育等服务,提供绿色生态服务和产品。加快发展野生动物驯养观赏、河湖湿地观光、森林草地旅游等产业,创建一批特色生态旅游精品线路和示范村镇,推动生态与文化、旅游、教育、康养等跨界融合,将乡村生态优势转化为经济优势,提高农业可持续发展能力。

二是严防未经处理的工业污染物、城镇污染物和污水进入农业农村。聚焦控尘、控烧、控气、控车、控煤"五控"措施,大力实施大气污染防治工作,打赢蓝天保卫战。大力推广新能源汽车,着力攻坚柴油货车污染治理,积极推进煤炭减量替代和散煤治理,全面推进实施工业污染源达标排放计划,加强错峰生产和应急预警,以人工增雨改善空气质量的方式来应对重污染天气;开展"禁新建、减存量、关污源、进园区、建新绿、纳统管、强机制"七大行动,全力推进农业农村、城镇、船舶港口、工业、饮用水水源地污染治理"五治"工作,着力构筑沿江1公里、5公里和15公里"三道防线",打好碧水攻坚战;建立固体废物污染防控长效机制,开展固体废物污染排查整治专项行动,重点加强重金属污染防控,特别是涉镉等重金属重点行业企业排查整治,切实做到固体废物实行全过程管理。

三是规范管理农业投入品,开展有机肥替代化肥试点,运用农药减量增效技术,推广测土配方施肥、机械施肥和化肥深施、水肥一体化技术,实现农药化肥零增长;开展养殖污染防治,推广健康养殖模式,压减污染养殖产能,规范使用饲料添加剂和高效低毒兽药,严防有毒有害物质、疫病疫情传入传出,推进畜禽粪污资源化利用;加强秸秆收储运销体系建设,推广农作物秸秆综合利用以及废旧地膜机械化捡拾和回收利用,稳步提高农作物秸秆综合利用率和废旧地膜资源化利用水平,全面实现农业废弃物无害化处理。

四是实施农村专项整治"三大革命",有效遏制农业生态环境恶化趋势。重点整治垃圾围村、垃圾围坝、垃圾山、工业污染"上山下乡",根据经济条件、村庄分布、转运距离等因素,科学布局农村生活垃圾收运、处理设施,加快生活垃圾无害化处理设施建设,科学合理采用农村生活垃圾收运、处理方式,促进垃圾分类和资源化利用;加强生活污水源头减量和尾水回收利用,积极推进城镇污水管网向乡村延伸,覆盖周边村庄,优化污水集中处理设施布局,鼓励采用生态处理工艺,科学确定污水治理技术和方式,积极推广处理效果好、易维护、低成本、低能耗的污水处理技术,逐步消除农村黑臭水体,深化长江、新安江、巢湖、淮河等重点流域水污染防治,推动江、河、湖生态修复与综合治理;推进农村常住农户无害化标准卫生厕所改造,鼓励农民户用厕所进院入室,合理选择改厕模式,同步实施粪污无害化治理,探索社会化管护,鼓励企业进行改厕后定期收运、检查维修等后续工作。

五是建立土壤环境质量监测体系,开展保护性耕作和污染耕地修复。实施退耕还湿、退耕还林工程,合理实施休耕、禁伐、禁采、禁养、禁渔,分类实施种植结构调整和污染耕地修复,推广土壤污染治理与修复技术应用,鼓励改种非食用农作物及苗木等。推进河沟渠塘疏浚清淤、房前屋后整洁卫生、村道宅路连通畅通工作,重点推进水旁、宅旁、路旁、村旁和农田林网绿化体系建设,努力实现沟渠、庭院、道路、村屯、农田全面增绿。坚守生态保护红线,加大乡村自然生态系统修复力度,修复乡村自然生态系统保持水土、净化水质、涵养水源、保护生物多样性等功能,全面提升生态环境质量和生态系统稳定性,建设生态系统稳定、生活环境自然优美、人与自然和谐共生的生态宜居乡村。

(五)要重视乡村"人"的发展,强化乡村振兴人才支撑

实现乡村振兴,必须推进以人为核心的新型城镇化,推动城乡人口双向流动。促进乡村人口进城和农业劳动力转移的同时,引导和鼓励各类人才"返乡下乡"投身于乡村振兴,优化乡村人口结构,提高乡村劳动力素质。

一是结合新型城镇化建设,大力发展县域、镇域经济。扶持民营经济发展,特别是劳动密集型中小企业和个体工商户的发展,为农村劳动力提供更多的就业岗位和机会,推进农村劳动力就近就地转移就业;发挥各类人力资源服务机构和公共就业服务机构作用,提供职业介绍、职业指导、政策咨询等基本就业服务,开展跨省劳务协作,畅通省内外转移就业渠道,引导农村富余劳动力向省内外转移就业,让更多的农业人口转移到非农产业,为投身于乡村振兴的各类人才提供更多的农业资源和创造更多的创业空间。

二是坚持自主培养和引进相结合,健全乡村人才吸引保障激励机制。实行更加开放、积极、有效的人才政策,畅通管理、技术、智力下乡通道,推动村企挂钩、城乡结对,通过智力引进和借入、人才派遣、人才创业、业余兼职等多种途径,引导城市各类人才向乡村流动,特别是鼓励高层次人才由城市向乡村有序柔性引进,强化乡村振兴人才支撑。

三是乡村振兴关键在于能留住人,尤其是留住人才和年轻人。加快出台财政支持、金融服务、降低门槛等创新性创业政策和措施,落实相关税费优惠政策,营造良好的创业政策环境,重点支持乡村发展休闲农业、乡村旅游、农产品加工等乡村特色产业、创意农业,依靠乡村产业来吸引人才、留住人才。同时,加强交通、电力、物流、电信、网络等乡村基础设施和公共服务建设,缩小城乡差距,改善乡村生产生活环境,提升乡村基础设施和公共服务水平,为人才创造良好的发展空间与创业机遇,吸引更多的城镇各类人才关注乡村发展,使他们愿意留下来,为乡村振兴贡献自己的力量。

四是围绕返乡创业者实际需求和本地创业特色,保护与发展传统手工艺,并依托存量资源整合建立多层次、多元化的创业园区。用好用活已有项目、园区、资金等存量资源,推进市场与园区、创业创新农民与企业对接,构建回乡创业平台,在返乡创业者中,培育一批新型农业经营主体,发展现代农业和特色产业。同时,加强创业园区周边的基础设施建设,开发公共创业服务增量资源,鼓励金融等公共服务机构开发符合返乡创业需求特点的服务和产品,为返乡创业者提供更好的创业环境,最大限度地挖掘出返乡创业者创业潜能。

五是充分考虑本地新型农业经营主体培训需求和现代农业发展需求,充分利用信息化、现代化手段,采取"点单式"模式加大对农民的培训,重点培育一批现代青年农场主、农业职业经理人、农村实用人才带头人及电商人才。培育和壮大专业技能型、生产经营型和专业服务型等新型职业农民队伍,支持新型职业农民在农村创办各类经营实体,在产业扶持、金融信贷、土地流转等方面给予重点倾斜,激发其投身于乡村振兴的热情。

(六)优化要素配置方式,拓展农民增收新渠道

乡村振兴要实现农民增收,就要破除现有体制机制弊端,最大限度地激

发劳动力、土地、资本等资源要素的活力，使生产要素实现优化配置，形成有利于乡村经济社会发展的良性要素循环。

一是大力发展符合环境保护要求和安全生产的乡村民营经济，使农民就近从土地上解脱出来，专门从事非农产业，拓展农民增收渠道。如可利用闲置农房从事来料加工等业务，把城市企业生产车间搬到乡村，增加农民就近从事工业生产的机会，增加农民工资性收入。

二是支持和引导工商资本参与乡村振兴，积极促进下乡生产要素与乡村深度融合，将发展红利在工商资本所有者与农民之间进行公平分配，带动农民增收和乡村经济快速发展。在乡村振兴战略实施过程中，鼓励工商资本进入农产品精深加工业、生态农业、设施农业、规模化养殖业以及农业基础设施建设等，发挥其在增加农产品附加值、延长产业链、提升农业产业化经营水平等产前、产中和产后各环节各方面的正面效应。同时，引导工商资本合理下乡，严禁工商资本下乡改变基本农田用途，破坏水源、土壤等短期行为，杜绝强迫农民以低价流转土地或以非法手段强占农民承包地的行为，促进工商资本所有者与农民达成合理的利益共享、风险与约束机制，确保农民合法利益不受损，实现违约风险可控化。

三是探索宅基地所有权、资格权、使用权"三权分置"，改革农民住宅用地取得方式，打破村组界限，允许拥有宅基地资格权的农民到附近的中心村、村民居住点选取宅基地，严格"一户一宅、面积法定"制度，保障农户宅基地资格权和房屋财产权。落实宅基地集体所有权，探索宅基地有偿退出新机制，特别是农民闲置农房和闲置宅基地的流转、收购等政策的设计与完善，支持集体经济组织、工商资本以入股、联营、出租等方式，盘活利用空闲的农房及宅基地，发展乡村新业态、新产业。严格实行土地用途管制，不得违法违规买卖宅基地，禁止工商资本利用农村宅基地或收购闲置农房建设私人会馆和别墅大院。

四是深化农村土地制度改革，统筹农业农村各项土地利用活动。创新土地配置方式，完善农村新增用地保障机制，激活农村土地资源资产，优化耕地保护、生态保护、产业发展、村庄建设等用地布局，为乡村振兴用地需求提供保障。完善城乡建设用地增减挂钩调剂机制，有序合并迁建零星、分散村落，推进村庄适度集中建设，有效整合、利用农村零星分散的存量建设用地，新增指标优先用于农村新型社区建设、农村公益设施和基础设施建设等。在不占用永久基本农田的前提下,鼓励村庄建设与农业生产等用地复合利用,优先保障农产品冷链、烘干、仓储、初加工和农村产业融合发展项目等各类生产设施用地、附属设施建设用地和休闲旅游设施用地等建设用地。

五是推行适度规模经营,用机械化耕种来替代部分劳动力耕种,在解决谁来种田的同时,降低种植成本,增强规模经济效应,提高农业效益。如以粳稻为例,扣除各项成本,每亩毛收入507.5元,如果每个劳动力经营100亩以上的规模,那么这个劳动力种植粳稻的收入就在5万元以上。

皖江文化与实施皖江乡村振兴战略的研究

党的十九大提出的乡村振兴战略,涵盖了政治、经济、文化、社会、生态等领域。2018年中央一号文件全面部署实施乡村振兴战略工作,把文化建设放到了很重要的位置。本文以皖江文化为视角,探索文化要素在实施乡村振兴战略中的角色,并提出文化助推乡村振兴的发展路径。

一、皖江文化与实施皖江乡村振兴战略的关系分析

党的十九大报告提出,"文化是一个国家、一个民族的灵魂。文化兴国运兴,文化强民族强"。皖江文化底蕴深厚、内容丰富、范围广泛,涉及历史重大事件和重要人物,以及文学、戏曲、经济、政治、书画、宗教、科技、生态环境、民俗风情等众多领域。只有抓住皖江文化这个"魂",才能真正激发出皖江乡村振兴的动力。

(一)皖江文化是实施皖江乡村振兴战略的"魂"

皖江文化是皖江人民在生活实践与农业生产中逐步形成和发展起来的风俗习惯、社会心理、道德情感、行为方式、理想追求、是非标准等,表现为行动章法、物质生活方式与民俗民风等。它以潜移默化的方式影响大众,反映了皖江人民对社会的认知模式、人生理想以及处事原则等,是皖江人民生活的重要组成部分,也是皖江人民赖以生存的意义所在和精神依托。在城镇化背景下,大量村民进城经商务工,有着更多温情与诗意,承载着乡情、乡土、乡音以及古朴的生活、恒久的传统和价值的皖江文化受到前所未有的冲击。村庄"空心化"、人口老龄化,但皖江历史悠久的文化依然存在,乡村依然是皖江村民心灵的寓所,依然是皖江村民魂牵梦绕的地方。落叶归根、回归乡里依然是皖江村民的期望和选择。传承好乡村文脉,在一定意义上可以让每个人真切地体会到属于自己的"根"。没有文化传承与创新,就谈不上真正意义上的乡村振兴。

(二)皖江文化是实施皖江乡村振兴战略的重要动力

在当前信息化、市场化和全球化的社会背景下,创新性、技能性、知识性要素成为乡村振兴的重要力量,甚至是决定性力量。八百里皖江,哺育善于创新的人文传统。繁荣发展皖江文化,正确处理好"富脑袋"与"富口袋"的关系,立足新时代,培养培育创新型、技能型、知识型职业农民,提高他们科学种田能力,增强他们国际化市场竞争意识,提升他们科学文化素养,助推农业高质量发展。同时,立足于传统皖江文化的视角,探索具有皖江乡村风格、乡村属性、乡村特色的经济发展路径,促进皖江乡村经济健康发展,实现乡村产业兴旺。繁荣发展皖江文化,已成为实施皖江乡村振兴战略持续动能和重要动力。

(三)皖江文化引领乡风文明目标的实现

乡风文明是实现乡村振兴战略五大目标之一,而传承优秀的村风、家风,发扬和继承诚实守信、邻里互助、尊老爱幼等优秀传统文化是乡风文明建设的重要内容。皖江乡村形态、风俗习惯、标志建筑、民居格局、民间信仰、制度安排等形成了皖江乡村文化的有机整体。繁荣兴盛皖江文化,以优质健康的文化占领皖江乡村文化阵地,引导皖江村民自觉抵制落后腐朽的文化侵蚀,让健康文明的生活方式和积极向上的精神追求引领皖江乡风文明的实现。

(四)皖江文化不断推进皖江乡村德治建设

"千里修书只为墙,让他三尺又何妨?万里长城今犹在,不见当年秦始皇"。"六尺巷"的故事源于邻里之间的宅基地纠纷,体现了崇德重礼、德治礼序和宽容旷达的皖江文化广为流传。在权、钱、物欲横流当头的今天,在实施乡村振兴战略过程中,弘扬恭谦礼让、心胸宽广、放眼远处的皖江文化精华,更为必要。退一步海阔天空,让一点风平浪静,当一些人争权夺势、追名逐利、争长论短、尔虞我诈、钩心斗角和虚假寒暄的时候,皖江文化带来的谦和礼让精神发人深省、触及灵魂,在世事纷争中和邻里矛盾面前,让更多干戈化为玉帛,和谐局面出现。挖掘皖江文化宽容礼让等美德,引导皖江村民勤俭持家、孝老爱亲、重义守信、向上向善,发挥乡规民约、礼序家规的教化作用,传播正能量、弘扬真善美、贬斥失德失范、抵制陈规陋习,让德治与法治相得益彰,使皖江文化独特功能在乡村治理中发挥作用。

二、皖江文化在推动乡村振兴战略实施中面临的问题

随着工业化、城镇化的加剧,皖江乡村人口向工业园区、大中城市迁徙,农业人口锐减,导致偏远乡村出现衰败、凋敝的现象,给皖江文化的传承带来一定的冲击,导致皖江传统文化在乡村振兴中发挥的作用有逐渐削弱的趋势。

(一)皖江文化的各种遗存面临流失困境

一座老宅子、一口老井、一棵老树、一栋戏楼都具有乡村的记忆,承载着乡愁,也是珍贵的文化遗产。"看得见青山绿水,记得住乡愁",习近平总书记强调保存好乡村的文化记忆,保护好传承好传统文化。在工业化、现代化、城镇化建设中,能够保存乡村记忆的祠堂、老宅子、庙宇、书院、戏楼等一些古老的建筑和反映农耕文化的马(牛)车、犁铧、水磨、人力水车等一些日常的劳动工具以及碾盘、风箱、马灯、拴马(牛)桩、辘轳等一些生活用具,被人为地遗弃、损坏。特别是在城市扩张和美好乡村建设中,许多地方一味地追求村容村貌整洁、生活舒适便捷,不太重视对传统文化形态和文化遗存的保护。一些含有深厚文化底蕴的牌坊、庙宇、戏楼、街道等古建筑被拆除或者遗弃。如宣城北门的凤凰山被推平、小九华被拆除,木制房屋被推倒,在原址重建现代高楼大厦。乡村一些传统的集市和庙会也因人口的锐减而冷清。

(二)皖江文化核心的传统美德和价值观念逐步消失

改革开放以后,随着计划生育政策的推行,新一代年轻人大多是独生子女,不能够正确认识和理解家族成员应该尽到的义务和责任,也感受不到过去传统家族中家族成员之间的亲密关系,集体主义精神、故土情结、家庭观

念、家乡文化认同正在逐步淡化,传统的价值观念也逐步淡化。乡村年轻人外出经商务工,为了生计而穿梭、奔波于城市和乡村之间,不仅文化生活单调,而且习惯沉迷于手机网络游戏等虚拟世界,对于皖江礼仪习俗、艺术形式、传统的戏曲不感兴趣。"老龄化""空心化"的皖江乡村,一些古老的婚丧礼俗仪式,传统的风俗习惯,也因后继无人而渐渐消失,严重影响皖江传统文化的传承和保护。

(三)皖江文化在乡村发展中引领作用不强

在工业化、现代化、城镇化建设中,大量文化素质相对较高的青壮年进城务工经商,留守村中的文化素质偏低的老弱病残和妇女儿童对先进文化的重要性认识不高。一些乡村干部思想认识上有偏差,认为经济建设看得见、摸得着,高度重视体现政绩明显的经济建设。而对文化建设的意识淡薄,甚至缺失,认为文化建设费钱费力不讨好,以致不想抓、不愿抓,虚于应付。也有一些乡村干部对乡村先进文化丰富内涵的整体把握不准确,不能够因势利导宣传乡村先进文化,工作方法不对路,以致乡村先进文化的号召力、凝聚力和影响力缺乏,导向、引领作用不强,不能调动广大村民参与先进文化建设的主动性、积极性和创造性。乡村文化生活贫乏单调,打麻将等赌博之风盛行,封建迷信沉渣泛起,假和尚假道士走村串户,做道场、装"半仙",算命看病,骗取钱财,皖江先进文化亟待占领乡村阵地。

(四)皖江文化设施和阵地没有发挥应有的作用

目前,从皖江地区来看,县市区、乡镇所在地附近以及城市周边的村及美好乡村建设示范点的文化设施比较完备;而交通不便、较偏远的村落及非美好乡村建设示范点文化设施短缺,少数村落几乎没有文化设施,文化广场及一些必备的健身器材就更谈不上,文化设施建设差异明显。除各级美好乡村建设示范点外,大部村只有一些比较简单的设备,如文化活动中心、广播、戏台等。有些村老年活动中心、报刊阅读室、乒乓球室等公共活动场所仅有几个凳子,一两张桌子而已,设备极其简单且相当陈旧。有的村娱乐健身无设备、活动无场所等问题严重,仅存的一些设备没有及时进行保养维修,十分陈旧落后,这些村文化设施已不能满足当地村民实际需要。有的村文化设施较齐全,但利用率很低,已经建成的文化设施没有充分发挥其功能。有的村里戏台大部分时间都是闲置的,每年也只使用一两次,周围杂草丛生无人问津;有的村里宣传栏字迹模糊不清,破旧不堪,周围粘贴的有关教育、安全、卫生等的宣传页残缺不整,其功能也没有发挥;有的村里文化活动中心门可罗雀,常年大门紧闭;大多数村级图书室的桌子上有一层灰尘,借阅者寥寥无几。

三、皖江文化助推乡村振兴发展的几点建议

有专家提出,乡村振兴需要内外兼修,既要壮大经济、发展产业,更要激活文化、提振精神。把皖江传统文化资源利用好、配置好、开发好,促进文化资源优势转变为乡村产业优势,实现皖江乡村产业兴旺、生活富裕。同时,深挖皖江文化蕴含的道德规范、人文精神、思想观念,推动皖江乡村文化繁荣发展,为乡村振兴提供持续的精神动力。

(一)在乡村振兴规划中要注重传承和保护皖江文化

在乡村振兴规划中,要准确地定位和解析皖江文化的价值,正确处理继承与发展、传统与现代的关系,找准乡村振兴战略中皖江文化振兴的衔接点和落脚点。

一是建立完善乡村规划体系,提高乡村规划设计水平,突出皖江乡村地域特色,充分考虑村庄历史文化、区位条件、资源优势、产业发展等因素,合理确定村庄规模和布局。

二是充分发掘皖江乡村文化资源,把皖江乡村文化融入村庄规划中,尤其是对文化遗产、民俗文化、旧民宅、名木古树等保护、发掘的规划设计。深入发掘每个村庄的生态、人文特色内涵,打造文化产业品牌、文化长廊、文化团队、文化活动,做好"一村一品牌、一村一特色"规划设计。

三是遵循皖江乡村自身发展规律,优化整合村庄资源,注重融入文化、创意、绿色等元素,配套体育、娱乐、文化等设施,最大程度创造集休闲、娱乐、社交等于一体的多元化空间格局,提升村民生活品质,满足城市人才对乡村生活的向往。

四是注重保持皖江民族村寨、传统村落、历史文化古村等资源丰富的自

然历史特色村庄整体空间形态,注重传承民族生产生活方式和民风民俗,注重保护传统建筑和历史文化资源,努力保持村庄的延续性、真实性和完整性。尊重原住居民传统习惯和生活形态,加快改善村庄公共环境和基础设施,合理利用村庄特色资源,发展乡村旅游和特色产业,形成村庄发展和特色资源保护的良性互促机制。严格按照地方特色和风格对传统村落民居外部改造,使乡村建设与传统村落民居,相得益彰,充分彰显皖江文化魅力。尊重历史记忆,全面保留保护古树名木及有文化底蕴和景观价值的传统民宅民居、历史建筑、文物古迹等历史遗存。

五是支持技艺传承和非遗申报及各级非物质文化遗产传承人抢救性记录等工作,推进皖江乡村非物质文化遗产展示、场所建设,不断拓展各级非遗项目保护性生产,加强与企业、学校的合作,对非遗进行创意开发与研究,把资源转化为文化产品。

(二)以保护、传承和弘扬皖江传统文化来增强传统的价值观念

党的十九大报告指出:"深入挖掘中华优秀传统文化蕴含的思想观念、人文精神、道德规范,结合时代要求继承创新,让中华文化展现出永久魅力和时代风采。"

一是以乡村为核心,抢救性保护皖江传统文化,弘扬皖江优秀传统文化与美德,完善构建皖江传统文化传承体系,逐步提高皖江乡村居民的文化水平。

二是以乡村为平台,利用皖江乡村凝聚优势,充实和丰富乡村文化,为塑造皖江乡村形象提供内在支撑。

三是以乡村为纽带,利用皖江乡村的群众组织、物质基础等优势,为传承皖江乡村民俗文化提供条件。

四是以乡村为依托,发扬和继承皖江本土精神,加强保护皖江民间传统文化,沿袭皖江古朴的工艺制作,把皖江地区的传说故事纳入本地教材中,若有机会和条件,积极申请非物质文化遗产以保护皖江民间传统文化。

五是以新时代中国特色社会主义思想和理论体系为指导,引导皖江乡村各地通过公开选举、民主评定、公开表彰等形式,开展好媳妇、好公婆、好邻居、"五好家庭"等评选表彰活动,促进皖江乡村村民形成正确的道德观,使邻

里和睦、家庭幸福。

六是立足于皖江传统乡村文化,关注随着时代发展变化而不断产生的新内容,对皖江传统文化进行新的解读,使村民逐渐接受新的思想,并推陈出新,去其糟粕,取其精华,在继承中发展,发挥皖江传统乡村文化的优越性。

七是制定乡俗民规,弘扬皖江时代新风、传统道德,倡导婚恋自主、尊老爱幼和礼尚往来,破除封建陋习、拒绝盲目攀比和不索要高额彩礼,用体现时代风尚、蕴含优秀民俗的婚丧新文化取代旧风俗旧陋习。

(三)着力提升皖江文化在乡村发展中的引领作用

从"五位一体"来看,农村文化相对滞后,成为最大的"弱项"和"短板"。可以说,解决发展不充分不平衡的问题,最迫切最需要的是文化。要更好地夯实基础、增强弱项、补齐短板,必须把乡村文化建设摆上突出的位置[①]。

一是深入皖江乡村各地开展习近平新时代中国特色社会主义思想的理论学习和宣传普及,用习近平新时代中国特色社会主义思想武装教育乡村干群,使习近平新时代中国特色社会主义思想在皖江乡村各地落地生根、家喻户晓,引导乡村干群劲往一处使、心往一处想,齐心协力参与乡村文化建设,提振乡村"精气神"。

二是乡村文化建设是实施乡村振兴战略的重要组成部分,应强化各级干部特别是乡村干部对乡村文化建设的主体意识,使其摒弃文化建设搞得好坏与乡村工作业绩考评关系不大的错误思想,消除把文化建设当作"软任务"做法,进一步增强其做好乡村文化建设的使命感、紧迫感、责任感。

三是各级党委、政府要高度重视乡村文化建设,把乡村文化建设纳入重要议事日程,加强乡村经济建设与乡村文化建设的总体布局调整,认真制定乡村文化建设规划和年度工作目标计划,真正做到乡村经济建设与乡村文化建设同步部署推进、互促互动,促进乡村文化建设向前向深层次发展。

四是采取皖江广大村民喜闻乐见的形式,贴近村民生活实际,运用村民听得进、听得懂的语言,开展社会主义核心价值观宣讲活动,增进乡村群众对

---

① 杨超:《为乡村振兴战略提供思想保障和精神支撑》,载《时事报告》,2018年第2期,第48页。

社会主义核心价值观的情感认同和思想认同。依法治理皖江乡村宗教领域乱象,引导皖江村民合法信仰宗教,并对社会各种思潮辨析,扶正祛邪,正本清源,澄清皖江村民思想上的模糊认识,划清是非界限,占领、巩固和壮大乡村意识形态阵地。

(四)加强皖江文化设施建设与阵地管理

皖江乡村文化振兴,前提条件是加强乡村文化设施建设,最终目的是充实皖江乡村村民的精神文化生活[①]。目前,从总体上来看,皖江乡村文化设施还不能满足皖江乡村村民日益增长的物质文化需要。乡村文化设施建设一定要因地制宜,切实考虑皖江乡村村民的实际需要。除必备的图书室(或农家书屋)、体育建材设备、文化广场等之外,一些村庄也可根据本村的风土民情,建设一批与本村风格相符的文化设施,丰富村民精神文化生活和业余生活,从而提高整体文化素质。

一是根据皖江乡村实际制定具体规划,并以构建完整的皖江乡村文化服务体系为抓手,整合乡村文化宣传、科学普及、党员教育、体育健身等设施。坚持因地制宜、便民利民、综合利用的原则,统筹建设乡镇文化站、村文化室及阅报栏等各类活动场所,以满足公共卫生、文体活动、综合治理、教育培训等乡村文化服务的发展要求。

二是不同年龄层次的村民对文化活动的参与和认同呈现显著差异[②]。因此,乡村文化建设要区分不同群体,层次分明,既要建设乡村老年人文化活动场所,又要建设无线网络、数字文化广场等年轻人喜爱的新兴文化设施,增强乡村文化建设的针对性,以满足乡村各类群体文化生活的需求。

三是各级政府从人力、财力、物力等多方面加大对乡村文化建设的支持力度,动员广大村民、社会能人或企业等各方面力量参与乡村文化建设,形成乡村文化建设的强大合力。同时,将乡村原来闲置的如乡村卫生院、文体活动室、文化大院等有利于开展文化活动的设施改建为乡村文化活动场所。引

---

① 刘会强:《农村文化设施建设现状及对策分析——以河南省孟津县为例》,载《知识经济》,2016年第18期,第7~8页。

② 张春华:《让农村文化建设形神兼备》,载《人民日报》,2016年10月27日007版。

导广大村民自觉树立主人翁意识,带头建设和维护乡村文化基础设施,推动乡村文化服务体系建设顺利进行。

四是乡村文化场所建设后,要组织各级各类文化团体到乡村开展文化惠民活动,指导皖江乡村各地举办群众文艺晚会,播放公益电影,组织舞狮、腰鼓等文艺演出,丰富皖江村民精神文化生活。同时,健全或制定乡村文化活动场所和设施的管理制度,灵活、合理地安排活动开放时间,提高皖江乡村现有文化场所和设施的综合利用率。

（五）以发展皖江乡村特色文化产业来促进皖江乡村经济发展

"产业兴旺、生活富裕"是乡村振兴战略的其中两个目标要求。皖江乡村文化底蕴丰厚,田园风光、山水文化、农耕文化及红色文化等特色为皖江乡村发展乡村休闲旅游和文化产业创造了有利条件。精心打造"文化＋"多元化综合体,将皖江乡村文化渗透到农业生产中,促使文化向农业生产各环节融合与蔓延,形成品牌农业、观光农业、创意农业,激发乡村经济发展活力。

一是统筹乡村发展规划,充分发挥气候养生、文化体验、休闲观光、生态涵养等功能,做好乡村发展"文化＋"的文章。立足皖江乡村特色和建设实际,准确选择"文化＋"结合点、切入点、增效点,推进"文化＋"多元融合发展,将文化与农业、旅游、商贸、金融、生态、教育、科技、康养等相融合,推动乡村经济发展转型升级,不断提升皖江乡村经济文化生产力和创造力,创造皖江乡村振兴发展新态势。

二是紧紧依托皖江乡村田园风光、青山绿水,大力发展观光农业、休闲农业,推出具有皖江特色的精品农业体验旅游活动和精品民俗活动,提升乡村经济发展质量和效益。如安徽宣城市以泾县云岭为核心的红色基因旅游,以皖江徽文化元素为代表的古村落旅游以及以文房四宝为代表的文化体验游等。到 2017 年底,宣城市拥有敬亭山景区、查济景区、江村景区等 24 个国家 4A 级景区,龙川景区 1 个国家 5A 级景区,国家 A 级景区达 60 家。宣城市 2017 年国民经济和社会发展统计公报数据显示,2017 年宣城市全年接待旅游入境者 20.5 万人次,其中接待外国人 12.7 万人次,实现国际旅游外汇收入 1.1 亿美元;接待国内旅游者 3115.4 万人次,实现旅游业总收入 270 亿美元。

三是随着皖江乡村文化产业稳步发展,文化产业也成为乡村经济的支柱性产业。鼓励和支持村民创业就业,发展分享农场、共享农庄、创意农业、乡村民宿等特色文化产业;积极发展乡村手工艺、皖江文化文艺和乡村文化创意产业,打造一批美食村、养生村、休闲村、艺术村等特色村,拓宽村民增收渠道,增强村民获得感,助推乡村振兴战略"产业兴旺、生活富裕"目标实现。

(六)发展皖江乡村文化,为皖江乡村振兴"添砖加瓦"

"生态宜居、乡风文明、治理有效"是乡村振兴战略的其中三个目标要求。一是综合用好科技文化卫生"三下乡"活动,从农业、农村和农民的实际出发,采取群众喜闻乐见、灵活多样的宣传形式和手段,强化皖江村民的生态环境保护和治理意识。同时,在乡村振兴过程中,乡村干部也要真正树立"生态环境保护是功在当代、利在千秋的事业"的新观念、新理念,以"对子孙后代高度负责"的精神,保护和治理乡村生态环境。"宁要绿水青山,不要金山银山",要清楚地认识到生态价值高于经济利益,建设利于生态保护、生态循环和生态友好型的农业产业体系,绝不能以牺牲乡村生态环境为代价换取乡村经济的发展。"绿水青山就是金山银山",要尊重皖江乡村的文化传统、产业属性、特色、生态环境和审美诉求,建设生态宜居的乡村生活生产空间,让皖江村民留住"乡愁"。

二是加强无神论宣传教育,抵制封建迷信活动,提倡厚养薄葬,倡导仪式文明办理、从简办理,遏制人情攀比、大操大办、厚葬薄养等陈规陋习。倡文明树新风,培育良好家风、淳朴民风、文明乡风,将文明乡风融入村民生活生产各个方面,有力激发乡村文化活力。

三是注重与皖江乡土文化对接,以文化道德力量教化村民。让乡规民约内化为乡村礼俗文化,使乡规民约在乡村治理中发挥其独特功能,使广大村民带着感情参与乡村治理整个过程,实现法治、德治、自治与情治有效融合,以达到乡村善治。

(原发表于《财金观察》,2019年第1辑)

治理篇

协同共治：新时代乡村治理的理念创新与实践路径

乡村治理是一项复杂的系统工程，是国家治理体系的重要组成部分，关系到乡村和谐稳定和生存发展，关系到全面建成小康社会目标的实现。当前，乡村社会各种矛盾交织、叠加、集中在一起，一个矛盾或问题的解决，需要多个方面、多个部门的协作配合，而乡村治理的权力仍然分散在不同人员和组织之中，这些人员和组织之间缺乏有效衔接，导致同级不同部门、上级与下级之间"各扫门前雪"，或相互推诿、互相牵制，增加了乡村治理的成本和难度。有的矛盾和问题本应该整体性、系统化解决，却被分成若干部分解决，导致"头痛医头、脚痛医脚"的现象出现，整体治理效果不佳；有的矛盾和问题靠单一部门难以解决，由很多部门共管且部门权责模糊，往往会导致相互推诿扯皮和"九龙治水"多头治理的现象产生，治理效率不高。如福建一名村支书说，想给一些贫困户盖房子，需要17个部门的审批手续。又如南方某省的一名基层干部感慨："靠基层去协调部门很困难。"

为此，协同共治成为创新乡村治理体系的重要理念和路径选择。习近平总书记在党的十九大报告中提出要"打造共建共治共享的社会治理格局"，"加强社区治理体系建设，推动社会治理重心向基层下移，发挥社会组织作用，实现政府治理和社会调节、居民自治良性互动"。习近平总书记还在其他多个场合从多个方面就乡村治理展开了论述，提出了许多新理念、新思想，为乡村治理提供了重要的思想与实践指导。

一、树立系统思维，完善乡村治理体制

当前，农村仍然实行家庭联产承包责任制，农村税费改革后，乡村干部在

一定程度上减少了与农民群众沟通交流的机会。一些乡村干部仍然延续以往的管理模式,服务群众的主动性、自觉性不足,认为"多一事不如少一事,安安稳稳就好",引发"村民热、干部冷"的现象;一些乡村干部作风不实、工作方法简单、处事不公、感情用事,影响了党群、干群关系,破坏了党的形象;还有些乡村干部对职责认识比较模糊,考虑老百姓意愿不够,按照条条框框办事,只求"不犯错",稍有超越职责或者涉及多个部门的事情能推就推。乡村治理能力跟不上形势要求,亟待提高。

习近平总书记在党的十九大报告中提出,"加强社会治理制度建设,完善党委领导、政府负责、社会协同、公众参与、法治保障的社会治理体制"。同时,习近平总书记在系列重要讲话中也强调,树立系统治理、依法治理、综合治理、源头治理理念,确保广大农民安居乐业、农村社会安定有序。2019年全国两会期间,习近平总书记在参加河南代表团审议时再次强调,"要夯实乡村治理这个根基"。

完善乡村治理体制,一要加强各级党委对乡村治理的领导,特别是要坚持乡村两级党组织在乡村治理中的核心领导地位,确保党始终总揽全局、协调各方,提高新时代党指导乡村治理的能力和水平[①]。二要发挥各级政府及政府各部门的主导作用,特别是乡镇政府及其站所的主导作用。三要充分发挥社会协同治理的作用,引导、鼓励基层群众性自治组织、工青妇等群众组织、辖区内企事业单位以及其他各类社会组织积极参与乡村治理,实现社会多方协同参与治理乡村公共事务。四要鼓励和引导每个村民自觉遵守法律法规,依法依规行使权利、解决纠纷,理性表达诉求,自觉遵守行业规章、乡规民约、团体章程等制度,依法有序地参与乡村社会治理和公共事务,自觉维护和谐稳定的乡村社会秩序。总之,在党的领导下,政府、社会、公众应依据宪法、法律及规章制度参与乡村治理,从而实现政府负责治理、社会协同参与和群众自治的良性互动。

二、建立多元化解机制,构建矛盾纠纷预防化解体系

随着城镇化和工业化的快速推进,乡村人口流动速度加快,封闭保守的

---

① 李俊:《协同共治:创新乡村治理体系的路径选择》,载《光明日报》,2018年4月17日006版。

乡村社会格局被打破,城乡利益格局深刻调整,各种利益诉求不断出现,利益需求多元化。宅基地、土(林)地承包与收益等纠纷,家庭和邻里矛盾,以及因征地拆迁、道路交通事故、环境污染与保护、村委会换届选举、医疗卫生等引发的新型矛盾纠纷不断发生,甚至存在大量的群体性矛盾冲突,各类矛盾纠纷日趋复杂突出。乡村发展不协调、不平衡、不充分、不可持续的问题比较突出,贫富差距、消极腐败、社会保障不健全等社会问题还将在一定时期存在,这与群众的预期和全面建成小康社会的目标都有较大的差距。这种客观存在的差距影响了群众的价值判断和社会心理。当群众的正当利益诉求得不到满足时,他们就会非理性地上访,甚至导致群体性上访事件出现,引起乡村社会秩序的混乱,大大增加了乡村治理的成本、难度和风险。

习近平总书记在系列重要讲话中强调,"要着力完善制度、健全机制、搭建平台、强化保障,推动各种矛盾纠纷化解方式的衔接配合,建立健全有机衔接、协调联动、高效便捷的矛盾纠纷多元化解机制"。完善乡村社会矛盾多元化解机制,构建矛盾纠纷预防化解体系,是新时期化解乡村社会矛盾纠纷,保障群众合法权益的重要途径,也是加强和创新乡村治理的必然要求。

一要建立健全地方县级以上联合调解中心和乡镇、村以及行业性调解委员会,纵向整合省、市、县(市、区)、乡镇、村组的调解资源,横向衔接人民调解、行政调解、司法调解等行业性调解,形成统一指挥、上下一体、左右联动的多元化联合调解机制。二要建立健全调解中心和调解委员会内部管理的各项制度,不断完善和规范各乡镇、村以及行业性调解委员会,分流、指导、协调、调解各类乡村社会矛盾纠纷,构建高效运转的调处网络体系,提高化解乡村社会矛盾纠纷的能力和水平。三要整合公、检、法、司等部门资源,在乡镇、村建立矛盾纠纷调解室,搭建乡村社会矛盾纠纷调解平台。积极引入律师、法律工作者、法官、检察官等法律专业人员参与调解,提高调解矛盾纠纷的成效,切实做到"小事不出村、大事不出乡镇,矛盾纠纷不上交"。四要加强矛盾纠纷调解队伍建设,配全配齐专职调解人员,招募律师、公证员、法律工作者、警察、法官、检察官、记者、大中专毕业生、心理咨询师、企业家、乡贤等各行各业热心人士组建矛盾纠纷调解志愿者队伍。依据当地经济社会发展水平和财力状况,逐步建立矛盾纠纷调解经费的动态增长机制,确保矛盾纠纷化解的人员和经费保障。五要积极开展乡村社会矛盾纠纷及涉稳事项大走访、大排查,及时收集社会矛盾相关信息,对收集到的矛盾纠纷情况进行归纳和分析,在问题及矛盾激化之前,提早介入,及时发现问题、有效解决问题,切实做好乡村社会矛盾纠纷预防工作,增强乡村社会矛盾纠纷化解的针对性和实效性。六要健全重大事项社会稳定风险评估机制,严格落实重大事项社会稳定风险评估"应评尽评"制度,通过充分听取受益群众代表、行业专家意见,摸排不稳定隐患,切实将社会稳定风险降低到最低限度。

三、以人民为中心,创新村民自治有效实现形式

村民自治是一个复杂的系统工程,由于村民缺乏独立的权利意识,参与自治活动的态度淡漠,民主决策难形成、决策效率难提高、村民利益难协调,影响了村民自治的有效实现。一是召开村民(或村民代表)会议时,有的参加人员懒散、无故迟到及缺席,议事规则缺失,代表整体议事能力低下,导致许多村级事务都不能进行有效处理,严重影响村级事务决策;有的村民代表对村级事务的监督也因各自利益的不同而经常各自为阵,很难提高监督效果。二是许多村民因利益驱动而无视法律规定,甚至为追求自身利益最大化而将基本的道德准则、法律准则等一并抛于脑后。当村民个体利益与大多数村民利益产生矛盾时,使用"少数服从多数"的村民自治表决机制,以表面合法的形式侵犯少数村民个体权益。三是少数乡村干部权力边界意识不强,常常干涉村民自治事务,加剧了村民与政府之间的矛盾,使村民丧失了对政府的信任,甚至引发村民与政府对抗的极端案例,最终影响到整个乡村社会的和谐与稳定。

以人民为中心的发展思想是以习近平同志为核心的党中央在继承中国共产党人民观的基础上,在治国理政的长期实践与思考中逐步形成和完善的。习近平总书记强调,扩大人民有序政治参与,保证人民依法行使民主选举、民主协商、民主决策、民主管理、民主监督权利。在2017年中央农村工作会议上,习近平总书记强调,要丰富基层协商民主的实现形式,发挥村民监督的作用,让农民自己"说事、议事、主事",做到村里的事村民商量办。习近平总书记的讲话将"有事好商量"的方法进行了细化。他说,"涉及人民利益的事情,要在人民内部商量好怎么办,不商量或者商量不够,要想把事情办成办

好是很难的。我们要坚持有事多商量,遇事多商量,做事多商量,商量得越多越深入越好"。而"涉及基层群众利益的事情,要在基层群众中广泛商量。在人民内部各方面广泛商量的过程,就是发扬民主、集思广益的过程,就是统一思想、凝聚共识的过程,就是科学决策、民主决策的过程,就是实现人民当家作主的过程"。

以人民为中心的发展思想体现在村民自治上,村民可充分享受到选举民主、决策民主、参与民主、管理民主、监督民主诸方面一系列的自治权利[①]。一要让村民自己"说事",立足乡村实际,因地制宜地动员、引导和组织村民通过递交书面材料、会上说、网上聊等多种方式,充分表达他们的想法、意见和诉求,敞开"说事",破解民意沟通不畅问题。二要让村民自己"议事"。在村民自己"说事"过程中,广泛听取他们的意见和建议,并将意见和建议进行分类整理,确定议事议题。村级日常管理类事项以及分类整理确定的议题,经党员会议、村"两委"班子初议后,召开与议事有关的村民会议,由村民自己进行充分讨论,以民主协商的方式达成共识。三要让村民自己"主事",即由党员代表大会和村民代表大会通过"海选"方式将普通村民(不一定是党员,也不一定是村组干部)推选为"主事人",义务管理、协商、处理、监督村级事务处理过程中出现的问题。

四、加强法制宣传与教育,推进乡村法治建设

当前,一些农民法治意识淡薄,法治观念缺失,法律责任感欠缺,认为只要自己没有干违法犯罪的事情,多一事不如少一事,对身边违法现象表现出漠不关心的态度。即便是当自身权利受到侵害时,也很少有人用法律来捍卫自身的合法权益。面对"村霸"乡痞侵权行为,村民们常常因害怕招惹麻烦而自认倒霉,导致一些乡村"村霸"乡痞扰乱公共秩序的行为难以得到有效遏制,一些乡村违法犯罪案件数量居高不下。此外,受乡村熟人社会形成的处事方式和思维习惯的影响,一些乡村干部法律意识淡薄,习惯于以人治代替法治,甚至出现徇私枉法、执法犯法等不良行为,给乡村法治建设带来了一定的难度。同时,一些乡村干部以权谋私、违法乱纪,不依法行使行政权力,使

---

① 胡承槐:《完善村民自治制度的实践意义》,载《光明日报》,2017年10月29日07版。

党群关系趋于紧张,加重了村民对法治建设的不信任感。由此可以看出,我国乡村社会仍是社会主义法治建设的薄弱环节,加快乡村法治建设的进程势在必行。

党的十八大以来,以习近平同志为核心的党中央对坚定不移地走中国特色社会主义法治道路、全面推进依法治国以及建设法治中国等关乎中国命运的重大理论问题作出了一系列重要论断,继承、丰富和创新发展了马克思主义法治理论,使依法治国实践进入全面深化的全新阶段。法治以权利义务为中心,具有稳定性和强制性,是乡村各类矛盾化解和各项事务管理科学化、规范化运行的保障。在2017年中央农村工作会议上,习近平总书记强调,要把政府各项涉农工作纳入法治化轨道,加强农村法治宣传教育,完善农村法治服务,引导干部群众尊法学法守法用法,依法表达诉求、解决纠纷、维护权益。严惩横行乡里、欺压百姓的黑恶势力及充当保护伞的党员干部,廓清农村基层政治生态。

推进乡村法治建设,通过法律手段、运用法律思维来维护乡村人民权益、解决他们之间的矛盾纠纷尤为重要。一要加强对乡村干部、党员的法治意识培养,使其树立依法治理理念,充分运用法治思维和方式来解决乡村发展中面临的新问题、新矛盾。乡村干部要自觉带头学法、守法和用法,将乡村治理纳入法治化轨道,把守法用法自始至终贯穿到乡村工作之中。在乡村工作中要坚守法律底线、运用法治思维、强化法律依据。二要以法制宣传强化农民群众用法守法的意识,探索农民看得见、用得上、能接受、听得懂的普法工作新机制。结合乡情村情,在进村串户、田间地头对群众普法过程中,将社会公序良俗及生产生活实际融入法律法规、国家方针政策之中,尤其注意向农民群众阐明其身边发生纠纷时可以采取的法律手段以及与其生活息息相关的基本法律概念,逐步提高广大农民群众的法律素养,力促广大群众养成遇事找法、办事依法、化解矛盾靠法、解决问题用法的法治思维。三要加快建设社会治安防控体系,加强对吸毒人员、肇事肇祸精神障碍患者等重点人员管理。大力整治乡村社会突出的治安问题及其周边治安环境,深入开展打黑除恶,打击两抢一盗、电信诈骗、治爆缉枪等专项整治行动,打击"黄赌毒"、拐卖儿童妇女等违法犯罪活动,着力预防乡村青少年违法犯罪,切实提升乡村广大人民群众安全感。四要完善乡村法律服务体系建设,增加乡村法律服务人员的数量,并提高其素质,着力提高乡村法律服务质量。在法律服务质量不高的乡村,要根据村民具体需要,向他们提供法律服务机构名录,推荐和协助联系法律服务机构,畅通乡村的司法渠道,让乡村农民群众能够便利地获得专业法律服务,能够更加高效便捷地通过法律来维护自己的合法权益,从而使他们真正信仰法律,避免矛盾的激化。

五、提升村民道德素质,预防和减少乡村社会矛盾发生

当前,随着乡村社会结构日益分化、生产方式日益变革,农民群众荣辱观、得失观、是非观、义利观等思想观念日益发生变化。一些农民群众道德滑坡、追求格调低下的文化娱乐,封建迷信活动大有抬头蔓延的倾向,陈规陋习沉渣泛起,赌博等时有发生,红白喜事大操大办,婚丧嫁娶铺张浪费;一些农民群众不遵守社会公德,集体主义观念淡薄,只顾自己,不管他人,垃圾乱丢、乱倒、乱堆、乱摊,"室内装潢现代化、室外垃圾脏乱差",不遵守交通规则等不良习惯,由此引起的矛盾冲突增多;一些农民群众家庭责任感弱化,家庭美德意识淡化,尊老不足、爱幼有余以及薄养厚葬,老年人不讲科学、青壮年怕吃苦不爱劳动,宗族、邻里、家庭内部等之间存在各种矛盾纠纷;一些农民群众理想信念认识模糊、诚信观念淡薄,只关心自己的经济利益,片面追求个人利益,万事只讲钱,漠视国家利益、集体利益和他人利益,甚至采取种种不止当手段牟取暴利,如制假售劣、不讲信用等;一些因农民群众争地争利引起的斗殴、纠纷等现象时有发生,无论乡村干部怎样耐心细致做思想工作,他们就是不听、不认、不理,有理无理,稍不满意就要上访,群访、越级访案事件明显增多,影响了正常的乡村社会秩序。因此急需加强乡村德治建设,提高农民科学文化素养,提升农民群众道德素质,培育淳朴民风、良好家风、文明乡风,提高乡村社会文明程度,以减少和预防乡村社会矛盾发生。

党的十八大以来,习近平总书记围绕德治的理论与实践发表了一系列重要讲话,精辟阐明了德治的战略意义、政治立场、实践场域、浸润艺术、思维路径与化人实效。中共中央政治局第三十七次集体学习中,习近平总书记指出,法律是成文的道德,道德是内心的法律。要运用法治手段解决道德领域突出问题,要依法加强对群众反映强烈的失德行为的整治。对突出的诚信缺

失问题,既要抓紧建立覆盖全社会的征信系统,又要完善守法诚信褒奖机制和违法失信惩戒机制,使人不敢失信、不能失信。对见利忘义、制假售假的违法行为,要加大执法力度,让败德违法者受到惩治、付出代价。习近平总书记强调,道德要得到遵守,必须提高全体人民道德素质。要加强道德建设,弘扬中华民族传统美德,提升全社会思想道德素质。要深入实施公民道德建设工程,深化群众性精神文明创建活动,引导广大人民群众自觉践行社会主义核心价值观,树立良好道德风尚,争做社会主义道德的示范者、良好风尚的维护者。

2018年中央一号文件提出要"提升乡村德治水平。深入挖掘乡村熟人社会蕴含的道德规范,结合时代要求进行创新,强化道德教化作用,引导农民向上向善、孝老爱亲、重义守信、勤俭持家"。一要深入挖掘乡村熟人社会蕴含的道德规范,系统梳理和修改完善乡村有关行为准则和规章制度,建立完善道德约束机制,制定一系列推动乡村振兴的道德规范,包括村规民约、乡规民约等各项规约,并通过宣传教育使每个农民能自觉遵守,更好地约束自身的行为。规范乡村党员和干部参与、自办红白喜事的标准和报备制度,引导乡村党员和干部带头抵制不良风气,移风易俗,以好党风政风带民风。二要以社会主义核心价值体系建设为统领,强化道德教化作用,创新性发展、创造性转化乡村优秀传统文化中蕴含的丰富思想道德资源,营造倡导社会主义核心价值观的良好氛围,使农民群众在生活和日常的劳动中领悟、感知社会主义核心价值观,引导他们了解政策、解放思想、更新观念、热爱祖国。推进个人品德、职业道德、家庭美德、社会公德建设,制约他们违背核心价值观的行为,鼓励他们符合核心价值观的行为,从而培育农民群众的良好道德习惯、强烈道德追求和正确道德观以及讲正气、作奉献、知荣辱、促和谐的良好风尚,不断提高乡村社会道德水平[①]。同时,乡村干部要多为农民群众办实事、办好事,在解决实际问题中解决农民群众思想道德问题,切实提高他们自我管理、自我服务、自我教育的能力和水平,逐步转变乡村社会风气,全面提升整个乡村文明水平。三要健全征信系统,加强乡村诚信建设,完善失信惩戒和

---

① 邝小军、曾文、陈向科:《习近平治国理政思想指引下农村社会治理的实现路径》,载《安徽农业大学学报(社会科学版)》,2017年第5期,第1~4页。

守信激励机制,强化农民群众的诚实守信意识、真诚合作意识、主人翁意识、集体意识、社会责任意识、规则意识。四要弘扬家风家训,教育农民群众和谐兴家、勤俭持家、文明立家、以德治家、平安保家,倡导邻里团结、夫妻和睦、尊老爱幼的道德风尚。

(原发表于《廉政文化研究》,2019年第2期)

乡村治理体系构建面临的现实困境及其化解

乡村治理涉及政治、经济、文化、社会和生态环境各个方面。乡村治理好坏、水平高低关系到党和国家的政策落实是否有效,也关系到农民群众切身利益。党中央高度重视乡村治理工作,党的十九大报告提出,"健全自治、法治、德治相结合的乡村治理体系",为乡村治理指明了新方向。

一、乡村治理体系构建是实现乡村振兴战略"治理有效"目标的有效路径

随着城镇化推进,农村人口越来越多地向城镇聚集。但我们必须看到,我国人口众多,即使以后城镇化率达到70%,仍然有四五亿人生活在乡村。乡村治理的好坏直接关系到乡村的地位、前途和命运。乡村治理是源头治理、综合治理的重要组成部分,是国家治理的基础。党的十九大报告在乡村振兴战略中提出了"治理有效"目标,把乡村治理摆在了十分重要的位置。

(一)乡村振兴统领乡村治理体系构建

乡村治理是乡村振兴战略实施的重要内容。乡村治理好坏(或者说是否有效)主要看,其是否有利于形成良好的乡村社会秩序,促进乡村社会公平公正;是否有利于乡村群众拥有可持续的获得感、更加充实的幸福感、更有保障的安全感。"治理有效"更关乎乡村群众利益。

一是加强农村基层基础工作,注重系统治理与源头治理相衔接、依法治理与综合治理相结合,运用现代信息手段,进行网格化、精细化治理。建立"党委领导、政府负责,乡镇服务、村民自治,农民主体、社会协同"的乡村治理结构,把党的组织和政治优势转化成乡村治理的行动优势。

二是自治是基础,法治是保障,德治则是支撑。乡村治理必须在法律的框架下进行,必须实现法治化。只有依法有条不紊地实行自治,才能达到效果。德治有利于提高乡村治理的质量和水平,提升法治与自治的效能。完善和健全德治、法治、自治的耦合机制,让乡村德治、法治与自治高效契合、深度融合,构建德治、法治、自治"三治"结合、多元共治、相互补充和衔接的新型乡村治理体系,提升乡村治理能力,推动乡村振兴战略"治理有效"目标实现。

三是从人治走向德治、法治、自治"三治"结合,多元共治,达到善治。人治就是少数人或个人掌握了乡村公共权力,依靠个人崇拜或权威治理乡村社会。在人治的思维方式下,少数人掌控着大量与乡村群众切身利益紧密相关的资源,滥用权力易如反掌,导致德治、法治、自治"三治"结合乡村治理体系失去作用。2018年中央一号文件明确提出,加大基层小微权力腐败惩处力度,推行村级小微权力清单制度,严厉整治土地征收、集体资产管理、惠农补贴等领域侵害农民利益的腐败问题和不正之风。因此,必须走出人治思维的误区,让权力运行公开透明,构建德治、法治、自治"三治"结合的新型乡村治理体系,提升乡村治理能力,以达乡村善治的目的。

(二)乡村治理体系构建是乡村振兴的基石

乡村振兴是一项系统工程,是一个大而综合的战略,而在这个系统工程中乡村治理的作用十分凸显,它是实现乡村振兴目标的制度基础和重要保障。

一是乡村振兴的重点是产业兴旺。构建乡村治理体系,坚持党委领导、政府负责,加快农业供给侧改革,稳步提升农业综合生产能力,培育新产业新业态,构建农业产业深度融合的现代农业产业体系,实现产业兴旺的目标,为乡村治理提供经济支撑。

二是乡村振兴的基础是生态宜居。构建乡村治理体系,充分发挥农民主体作用,扎实推进农村基础设施建设,改善农村人居环境,全面实现农村美的目标。

三是乡村振兴的关键是乡风文明。构建乡村治理体系,支持和鼓励宗亲会、慈善救济会、红白理事会等社会团体及组织协同参与,积极倡导和践行文明乡风,有效涵养和净化社会风气,培育乡村德治土壤,抑制假恶丑、弘扬真善美,推动乡村有效治理。

四是乡村振兴的根本是生活富裕。构建乡村治理体系,创新村级治理机制,壮大集体经济,拓宽农民增收渠道,鼓励和支持农民创业就业,提高农民就业创业质量,让工资性收入和经营性收入成为家庭收入的新增长点,全面实现农民富的目标,增强农民的幸福感、获得感。

(三)乡村治理体系构建是乡村振兴的保障

农村是传统文明的发源地,是乡土文化的根。乡村已成为我国经济社会发展的基础,最深厚最广泛的基础在农村,最繁重最艰巨的任务在农村,最大的后劲和潜力也在农村。但随着农村经济社会的发展,一些交通便利、环境好的村落会集聚更多人口,一些偏远、环境恶劣的自然村落会逐步消亡,这也符合农村村落演进发展的规律。在乡村振兴战略实施过程中,哪些村做大、哪些村缩减、哪些村整治、哪些村保留,这都要在尊重农民意愿的基础上,科学论证,让更多农民积极参与其中。同时,乡村振兴要做到规划先行,一定要走符合农村实际的路子,注意乡土味道,遵循乡村自身发展规律,体现农村特点,不能照搬照抄城镇建设那一套,搞得城市不像城市、农村不像农村。要注意生态环境保护,留住青山绿水,保留乡村风貌。要因地制宜做好人居环境综合整治,改变一些地方秸秆乱烧、垃圾乱扔、污水乱排的脏乱差状况。乡村振兴是一个系统的、内涵丰富的工程,不仅要改变村容村貌,更需要创造一个公平正义的乡村社会环境,让农民有幸福感、获得感,这就需要构建一个完善的乡村治理体系。

二、乡村治理体系构建面临的现实困境

随着工业化、城镇化步伐的加快,乡村人口加速流动,乡村经济、社会、人口结构等发生了巨大的变化,以往那种传统的乡村治理体系难以发挥其应有的作用,也给乡村治理新体系构建带来前所未有的困境。

(一)乡镇党委、人大、政府在乡村治理中职能定位不清

乡镇党委是乡村治理的权力、决策、指挥和控制中心。乡镇人大是国家在乡村设置的权力机关,是群众行使当家作主权利、参与地方事务管理权利

的基本形式,肩负宪法和法律赋予的决定、监督和任免等各项职责。乡镇政府是我国乡村政权组织,承担着乡村绝大多数行政事务,在乡村治理中具有重要作用。一是少数乡镇党委执政能力不高,难以宏观把握和理性判断经济社会发展大势,特别是在处理内部矛盾、管理社会事务、维护社会稳定、协调各方利益关系等方面,缺乏创造性。在乡村治理工作中,善抓善管能力弱,还存在不依法办事、决策不够科学、工作方法简单的问题,突发事件应对能力弱,难以及时化解不稳定因素。二是乡镇人大的权力地位不高,法律所赋予职权难以有效履行,乡村治理的决定权、监督权成为一纸空文[①]。三是随着村民法治意识和维权意识的觉醒,政府推行依法行政,乡镇政府履行职责的手段也在减少,各项政策难以有效实施。一些缺乏公共财政资源的乡镇财政陷入了困境,影响了乡村公共事业的发展和乡镇政府的日常运转,导致群众对乡村公共服务的需求无法满足,乡镇政府在群众中权威严重降低,治理能力呈弱化趋势。

(二)乡镇站所"条块分割"影响治理效果

目前,乡镇管理体制仍是"条块结合",乡镇政府("块块")与乡镇站所(上级部门与单位派出机构:"条条")共同治理乡村。从实践来看,这种"条块分割"体制已不适应乡村治理的需要。一是"有权有利和管财管物"的站所由上级机关垂直管理,难以对这些站所进行有效的协调和监督管理,削弱了乡镇对乡村事务管理的权力,造成乡镇"责任大、权力小"。二是上级各部门争着挤着向乡镇"插一脚",以加强服务和管理的名义到乡镇设立派出机构,造成站所人员和机构不断增多。而这些站所借助上级单位和部门的权势对乡镇"汇报"各自的任务和要求,迫使乡镇政府组织人力、财力保障完成它们的任务和要求。如实施林长制、河长制,要确定专门人员配合林业站等站所开展森林防火、防汛抗旱等工作,在人员不够的乡镇,只能一人兼数职,削弱了乡镇在乡村治理方面的力量。三是"条条"管理的乡镇站所大都拥有与农民生活和生产直接相关的生产经营许可及土地使用等方面的管理权。而这

[①] 王维国、刘军:《北京市乡镇人大履行职权的现状、经验与问题》,载《新视野》,2011年第3期,第56~61页。

些站所中,有的对农民生产经营横加干涉,有的"只收钱、不办事",有的"收了钱还乱办事",有的借助行使管理权力巧立名目"搭车收费",甚至乱罚款、乱收费,加剧了民众对政府的不满,影响了乡村治理效果。四是乡镇站所设置小而全,"管"与"用"脱节,权责分离,难以形成规模效应。同时,乡镇站所之间、乡镇站所与乡镇政府之间也存在权责不清、利益矛盾和职能交叉的问题,也很难实现"人权、事权、财权"有效统一,严重影响到站所公共资源的优化配置和服务功能的整体发挥。

(三)村级党组织在村治中的领导核心地位弱化

村级党组织是推进乡村治理工作的组织者、领导者、实践者和示范者。但随着乡村经济社会的快速发展与变迁,一些村级党组织的影响力弱化已是不争的事实。一是农民群众自主生产经营,意识形态的多元化,使他们理性对待村级党组织权威,不再盲目崇拜和迷信村级党组织权威,这大大减少了他们对村级党组织的依赖性,也大大减弱村级党组织对他们的影响力和管控力。二是有些村级党组织无力带领群众发展农村经济和进行现代农业建设,服务群众效果不好,不在点子上,也不到"心坎里",大大削弱了党组织的服务职能。三是有些村级党组织在社会转型中对群众利益的新变化、新特点不能准确把握,不能很好地统筹兼顾各方利益,也不能有效疏导各种利益冲突,导致各方利益不能实现平衡。四是有些村级党组织维护党员权利和保障党员合理利益诉求的能力较弱。有些村村领导集权的问题不同程度存在,导致党员的向心力和忠诚度下降。也有些村级党组织执行民主协商、村务公开等制度不力,甚至走过场,失去了群众的拥护和信任。五是一些村级党组织领导乡村治理的经济资源有限,难以有效提供公共服务,同时出现本领不强、作风不正、组织涣散的问题,无法树立有效权威。乡村黑恶势力、宗教及宗族借机争夺话语权,使这些村级党组织在乡村治理中的核心领导地位、领导权威面临挑战,陷入"边缘化"的困境①。

---

① 夏朝丰:《村务管理中的村级党组织核心职能研究》,载《宁波大学学报(人文科学版)》,2012年第3期,第63~67页。

(四)村委会村治功能异化

村委会是国家赋权的村民自治组织,村委会成员每隔3年由村民直接选举产生,拥有村治的合法权力,处理村公益事业和公共事务。但政府通过各种手段和方式支配和左右村委会,致使村委会自治功能异化、削弱。一是国家在法律上规定村委会协助乡镇政府开展工作,没有具体地界定这里的协助,把村委会视为乡镇政府下面的"腿"(办事机构)。虽然国家投入越来越多的资金支持乡村建设、提供公共服务,但代表国家的乡镇政府精力有限,就整天要求村委会去做这事或那事。村委会协助乡镇政府开展的工作越来越多,处理村民自治事务越来越少,缩小了乡村自治空间。二是村委会虽经常充当政府角色管理,但是在计划生育、殡葬改革及秸秆禁烧等工作中,不能充分维护村民利益,让一些村民感到难以依靠村委会维护和实现自己的利益。因此,村民对村委会的自觉认同和服从认同渐失,加速了其权威的丧失进程,村委会的自治空间受到限制。三是一些村委会经费短缺导致村基础设施建设滞后,村民生活生产环境得不到改善,也就增加了治理难度。与此同时,很多地方实施了"村财乡管或镇管"的做法,村委会如果不配合乡镇政府,就有可能难以使用村经费,进一步强化了乡镇政府对村的管理和领导,村委会村治功能异化。

(五)各类乡村新型社会组织治理能力偏弱

乡村新型社会组织指在乡村范围内,以村民为主体的,为"三农"服务而设立的非政府自治组织,具体包括计划生育协会、志愿者协会、扶贫互助协会、红白喜事服务队、农业专业经济协会、治安联防队(或平安协会)、村民公益理事会、农村用水户协会、民主监事会、农村卫生协会、农民专业合作社、农村财务服务中心、乡贤理事会、畜牧兽医协会等。乡村新型社会组织依托自己的优势和职能活跃于乡村公共领域,参与乡村治理中,推动乡村公共事业发展。但是,乡村新型社会组织在发展过程中也面临一些问题,这与乡村振兴背景下"治理有效"的目标要求还有一定差距。一是乡村新型社会组织主要集中在公益类范围的社会服务和管理领域,缺少光彩事业类、维权类和经济互益类组织,也缺乏残疾人、妇女、老年人等特殊群体服务类组织,从而呈现出发展结构失衡的特征。二是计划生育协会、治安联防队(或平安协会)等大多数乡村新型社会组织由乡镇政府和村委会牵头成立,难免会受到政府行为的影响,在运作过程中,政府的作用和意图更加明显,村民的实际需求和愿望得不到经常性的、积极的、有效的回应,村民对乡村新型社会组织的认可度不高,村民参与程度依然偏低。三是大多数乡村新型社会组织没有健全内部管理和自律制度,也尚未建立良好的监管和自律机制,规模较大的偏少,公信力和影响力不足,难以发挥典型示范作用。四是乡村新型社会组织大多是官方授意成立的,与政府的意愿、政绩等密切相关,政府只是将它们作为有效治理的工具,其管理和服务的职能逐步发生异化。同时,在运作过程中,自身自治能力不足,缺乏农业生产、加工、销售等服务能力,所提供的管理和服务还不能满足村民的需求。

(六)乡村干部治理能力影响治乡村理水平

乡村干部的能力、水平决定了乡村治理水平的高低,可以说,乡村干部的素质直接关系到乡村治理的整体水平。但是在乡村治理过程中,乡村干部工作方法、政策掌握程度等多方面的因素,影响了乡村治理水平。一是由于生活条件艰苦、基础设施不完善、经济落后等原因,高学历、高素质人才吸引不来,青年人才又大量流失,导致乡村干部学历和素质相对较低。现有的乡村干部中,年龄较大的具有较强的实践能力和较丰富的工作经验,也能吃苦耐劳,但在接受新事物、运用科学技术辅助决策、信息化办公以及创造性地解决问题等方面明显地力不从心;年龄较小的接受新的理论知识相对容易、学习能力也较强,但在工作能力、工作经验等方面还不足。同时,一些乡村干部都把时间和精力集中在处置日常繁琐事务上,不注重学习,在知识更新较快、科学技术飞速发展的时代,难以适应经济社会发展和乡村治理工作的需要。二是在乡村治理中,乡村两级职能、乡村干部之间职责界定不清,甚至出现有权力的乡村干部不承担责任,承担责任的却没有相应的权力,这必然导致相互推诿、逃避责任和消极懈怠等问题和无法履职、权力滥用两种状况[①]。三

---

① 孟里中、张朋、刘文光:《乡镇干部精准扶贫能力建设的影响因素及对策》,载《行政与法》,2017年第3期,第46~53页。

是在乡村治理中,形式主义、家长作风、奢靡之风和官僚享乐主义还不同程度存在,乡村干部摆架子,不愿意倾听群众的意见,甚至滋生腐败,严重影响了乡村治理方面政策的贯彻落实。四是激励机制和考评制度不健全,"干与不干、干好干坏、干多干少一个样",使乡村干部缺少干事业的激情和工作热情,丧失进取心,意志消磨殆尽。没有工作压力,很难以积极、负责、认真的态度对待工作,办事拖沓、不作为已成为一种常态①。

(七)"空心化"的农村使乡村治理中农民这个主体缺位

当前,欠发达农村村民居住偏僻、分散,且青壮年纷纷外出务工经商,留守在家中的是儿童、妇女和老人,造成了家庭"空巢化"、村庄"空心化"、土地抛荒化等,这些村落逐渐走向衰败。一是农村青壮年纷纷外出务工经商,农村难以引进优秀人才,导致参与乡村治理的能人青黄不接。一些宗族势力趁机操纵村庄,治理村庄的权力落在极少数人手中,甚至就出现了恶人治村的现象。二是农村"空心化",村级组织处于半瘫痪或瘫痪状况,就算正常运转,也因农村"空心化"的加剧而难以维持、力不从心。乡村治理各项工作难以开展,治理能力面临严峻考验。三是伴随"空心化"的加剧,大量的知识青年、青壮年常年不在农村,他们忙于赚钱养家,根本没时间和精力参与村庄事务治理。留守在农村的老幼妇孺成为家庭代言人,表达其对村庄事务治理的主张,由于能力、知识等限制,这些留守人员无法正确表达外出家庭成员的真实意愿。同时,村民议事会、村民会议开不起来,村民代表会组织难度大,导致乡村治理中的"一事一议"制度流于形式。四是由于留守人员自身能力、知识水平的限制,乡村治理的信息渠道不畅通及农村传播媒介的不发达,保障所有村民对乡村治理的知情权成为空话,村民甚至连一些涉及切身利益的事务都弄不清楚,更不要谈监督权了②。

---

① 孟里中、张朋、刘文光:《乡镇干部精准扶贫能力建设的影响因素及对策》,载《行政与法》,2017年第3期,第46～53页。

② 周春霞:《农村空心化背景下乡村治理的困境与路径选择——以默顿的结构功能论为研究视角》,载《南方农村》,2012年第3期,第68～73页。

（八）利益纠纷和矛盾的多样化、复杂化增加了乡村治理的难度

乡村社会急剧变迁，必然带来利益格局的巨大变化，导致利益纠纷呈现尖锐化、多样化、复杂化等趋势，使乡村治理的难度大大增加。一是随着农村经济快速发展，征地拆迁、农村集体资产管理、征地补偿分配及"外嫁女"利益纷争、选举权与被选举权、土地产权争议等利益纠纷与矛盾形式多种多样，涉及方方面面。二是开放的农村社会，使村民维护自己权利的行为越来越趋于理性，一些村民了解的法律和专业知识越来越多，维权经验越来越丰富，知道采用什么样的方式能够引起社会的关注、戳到对方的软肋；对法律和专业知识了解不多的村民，也会咨询了解法律和专业知识多的村民，甚至寻找专业的维权组织，从而实现自己利益最大化。三是一些村民往往打着"讨个说法"的旗号，要求巨额赔偿，稍有不满，就会采取聚众"闹事"、上访等手段。四是一些村民表达利益诉求除传统的诉讼、逐级上访外，还采用重复和越级上访、缠访、闹访、涉诉信访等最让基层政府感到害怕的手段。也有些村民借助网络等新媒体、民间不合法或合法维权组织的力量把事情"问题化"、复杂化、扩大化等。不少群体性维权，采用"企业出资金，律师做军师，老弱病残打先锋"的行动策略，精心策划，有专业的口号、标语等道具，具有明显的组织化特征。五是基层政府担心害怕群众越级上访、特别是赴京上访。一些村民利用政府这一"软肋"，提出一些不合理要求，使合理与不合理诉求交织在一起，纠纷诉求呈现复杂化趋势，甚至出现了一些以上访来牟利的群众。

三、化解乡村治理体系构建困境的具体途径

党的十九大报告提出，社会矛盾和问题交织叠加，全面依法治国任务依然繁重，国家治理体系和治理能力有待加强。国家治理体系自上而下包括中央、地方和乡村治理体系，乡村治理体系是国家治理体系的实施和执行环节。当前，我们必须坚持以习近平新时代中国特色社会主义思想为引领，着力构建多元共治、"三治"（自治、法治、德治）结合的乡村治理体系，确保乡村社会和谐稳定，乡村振兴战略有序实施。

(一)精准定位乡镇党委、人大、政府在乡村治理中的职能

在乡村治理工作中,乡镇党委、人大、政府是密不可分的一个整体,不可孤立、分割。三者有机结合,相互促进,共同发展。乡镇党委是乡镇各项工作和各种组织的领导核心,要牢固树立党委领导的观念。乡镇人大与政府是监督与被监督、决定与执行的关系。乡镇党委、人大、政府要正确定准各自在乡村治理工作中的位置,正确处理好三者之间的关系,合力推进乡村治理能力和治理体系现代化,以达到乡村善治。一是建设强有力的乡镇党委领导班子,强化领导班子的政治意识,提高乡镇党委协调各方、总揽全局的能力。在乡村治理中,乡镇党委必须认真履行党章和宪法赋予的责任与职权,站在全局的高度,统筹协调各方主体及利益,把领导核心作用充分发挥出来[①]。二是乡镇人大从群众的利益出发,围绕群众关心的焦点、难点、热点问题,倾听群众呼声,反映民声,认真履行各项职责,保证乡村治理的决策部署的顺利实现。三是作为乡村治理体系关键和核心力量的乡镇政府,尤为重要的是提升乡镇政府治理能力和服务群众满意度[②]。从本地实际出发,探索乡镇政府干部全覆盖、常态化联系服务群众的有效途径,建立乡镇政府领导干部下访接访制度,运用新兴载体或先进科技手段,动态掌握群众诉求、就地及时解决合法合理诉求。乡镇政府在提供公共服务时,让群众参与决策、运作、监督和评价,拓宽群众参与渠道,提高乡镇政府在群众中权威[③]。

(二)理顺乡镇站所"条块"关系,提高治理效果

乡镇站所"条块"关系就是利益关系问题,各地要从实际出发,逐步摸索一套符合实情的乡镇管理体制。一是增强乡镇功能,理顺县与乡镇的关系,合理调整乡镇站所管理体制,厘清各自权责,对乡镇政府"赋权增能",上级

[①] 肖立辉:《发挥乡镇党委领导作用的五种方式》,载《中国党政干部论坛》,2017年第4期,第17~20页。

[②] 贾晋、李雪峰:《政府职能、居民评价与乡镇政府满意度——基于10省1336个样本的实证分析》,载《公共行政评论》,2017年第3期,第164~183页。

[③] 吴理财:《加强乡镇政府服务能力建设——如何强化乡镇政府服务功能》,载《中国党政干部论坛》,2017年第4期,第7~11页。

主管部门不得随意转嫁工作任务给乡镇政府。按照高效、统一、精干原则,下放权力。把驻乡镇站所改为由乡镇统一管理的职能部门,将各类事项权力下放,主管部门加强监督和业务指导,减少环节,减少不必要人为障碍,以利于发挥乡镇政府职能,更好地服务群众。二是专业性较强或省级以上垂直管理的站所,可采取加强协作、"条块结合",乡镇和主管部门双重领导的方式,主管部门加强业务上的指导,赋予乡镇政府对关系群众利益的公共服务设施布局、重大项目和决策的建议权和参与权。在人事调整、职级晋升、干部考核等方面要征求相关人员所在乡镇的意见,形成优势互补、多方共赢格局。三是建立健全乡镇服务体系,充分发挥乡镇服务功能,可以采用"以钱养事"方式将公共服务事项交给社会组织承担;也可以采取市场方式,将公共服务事项交给社会力量承办。四是加强对乡镇站所的监督与评议,并将监督评议情况反馈给上级主管部门。对监督评议综合情况不佳,配合和支持乡镇不力,群众反映不好,负面影响较大的乡镇站所,乡镇有权要求调整其领导及工作人员。上级主管部门也应加强管理的责任,简化办事程序,推进政务公开,严格办事时限,防止出现越权和失职行为,查处违纪违法案件,消除不正之风,提高站所服务实效和治理能力[①]。

(三)强化村级党组织在村治中的领导核心地位

党的十九大报告提出,"坚持党对一切工作的领导"。村级党组织是村级各项事业的领导核心。乡村治理的好坏,关键在村级党组织,着力点也是坚持村级党组织的领导核心地位。面对乡村治理的新特点、新形势和环境的新变化,村级党组织要及时解决涉及村民利益的焦点、热点、难点问题,不断提高治理能力。一是尊重群众的意愿,以平等的姿态与群众沟通,站在群众的立场来思考问题,把群众作为依靠力量,扩大群众的个体权利和价值实现的空间,激活农民群众的自主和主体意识,以赢得群众衷心拥护[②]。二是以法律法规等合理划分村级党组织和村委会的职权和职责范围。同时,村级党组

---

① 汪恭礼:《乡镇条块管理中存在的问题亟待解决》,载《红旗文稿》,2005 年第 22 期,第 26~28 页。

② 周挺:《治理背景下村级党组织群众工作的着力点》,载《中共云南省委党校学报》,2014 年第 5 期,第 82~84 页。

织要改进工作方法和领导方式,利用和团结宗族势力等社会组织,发挥他们的积极作用,克服其消极作用,为乡村治理贡献力量。当然,也要利用国家专政力量,对那些利用宗族势力破坏乡村治理的犯罪分子和团伙坚决进行打击,保证村级党组织在乡村治理中的领导核心地位和政治权威。三是要适应乡村治理的新变化新特点,创新活动内容和方式,摸准发挥党组织作用的着力点,按照党组织发挥作用、便于党员参加活动的要求,完善和探索在外出经商务工党员相对集中点、产业链、农民专业协会和合作社设置党组织,提高村级党组织战斗力、创造力、凝聚力[1]。四是健全、规范党内政治生活,坚持党内教育培训、会议学习与管理等工作常态化、制度化,使村级党组织成为农村各类组织及村委会学习的榜样,积极营造民主、有序、务实、严肃活泼的氛围,实现党风对民风、政风的带动。五是以培训、指导和监督等方式培养村级党组织带头人,使之具有较强的工作能力和较高的政治素质、理论文化素质。加强对普通党员的培养和党性修养锻炼,鼓励和支持他们参加农业生产技术与技能培训,把他们培养成为农民致富典范和道德典范。关心每一名普通党员,了解他们的思想状况,及时解决他们的生活困难,增强党员对村级党组织的向心力、归属感、责任感与荣誉感,使村级党组织成为乡村治理等各项事业发展的主心骨,提升村级党组织的吸引力[2]。

(四)凸显村委会村治功能

村委会作为村民自治的组织形式,其职能发挥得如何,直接影响乡村有效治理目标的实现。一是村委会应突出村民自治、基层民主、公共服务功能,在本村范围内有效地处理村民内部矛盾、环境、医疗、卫生、教育以及基础设施建设等方面问题,向乡镇政府反映村民的建议、意见和要求,做好村务公开、财务公开,接受村民及社会的监督。二是明确村委会与乡镇政府的角色定位,用法律法规形式划分两者的职权范围,协调和规范乡镇政府行政管理权与村委会行使的自治权,依照法律法规的规定,乡镇政府对村委会"指导",

---

[1] 郭波:《村级党组织权威弱化及其治理研究》,载《四川理工学院学报(社会科学版)》,2011年第3期,第1~6页。
[2] 何金凤、王晓荣:《农村党组织治理能力提升与基层政治生态优化》,载《理论学刊》,2016年第3期,第42~47页。

村委会对乡镇政府行政管理进行"协助",使它们各司其职①。三是切实减轻村委会负担,清理和废止乡镇政府与村委会签订的行政管理责任书,清除不必要实施的、不适合实施的、无法实施的事项,取消乡镇政府可以实施、无需借助村委会实施的事项,扭转村委会功能行政化倾向,让村委会工作人员从繁重的行政管理事务中解脱出来,用更多的精力和时间为村民服务。确实交由村委会办理的工作,除法律、法规及党章规定之外,一律按照"事费配套、费随事转、权随责走"的原则签订"政府采购服务"或"委托管理"协议书,做到责权利的相统一。对村委会有异议、村普遍不认可或反对的,可以拒绝接受。

(五)积极鼓励和扶持乡村各类新型社会组织参与乡村治理

社会组织(尤其是基层社会组织)的成员来自乡村不同行业,成员基础和社会触角广泛,是乡村社情民意的"顺风耳"和"千里眼"。社会组织可以凭借其灵活的信息获取方式,及时获取和掌握乡村社会可能发生的各类矛盾的各种讯息,有利于乡镇、村级组织及早改变治理方式,调整处置策略,采取有效措施化解矛盾,消弭社会矛盾于萌芽之中②。在乡村治理中,积极鼓励和扶持乡村各类新型社会组织有效参与乡村治理,形成"社会参与、民众受益"的乡村治理新格局,避免村"两委"与乡镇政府治理缺位。一是加强对乡村各类新型社会组织的政策引导和扶持,出台法律法规及相关政策,明确其职能、地位与性质等核心要素,给它们提供一个合法、公平、公正的平台,保障它们在乡村治理中发挥积极的作用③。二是培育、发展和壮大乡村各类新型社会组织,引导它们制定科学的发展规划、规范管理制度等,鼓励它们引进高素质人才,将现代生产经营管理等技术和手段运用到基层服务和治理领域,着力提高服务和治理能力,以获得广大群众的支持和信任。三是贴近村民生活、乡村实际,广泛培育公共治安维护组织、民间纠纷调解组织、村民职业介绍与培训组织和农业科技组织等有利于生产和生活水平提升的各类新型社

---

① 谢明:《论村委会职能的异化及其治理》,载《行政与法》,2012年第3期,第94~97页。
② 梁德友、刘志奇:《社会组织参与群体性事件治理研究:功能、困境与政策调适》,载《河北大学学报(哲学社会科学版)》,2016年第3期,第136~142页。
③ 邱玉婷:《农村社会组织参与乡村治理的机制分析》,载《农村经济与科技》,2015年第7期,第190~192页。

会组织,提高村民的认同感和归属感。在培育数量和扩大规模的同时,引导乡村各类新型社会组织之间、组织内部成员之间相互信任与支持、互惠互利,以包容、开放的心态参与竞争与合作,提高整体治理效果①。四是增加政府购买服务项目,将乡村公共事务委托或转移给相应的社会组织承担,为社会组织提供经费支撑。建立社会组织多元投入机制,更多地获取市场化支持,拓宽资金来源渠道,提升持续发展的能力。同时,建立健全评估考核体系,定期开展考核,将考核结果作为培育与扶持及购买服务的重要依据②。

(六)提升乡村干部治理能力与水平

乡村干部担当着乡村治理的重任,是乡村治理的组织者、推动者与实施者。党的十九大报告提出,培养造就一支懂农业、爱农村、爱农民的"三农"工作队伍。一是从实际出发制定规划,分步实施,合理调整,让乡村干部和后备干部队伍在年龄、专业等方面呈合理的梯次结构,实现系统化、规范化、科学化管理,大幅度地提高乡村干部带领村民发展经济的本领,建设一支执政和治理能力强的高素质乡村干部队伍。二是对乡村干部进行分期分批、分层次培训,鼓励和支持他们参加各种学历学习,提高他们科学素质和文化素质。创新培训的内容和方式,多办形式多样、内容丰富的短期培训班,除政治、经济、法律理论知识以及党在乡村的方针政策外,重点培训现代生产经营管理知识、实用技术知识、农村工作方法等,提高乡村干部服务群众的能力和水平。三是吸引大中专毕业生到乡村工作,特别是农学专业毕业生,充分发挥他们工作积极性,提高他们养老、医疗等保险费标准以及工资待遇,关心他们的生活,解决他们后顾之忧,让他们稳定地留在乡村,把新观念新思路带到乡村,为推进乡村治理现代化发挥巨大作用③。四是及时对高考落榜生进行培养及引导,让他们成为乡村干部的有生力量和乡村治理后备人才。鼓励外出

---

① 刘瑜:《农村社会组织:促进社会善治重要力量》,载《人民论坛》,2017年第8期,第60~61页。

② 刘太敏:《社会组织有效参与新型农村社区治理的路径分析》,载《企业导报》,2016年第9期,第196页。

③ 刘太敏:《社会组织有效参与新型农村社区治理的路径分析》,载《企业导报》,2016年第9期,第196页。

务工经商的村民进入村级组织工作,让他们成为发家致富的带头人,领着大家发展现代农业。鼓励农村致富能手和农民企业家进入村"两委"班子兼职,让这类乡村干部在适合的位置上发挥出养殖专才、种植能手、田秀才的特长,成为群众的贴心人和主心骨。五是鼓励和引导乡村干部改进工作方法,扎扎实实、脚踏实地服务群众,遇事要调查研究,同群众商量,听取群众意见,绝不可强迫命令。村支部书记、村委会主任和乡镇党政一把手要讲究领导艺术和方法,正确行使手中的权力,充分发扬民主,杜绝以权谋私现象发生。六是加强对乡村干部的监督管理,对那些工作打不开局面、政治素质不高、干不了事、带领群众致富能力不强、不干正事、为政不廉、群众不拥护、完不成年度工作目标的乡村干部进行组织调整;对违反政策法律给乡村其他事业和村集体经济造成损失的乡村干部,该处分的处分,该罚的罚;对少数贪污腐化的乡村干部坚决严惩。

(七)采用乡村治理"互联网+"模式来弥补"空心村"乡村治理主体缺位

当前,随着在家务农收入与外出务工经商收入差距的拉大,村民流动性增强。但村民无论流动到何处,如何流动,通过手机、电脑均可与家人视频、通话,交流感情,互换信息,这为乡村治理"互联网+"模式提供了可能。一是以村落或村民组为单位建立QQ群、微信群,把分散在全国各地本村落或本村民组村民集中在一个QQ群、微信群内,至少保证每户都有人入QQ群、微信群,保证本村落或本村民组每家每户均可共享群内信息。既有利于增强村民间感情,也有利于增强其对村落的认同感。二是群内成员共享村内、村外各类信息的同时,QQ群、微信群的群主要积极引导大家参与村落或村民组中的公共事务,讨论儿童教育、老人养老等热点难点及大家共同关心的问题,共同找出适当的解决办法,把群内的讨论结果转化成现实中的行动,实现彼此间互帮互助。三是乡村两级具体工作要跟进,也要建立QQ工作群或微信工作群,至少保证辖区内每个行政村都有人入乡镇政府QQ工作群或微信工作群,至少保证辖区内每村落或村民组都有人入行政村QQ工作群或微信工作群,使互联网成为村民的传声筒。四是乡村两级建立官方网页、微信公众号,发布或推送各类惠农政策、本地生活资讯以及乡村两级工作动态,让全体村民了解乡村两级最新工作动态以便配合并理解乡村两级的行动。特别是涉及村落或村民组基础设施建设和公共事务管理的信息发布后,该村落或村民组在外村民能第一时间获悉,并通过网络和在家村民商定实施方案,实现对村内公益事业或公共事务的参与。五是乡村两级通过QQ群、微信群收集民意、倾听民声,全面地及时了解分散各地的村民对某项工作方案、措施的具体看法,可以最快速纠正错误或不妥之处,尽可能地避免工作失误。真正让村民享受到惠农政策带来的益处,互联网成为连接乡村两级与村民之间的桥梁,让乡村治理工作变得更加顺畅,为乡村振兴塑造安定有序的环境[①]。

(八)建立健全自治、法治、德治"三治"结合的多元解决矛盾纠纷机制

利益纠纷和矛盾纷繁复杂,方法不对,协调不好,均有可能引发矛盾纠纷激化,不利于乡村振兴。因此,必须按照党的十九大精神,从实际出发,建立健全自治、法治、德治"三治"结合的多元解决矛盾纠纷机制,以确保乡村和谐稳定、长治久安。一是建设农村群众性自治组织,设立村民理事会、村民议事会、村民监事会,把本村德高望重的村民、新乡贤、党员、村民代表、社会知名人士推选为会长、副会长,充分发动他们积极参与乡村治理和排查调处化解矛盾纠纷。把血缘、亲情、乡情等因素融入乡村治理和矛盾纠纷排查调处化解之中,有利于提高乡村治理和矛盾纠纷排查调处化解效果。二是以"法律六进"为主要载体,加大乡村普法力度,在广播、电视设立普法栏目,普及法律、法规及相关政策等知识,引导广大村民增强学法遵法守法用法意识,提高他们法治素养,提升他们运用法律武器解决问题的能力,形成遇事找法、化解矛盾纠纷靠法、维护权益用法遵法的浓厚氛围。建立健全县乡村矛盾纠纷调处机制,增强乡村干部法治观念,依法理顺群众各种利益关系,平衡他们不同利益诉求,调处化解各类矛盾纠纷,提高乡村依法治理能力和水平。三是从乡村实际出发,强化道德教化作用,把社会主义道德教育作为重要内容,引导村民破除陈规陋习,反对封建迷信,激发他们发扬艰苦奋斗、勤俭持家、重

---

① 朱启彬:《"互联网+"背景下的村落共同体重塑》,载《人民论坛·学术前沿》,2017年第21期,第72~75页。

义守信、自力更生、孝老爱亲、向上向善的传统美德①。强化道德约束,把诚信、荣辱融入农民群众日常生活,使之成为他们的道德准则和行为规范,使他们讲诚信、识美丑、知荣辱、明是非、辨善恶,使道德约束力持续有效。法律效力发生门槛高,无法及时解决乡村日常发生的各类矛盾,可操作性不强,乡村各类社会矛盾的调解更多地依靠村规民约②。在完善和修订村规民约时,将家庭美德、职业道德、社会公德等公民道德建设纳入其中,融入乡村经济、社会、文化、生活的各个方面,并使其转化为村民自觉行动,促进乡村干群融洽、平等友爱、家庭和睦、扶贫济困、团结互助、邻里融洽和谐的良好风尚的形成,实现乡村社会道德秩序井然,群众生活安定。

(原发表于《南方农村》,2021年第3期)

---

① 郑会霞:《关于农村思想道德建设的思考》,《决策探索(下半月)》,2017年第6期,第88~89页。

② 刘志奇、梁德友:《基于不同理论的乡规民约研究理路及其展望》,载《河北大学学报(哲学社会科学版)》,2018年第1期,第120~125页。

乡村振兴背景下法治乡村建设研究

实施乡村振兴战略是党的十九大作出的重大决策部署,是一项艰巨而又长期的历史任务。2018年中央一号文件以乡村振兴为主题,首次明确提出"建设法治乡村"。在实施乡村振兴战略过程中,无论是乡镇政府的管理,乡村干部、村民、经济组织和农户的各类活动,还是市场经济行为,都应当纳入规范化的法治轨道。本文以法治乡村建设为切入点,通过分析法治乡村建设面临的问题与困难,试图通过实地调查找出具体问题的原因,并提出相应的可行方案,以期对实施乡村振兴战略,建设良好的法治环境有所裨益。

一、乡村振兴战略与法治乡村建设的互动关系

党的十九大报告提出,"中国特色社会主义进入了新时代",人民在民主、法治、公平、正义、安全、环境等方面的要求日益增长。法治乡村建设,就是要将法治思维和方式有效融入贯穿到乡村经济、文化、社会、政治、生态文明等各个环节和领域,从而确保乡镇基层政府依法行政、村级组织依法民主自治、新型经营主体和小农户依法经营、乡村各类社会组织依法开展活动、农民群众知法守法、乡村社会和谐稳定。

(一)法治乡村建设是乡村振兴战略的内在要求

党的十九大将"坚持全面依法治国"作为十四条基本方略之一,要求在法治国家、法治政府、法治社会建设以及城乡经济发展、文化发展等方方面面做到同步推进、协调发展,要求法治贯通沿海与内地、覆盖城市与乡村。乡村指县城以下的"乡"和"村",包括国家政权体制内乡镇政权组织和村级自治组

织,也包括农民聚居和进行农业生产的地方。乡村地区广阔、人口众多仍然是目前最现实的国情,法治乡村建设是依法治国的重要领域。习近平总书记在2017年中央农村工作会议上说,"不管城镇化发展到什么程度,农村人口还会是一个相当大的规模,即使城镇化率达到70%,也还有几亿人生活在农村"。全面依法治国包括调整和规范整个社会中各类主体的权利和义务的关系。而随着农村综合改革的深入和乡村经济社会的发展,乡村经济关系变得越来越复杂,这就要求必须依靠法律手段来调整和规范乡村各类主体的权利和义务关系。乡村社会的稳定和发展,直接关系到整个国家稳定和发展的大局。而乡村社会矛盾纠纷解决得好坏,既影响乡村社会的稳定和发展,又关乎党和政府的公信力以及全面建成小康社会的实现。

（二）法治乡村建设是乡村振兴战略不可或缺的内容

在加速推进城镇化、工业化、信息化的过程中,乡村社会经历了前所未有的变化,从静态变为动态、从封闭走向开放,呈现出诉求多样化、利益多元化的阶段性新特点。乡村法治建设发展不平衡不充分,乡村依然面临对法治规范不适应以及法治权威不足的问题。从乡村实际出发,加快法治乡村建设,运用法治思维和方式来做"三农"工作,是实施乡村振兴战略的内在要求。党的十九大报告在实施乡村振兴战略中提出要"加强农村基层基础工作,健全自治、法治、德治相结合的乡村治理体系"。2018年中央一号文件又提出,要坚持全面振兴的基本原则,通过挖掘乡村多种价值和功能,统筹谋划经济、政治、文化、社会、生态文明和党的建设,整体部署,协调推进。法治乡村建设,就是要将法治思维和方式有效融入贯穿到经济、文化、社会、政治、生态文明等各个环节和领域,从而确保基层政府依法行政,基层组织依法民主自治,新型经营主体和小农户依法经营,乡村各类社会组织依法开展活动,农民群众知法守法,乡村社会和谐稳定[1]。因此,法治乡村建设是乡村振兴战略不可或缺的内容。

---

[1] 郝浩:《论建设法治国家的目标》,载《政府法制》,2018年第19期,第62～63页。

（三）法治乡村建设是乡村振兴战略的重要保障

乡村振兴战略的部署涉及经济、文化、生态、民生等诸多方面，均与法治有着密切关系。乡村振兴战略各项部署的顺利推进都必须在法治整体框架内[①]，做到有法有据、有法可依。党的十九大报告在实施乡村振兴战略中提出"第二轮土地承包到期后再延长三十年"等一系列乡村振兴战略政策，为乡村发展提供了政策支持，只有把这些政策上升为法律，才能为乡村稳健发展提供法律保障。特别是党的十九大报告提出了深化农村土地、集体产权等制度改革，改革牵扯的方面较广，各种利益联系错综复杂，会遇到各种各样的阻力，这就需要借助法治来扫除改革的阻力，以便少走弯路，为顺利平稳推进农村改革保驾护航。同时，实施乡村振兴战略离不开农民，农民的主体作用和主创精神不可少。但是，一些农民信仰权力，而不信仰法律。在遇到问题时，他们解决问题多数靠上访。要想振兴乡村，依法维护农民合法权益和保障农民财产权益，就迫切需要加强法治乡村建设。

（四）乡村振兴战略促进法治乡村建设

乡村振兴战略是做好新时代"三农"工作的总抓手，它致力于乡村长远发展，特别是致力于发展乡村经济，实现"产业兴旺"，促进乡村繁荣，为法治乡村建设提供坚实物质基础。"加强农村基层基础工作"，特别是加强农村基层党建工作，为法治乡村建设提供组织保障。"培养造就一支懂农业、爱农村、爱农民的'三农'工作队伍"，让乡村干部及全体党员成为法治乡村建设最坚实的支撑力量。乡村振兴战略中"乡风文明"目标，以社会主义核心价值观为引领，采取符合乡村特点的方式，大力弘扬时代精神和民族精神，强化乡村思想文化阵地建设，为法治乡村建设奠定思想基础。"健全自治、法治、德治相结合的乡村治理体系"，乡村事务日常的管理与监督、重大事务的决策、村干部的产生和更迭等通过自治方式来实现，充分体现乡村群众的意愿，从而避免和减少一些问题和矛盾的产生，为法治乡村建设打下扎实的社会基础。

---

① 张帅梁：《乡村振兴战略中的法治乡村建设》，载《毛泽东邓小平理论研究》，2018年第5期，第37~43页。

深入挖掘榜样,强化道德教育,弘扬真善美,促进乡村孝老爱亲、家庭和谐、邻里和睦、向上向善、重义守信、干群和谐的良好局面的形成,为法治乡村建设奠定坚实的德治基础。

综上所述,加强法治乡村建设,营造乡村公平、公正的法治环境,是顺利实施乡村振兴战略的可靠保障,而实施乡村振兴战略是促进法治乡村建设的动力,两者相辅相成、辩证统一。这就要求我们要正确处理实施乡村振兴战略与法治乡村建设的关系,在乡村社会和谐稳定中推进乡村经济社会各项事业的快速发展,以乡村经济社会快速发展来加强法治乡村建设。

二、法治乡村建设面临的现实问题

乡村传统观念根深蒂固,群众法治意识比较薄弱,"人情社会、熟人社会"使群众用法意愿较低,厌烦诉讼情绪严重,遇事首先想到的不是依法诉求,求官或信访的局面没有从根本上改变。法治乡村建设面临着诸多现实问题,法治乡村建设的道路依然漫长。

(一)乡村法律法规"供给"不充分,法治运行"有法难用、无法可依"

"三农"领域的法律法规是推动法治乡村建设的重要前提,是促使乡村治理法治化的依据。随着乡村经济社会的快速发展和群众生活水平的提升,乡村社会矛盾的内容和表现形式也随之发生变化,乡村相关法律法规的质量和数量都远远不能适应现实发展的要求,更不能适应实施乡村振兴战略的需要。

一是长期以来我国的法律和政策制度设计有的不科学或者不合理,客观上造成了城镇与乡村的教育、医疗、社会保障等存在着重大差别,使得建立健全城乡融合发展体制机制和政策体系任务繁重。

二是党的十九大报告提出了"壮大集体经济",而农村集体经济组织大多数被村委会所代替,存在功能缺位、淡化乃至异化的状况,集体经济组织"名存实亡"。在缺少农村集体经济组织的专门法律法规的前提下,想通过生产、管理、服务、协调、分配以及资产积累等经营活动来壮大集体经济难度很大。

三是现行的法律、法规对农村集体土地的产权归属界定模糊。人民公社时期,农村集体土地实行的是"三级所有,队为基础"制度,这里说的三级就是指公社、大队和生产队,这里说的队指的就是生产队。随着历史的变迁,公社、大队和生产队分别演变成乡镇政府、村委会和村民组,而按照法律规定,集体土地所有权仍然归村民小组、村和乡(镇)农民集体所有。随着农村家庭承包经营制度的建立,村民小组内的土地、山场、生产资料及承担的税费任务分到各家各户,村民小组的功能逐渐弱化。事实上,乡(镇)基本上退出,村民小组拥有独立法人地位的不多,大多数土地由村委会以各村民组为单位分别发包给各家各户,土地承包经营权主体不清。在众多的深化农村集体产权制度改革中,集体土地所有权又忽略村民组,统一到村一级。

四是《中华人民共和国民法典》明确农村宅基地使用权是一种用益物权,而我国有关法律规定宅基地不能进入市场流通,更不能以高价卖出,这种土地是农民专有的,是农民按照"一户一宅"的原则无偿获得的,是作为社会保障的一种体现。在实践中,各地私下都出现过出租、出让、出售宅基地等,一些省份也顺应农村改革的潮流,出台了宅基地有偿退回、流转等法规和管理办法,但国家层面上还没有出台与宅基地有偿退回、流转相关的规定,使得农村集体产权制度改革预期效果难以达到[①]。

(二)乡村干部法治思维欠缺,"重人治,轻法治"现象依然存在

由于受到传统文化和封建思想的影响,一些乡村干部法治思维欠缺,法治观念淡薄,喜欢用过去的思维模式和思维习惯来审视各种社会矛盾和问题,在维护稳定、化解矛盾时不能完全做到依法行政,依法决策。

一是一些乡村干部不重视学习法律知识,也不能够系统地学习法律知识,即使参加一些法律知识教育培训,只是流于形式,学习也不深入,乡村干部缺乏基本的法律知识已经成为普遍的现象。因法律知识严重匮乏,乡村干部处理具体事务时,很难将法治方式和法治思维运用到实际工作中,往往只是利用手中权力,以言代法。同时,也有一些乡村干部面对乡村发生的各种矛盾纠纷事件时,知道需要依法解决,但不知道如何下手解决,导致矛盾纠纷激化。

---

① 惠建利:《农村集体土地产权制度与流转制度的立法完善——基于地方立法实践》,载《中共山西省委党校学报》,2012年第3期,第97~100页。

二是少数乡村"官本位"思想依然盛行,乡村干部利用手中权力恣意妄为,遇到问题喜欢批条子、打招呼,喜欢"拍脑袋"、搞"一言堂"决策。少数乡村人治思想较为浓厚,存在"选择性执法":当遇到法律的规定对自己有利,而对别人(或普通群众)有约束时,乡村干部就严格依法办事;当遇到法律的规定对自己有约束,而对别人(或普通群众)有利时,就把法律丢在一边,甚至不惜违反法律规定,随意侵害或剥夺群众的合法权益,导致官与民的矛盾激化。

三是一些乡村干部在维护稳定、化解矛盾时,高喊依法治理,但事实上只是喊喊而已,在实践中仍然以权力思维代替法治思维,没有真的以法处理,导致法律束之高阁,犹如一纸空文。法律的稳定性、权威性丧失,法治也就沦为人治。

四是一些乡村干部在维护稳定、化解矛盾时,觉得依法处理、解决矛盾费时费事,程序繁杂,影响工作效率。遇到问题,他们不顾法律的权威和公平、正义的程序,按照自己的方式来处理,看似提高了工作效率,一旦处理失败,则容易导致矛盾激化,甚至引发群体性事件。

五是随着城镇化、工业化的发展,大量有文化的青壮年外出务工经商,导致大多数村干部文化水平偏低、年龄偏大、政策理论功底弱、法治观念淡薄,给群众传达党的方针、政策都存在困难,遇到问题沿袭本地长期形成的民间"习俗"来处理,而不是寻求法律途径来解决,让他们带领群众开展法治乡村建设难以达到预期效果。

(三)基层政府维稳压力过大,法治难免被稳定压倒

当前,我国正处于社会转型期,各类社会矛盾纠纷集中凸显,维稳成为各级党政部门的首要任务。为落实维稳责任,各地制定了严厉的考核考评机制以及责任追究制度,具体包括领导责任制、责任查究制、"一票否决"制和目标管理责任制等,逐级签订责任状,落实考核责任。在这种形势下,有的维稳工作手段发生变异,工作目标异化,甚至维稳也"压倒"了法治。

一是遵循属地分级管理负责的原则,只要有人上访,不管有没有合理诉求,属地(县乡基层)党政机关就要派人去接访,稍不注意,就造成不良影响,要追究相关责任。上访人员只要回去,也不管诉求是否合理合法,在上访过程中的吃、住和来回费用全部报销。这种上访的零成本致使更多的人上访,

甚至违法越级上访。

二是在维稳"一票否决"制下,若维稳工作出了问题,其他工作再出色、再努力,所有工作就不参与考核或考核全部为零,单位的各类评比资格全被取消,甚至单位干部职工的"综治奖"及其他奖金的发放也会受到影响。为了稳定,各种不合法不合理的做法都变得很"合理、合法",非法截访、堵访以及暴力打压访民的事件屡见报端。如"杨天直之死是对非法截访的警示"[①]等。

三是在"稳定压倒一切"的压力型体制下,一些乡村干部特别是乡村领导干部出现了"宁可不做事,保证不出事"的思想,遇到矛盾和问题时,不敢理直气壮地依法处理或用法治的手段去解决,一味地满足对方的要求,甚至不惜违反法律法规来换得稳定。基层政府因稳定而被迫让步,严重破坏了政府的公信力,影响了政府的信誉。

四是少数村民抓住基层政府"稳定压倒一切"的"软肋",在毫无政策、法律依据的情况下,希望通过"上访"解决个人诉求,而基层政府可能因怕麻烦,在矛盾的处理和息访中放弃对法治原则的坚持,导致上访者个人不当得利,破坏了法律权威[②]。

五是维稳遵循"谁主管谁负责"的原则,一些主管部门为了稳定,在处理问题时,一旦发现当事人有特殊背景,可能引发上访风险,就会不按法律和政策处理,有时会出现执法不严、司法不公的现象。

(四)"村霸""混混"的介入,严重影响法治乡村建设

随着工业化、城镇化的快速发展,大量乡村人口向城镇聚集,很多村庄出现了"空心化"现象,失去了自我组织能力,为一些颇有头脑的"能人""狠人"提供了机会。而这些"能人""狠人"在开发和利用乡村资源时,为顺利获得超额利益,逐步演化成"村霸",组建黑恶势力,引入生活在城镇的"混混",牟取更多的灰色利益,严重影响了法治乡村建设。

一是乡镇众多的工作需要通过村干部实施、协助和配合来完成,能否选

---

① 任然:《杨天直之死是对非法截访的警示》,载《中国青年报》,2016年11月16日002版。

② 周铁涛:《村级组织推进农村法治化治理的困境和路径》,载《行政管理改革》,2016年第11期,第38~42页。

出执行能力强、"摆平"能力强的村干部显得至关重要。但实际中一些"村霸""混混"倚仗宗族势力通过干预、操纵选举等方式进入村干部队伍,甚至威胁、贿赂、迫使或诱导乡镇干部"台前"指导,"幕后"运作配合,影响村民选举意图和结果。一些乡镇干部不能正确认识村民自治,放任自流,也有一些乡镇干部没有处理好自治与法治的关系,不敢用政权和法律的力量予以制止和制裁①,甚至充当其后台、保护伞。

二是"村霸""混混"当选为村干部后,由于他们素质低下,工作方法简单粗暴,恃强凌弱、吃拿卡要,成了带有黑社会性质的"村老大",侵吞、挪用、贪污、挥霍村集体巨额财产等。同时,还包庇、放纵宗族恶势力的违法违规行为,恶化了干群关系,让法治乡村建设失去基础。

三是一些"村霸""混混"虽然没进入村干部队伍,但他们好吃懒做、不务正业,长期欺压百姓、横行乡里,而受害百姓担心遭到他们的打击报复,不敢得罪他们,也不敢报案,这让他们更加猖狂,常与村民发生口角、勒索村民财物、破坏生产,稍有不顺或一言不合就使用暴力。部分群众还寻求他们庇护,发生矛盾依赖他们处理,助长了他们的嚣张气焰。因此,"混混""地痞"参与一些邻里之间"鸡毛蒜皮"的纠纷处理,导致事态扩大、加剧,使矛盾纠纷处理脱离了法治的轨道,从而扰乱、破坏了乡村社会秩序。

四是一些"村霸""混混"在当地注册公司,建立组织机构,采用骚扰、无赖、暴力等手段欺行霸市,强揽工程,以貌似合法的程序和手段获取不当利益。一旦当地建设工程项目被他人中标,则煽动群众无理闹事或集体上访,阻挠工程项目建设,利用基层政府维稳的压力,抢占工程项目建设,甚至收取保护费,以达到非法攫取经济利益的目的。

三、推进法治乡村建设的几点建议

推进法治乡村建设必须紧紧围绕如何实现乡村振兴战略目标而展开,从揭示实施乡村振兴战略中存在的法治问题开始,并针对这些法治问题,完善和建立相关的涉农法律法规及制度,以保障和促进乡村振兴战略目标的

---

① 谷峰:《河北省农村民主政治建设中应处理好的几个关系》,载《河北大学学报(哲学社会科学版)》,1999年第3期,第102~105页。

实现。

(一)优化法治乡村建设的法制供给,完善法律法规及制度体系

"没有规矩,不成方圆",任何一项工作的落实和推进都要以严格的制度和严厉的法律为后盾和保障。在法治乡村建设中,针对法制的供给和完善,目前要做好以下几方面工作:

一是立足乡村的现实情况,紧密结合乡村振兴战略实施过程中出现的热点和难点问题,修订和制定符合乡村现实情况的法律法规[①]。如修改后的《中华人民共和国农村土地承包法》规定"不得以退出土地承包经营权作为农户进城落户的条件",就是针对当前农民进城落户担心失去承包地的现实,以法律的形式打消了他们的顾虑。

二是从"以人为本"法律观出发,结合乡村农民群众知识水平较低的客观实际,针对一些争议性较大、规定模糊的法律条文,出台通俗易懂的解释性法规和条文,使法律易被乡村群众所接受,充分调动民众的力量,推动法治乡村建设不断深入[②]。

三是结合新时代、新要求,修改现有法律法规,把支持乡村振兴战略的政策法定化。如党的十九大报告提出了"第二轮土地承包到期后再延长三十年"的政策,而修改后的《中华人民共和国农村土地承包法》就增加了"前款规定的耕地承包期届满后再延长三十年"的内容,让这一政策法定化,在法律上使承包农户的耕地承包权得到充分保障。

四是党的十九大报告提出了"深化农村集体产权制度改革,保障农民财产权益,壮大集体经济",这就要求国家建立或出台集体经济组织相应的法律法规及规章制度,确认集体经济组织法人地位,明确界定农村集体土地所有权主体资格,理顺和调整集体经济组织与集体经济组织成员的关系,公平合理地确定农村集体经济组织与成员之间的收益分配关系,保障集体经济组织成员合法权益。

---

① 汤丽:《当前农村法治化建设存在的问题与对策探析》,载《农村经济与科技》,2017年第16期,第223~225页。

② 吴卫军、陈璇:《"以人为本"法律观的理论传承与现实解读》,载《河北大学学报(哲学社会科学版)》,2010年第2期,第64~69页。

五是党的十九大报告提出了"建立健全城乡融合发展体制机制和政策体系",其核心问题就是通过建立健全法律法规及规章制度,重新塑造新型城乡关系,在法律配置中提升乡村的地位和农民比重,在不损害城市发展的前提下,从社会分配与保障、财政、税收、市场准入、价格、金融等各方面给乡村以适当的倾斜,缩小或消除城乡差别。

(二)增强乡村干部依法治理理念,提高其运用法治思维和方式解决问题的能力

乡村干部是法治乡村建设的推动者、组织者、实践者、示范者,要加强对乡村干部的法治教育培训,使其树立法律信仰、依法治理理念,让他们自觉尊重法律的权威,正视法律赋予自己的权力,努力推动乡村各项工作的法治化。

一是构建乡村干部法治教育培训的长效机制,使他们树立法律主体意识和依法治乡、治村的观念,将法律至上的权威性铭刻于心,自觉把法律作为一种规则来遵守,作为一种观念来崇尚,作为一种信仰和追求[①],想问题、作决策、办事情,必须严格遵循法律程序和规则,自觉接受法律法规的监督、承担相关法律责任[②]。

二是坚持问题导向,遵守"按需培训、学以致用"的原则,以提高乡村干部法治水平和法治能力为重点使其学会依法解决乡村经济社会发展中出现的各种纠纷事件。

三是加强对乡村干部依法执政理念的培训,使其树立权力制约意识,破除头脑中的封建意识,摒弃权力在手、高高在上的心态,不采用任何违背宪法和法律的手段和方法,杜绝以权谋私、以权压法和贪图享乐的做法,合理利用自己手中的权力处理乡村各类矛盾和问题。

四是组织乡村干部系统学习宪法和法律,特别是新增法律规范和适用重点、难点,采用多种方式,如正反案例介绍、舆情处置、法律法规培训等方式,让他们掌握法律知识精髓,提高他们法律素质和乡村事务管理法治化水平,

---

① 陈永红:《论领导干部法治思维的养成》,载《黑河学刊》,2018年第3期,第81~82页。

② 钟慧容、陈宗波:《"关键少数"的法治自觉及其成长路径》,载《社会科学家》,2018年第5期,第108~113页。

使他们行使权力时底气十足,敢于面对,敢于发声,敢于对话,增强他们运用法治思维和方式解决问题的意识和能力①。

五是把运用法治思维、方式和手段解决影响乡村群众关注和经济社会发展的难点、热点问题,列入乡村干部工作考评的重点,将考核权交给乡村群众,让群众来评判他们办事是否依法、遇事是否找法、解决问题是否用法、化解矛盾是否靠法,是否时时以法律来规范自己,是否事事以法律约束自己,并将考核结果作为评选评优以及选拔任用的重要依据。实行"庸者下,能者上"的政策,对不称职、不合格的乡村干部及时进行调整;让"法治型"乡村干部有位置、有舞台,激发他们的潜力,为法治乡村建设提供有力的保障②。

六是加大对乡村干部行使职权或者权力的监督与问责,推进乡村事务管理法治化、程序化和规范化,积极谋求公开、公平、公正,让他们在行使职权或者权力过程中,自觉接受组织监督、法律监督、群众监督、舆论监督,把权力关进制度的笼子,让权力在阳光下运行。同时,也让他们依法承担因权力行使不当或者违法行使职权而引起的各种法律责任③,迫使他们提高自身的法治观念和法律素质,增强法治自觉性。

(三)调整维稳考核体系,建立乡村法治运行机制

法治是解决维稳问题最权威的方式和最终的手段。当前出现维稳手段变异等问题,在某种程度上可以说是考核体系和导向出现偏差而形成的新情况。因此,一方面,应结合实际,按照可行性、科学性、导向性的要求,对当前维稳考核体系进行必要的调整。另一方面应遵循乡村经济社会运行的规律,建立和完善乡村法治运行机制,将乡村各项工作纳入法治良性发展轨道,强化法治的尊严和权威,从而促进乡村社会和谐稳定。

一是将集体上访量、越级上访量作为考核指标,但不单凭集体上访量、越级上访量论功过。在社会转型期,一些影响稳定的问题时间跨度长、涉及面

---

① 张莉:《领导干部法治思维的内涵与培育路径探索》,载《云南警官学院学报》,2018年第4期,第82~87页。
② 褚楚、杨弘:《基层干部如何推动法治建设》,载《人民论坛》,2018年第16期,第164~165页。
③ 马怀德:《法治政府建设的基本要求》,载《中国司法》,2018年第5期,第18~20页。

广、解决难度大,有些完全超出了基层政府的治理能力,必须合理界定和解决基层政府在维稳方面所承担的职、责、权不对称问题。在考核中要进行客观分析,分清主观努力和客观因素的影响,客观、公正、准确地考核。对于工作上确实很努力,但由于各种客观因素的影响,一时难以解决问题的干部,要给予客观、公正的评价,特别是要充分肯定在艰苦环境中长期奋力拼搏的干部,调动他们的积极性。要对工作不努力、无所作为而导致集体上访量、越级上访量上升势头的各级党政部门、单位和个人进行严厉的责任追究和问责①。

二是把信访维稳问题的排查和解决作为考核指标,但绝对不可以将进入司法程序的信访维稳问题列入指标考核,纠正群众认为信访大于法律的错误导向②。构建乡村民众有序参与的考核机制,将他们的意见纳入考核中,保证乡村民众在维稳中拥有话语权,使乡镇政府、村级组织和乡村干部在选择维稳方式、采取维稳手段时充分考虑乡村民众的建议和意见,营造一个公平、公正的社会维稳环境。

三是"稳定压倒一切"并不代表可以不顾一切地采取不正常的行为和手段,甚至以非法的方式进行维稳。因此,必须规范乡镇政府的维稳行为,维稳的方式和手段要在法治框架内进行③。同时,要完善解决矛盾冲突和维护稳定的法治机制,依法界定矛盾各方的权益,曝光缠闹缠访典型案件,以法律手段为主,辅以经济和行政手段,扭转维稳工作被动状态④。

四是将涉农各项工作和事务管理纳入法治化轨道,强化法律在化解农村社会矛盾、生态环境治理、农业支持保护、规范市场运行、维护农民权益等方面的权威地位,建立健全农村公共法律服务体系和矛盾纠纷调处机制,加强对农民的司法救助和法律援助。同时加大乡村普法力度,提高乡村民众法治素养,增强他们学法守法用法尊法意识,减少问题的发生。

---

① 张力:《关于信访工作实绩考核机制几个问题的思考》,载《探索与求是》,1999年第11期,第6~13页。

② 张力:《关于信访工作实绩考核机制几个问题的思考》,载《探索与求是》,1999年第11期,第6~13页。

③ 杨大路、杨福禄:《新形势下地方政府社会维稳的行为逻辑及其治理》,载《理论导刊》,2013年第6期,第36~38页。

④ 敖带芽:《高压维稳考核的弊端与完善途径》,载《广州社会主义学院学报》,2015年第2期,第18~22页。

五是严格规范司法行为,引导乡村民众通过司法途径解决矛盾纠纷。加强对司法活动的监督和制约,杜绝领导干部干预司法、插手具体案件处理,使司法机关独立公正行使职权,确保司法公正,增强乡村民众对司法的认同和对法律的信任[①]。

(四)依法打击宗族势力、黑恶势力,净化乡村社会环境

乡村"混混"和"村霸"影响法治乡村建设、村民自治,必须坚持长期防范整治和短期严密打击相结合、长效机制和临时举措相结合的原则,集中整治乡村"混混"和"村霸"[②],从而有效地推动乡村振兴战略的实施。

一是按照2018年1月中共中央、国务院发出的《关于开展扫黑除恶专项斗争的通知》要求,依法严厉打击处理欺压残害百姓的乡村黑恶势力、横行乡里的家族宗族势力,把扫黑除恶同惩治腐败结合起来,深挖宗族势力、黑恶势力和"村霸"背后的"保护伞"。始终保持严打高压态势,引导侦查取证,坚决查处、打掉黑恶势力背后的"保护伞",铲除黑恶势力滋生土壤,创造安宁和谐的乡村社会环境。

二是强化乡村干部的责任,杜绝乡镇政府及乡村干部在征地、维稳等乡村事务管理中利用乡村"混混"干扰和介入乡村事务管理,特别是乡村各类工程建设,遏制他们从中牟利。强化政务公开、村务公开,加大对乡镇政府及乡村干部的有效监督。

三是加快乡村社会治安防控体系建设,让公共安全力量覆盖到村庄[③]。针对乡村青壮年外出打工经商、群防群治力量薄弱的现状,科学整合警务资源,组织乡村治安员、老党员、复退军人、有正义感的村庄精英、低保村民等力量,在村警务工作站民警的带领下巡逻打更,努力提升乡村治安巡逻防控效能。建立乡村视频监控网,使派出所监控中心与村组的监控室联接,村组联

---

① 王祯军:《法治视域下"维稳怪圈"之成因及破解路径研究》,载《行政与法》,2016年第12期,第52~60页。
② 马华、王晋茹:《基层政治生态中的村霸问题及其治理》,载《广西大学学报(哲学社会科学版)》,2017年第6期,第55~62页。
③ 郑风田:《对沦为村霸的村干部必须严惩》,载《人民论坛》,2017年第10期,第52~54页。

防人员、民警均可进行网上巡逻①。如安徽宣州区完善乡镇视频监控系统，杨柳镇、文昌镇对原有视频监控系统进行了升级改造，黄渡、狸桥、水东等乡镇增设了监控点，溪口镇、黄渡乡在公路沿线安装了太阳能爆闪警灯。推进村级技防设施入户进程，实现50%的村级主要路口、路段建有视频监控。同时，定期组织开展打击黄赌毒、拐卖儿童妇女、两抢一盗、治爆缉枪、电信诈骗等专项整治行动，加强对吸毒人员、社区矫正人员等重点人员的管理，强化预防青少年违法犯罪，减少"村霸"横行的机会，切实增强乡村群众安全感。

四是把好村"两委"干部选人用人关，特别是要严把候选人资格关，选准用好带头人。加强对村"两委"干部候选人身份和品质审核，深入调查群众反映问题，广泛征求群众意见，把愿奉献、作风正、能力强、有担当、有干劲、素质高的同志选入村"两委"干部队伍。在选举程序中，对候选人的资格审查、投票、计票等各个环节都作出明确规定②；对有可能干扰破坏选举的乡村"混混"及相关人员，主动对他们进行警示谈话，及时查处、打击宗族势力、黑恶势力和"村霸"干扰破坏选举的行为，将问题控制和处理在苗头性阶段，阻止宗族势力、黑恶势力和乡村"混混"进入村"两委"干部队伍。

五是鼓励乡镇党委和政府、村务监督委员会、社会力量等多元主体参与监督，落实和细化各类村务、财务的公示制度，特别是要充分发动乡村群众积极参与监督③，形成合力。同时，广开投诉途径，如公开举报热线，开设专门的电子邮箱、网上举报专栏等，第一时间让群众的举报得到受理，及时暴光和惩治欺凌乡里的宗族势力、黑恶势力、"混混"和"村霸"，让他们没有可乘之机。

2018年中央一号文件以乡村振兴为主题，首次明确提出"建设法治乡村"，就是要将法治思维和方式有效融入贯穿到乡村经济、文化、社会、政治、生态文明等各个环节和领域，从而确保乡镇基层政府依法行政、村级组织依法民主自治、新型经营主体和小农户依法经营、乡村各类社会组织依法开展活动、农民群众知法守法、乡村社会和谐稳定。

---

① 缪金祥：《城镇化进程中农村社会治安防控体系的建设》，载《净月学刊》，2016年第6期，第75~81页。
② 任禹：《"村霸"现象及其治理路径》，载《领导科学》，2018年第18期，第16~17页。
③ 王忠信：《乡村治理背景下的"村霸"现象及其治理》，载《改革与开放》，2017年第19期，第67~68页。

从目前看,虽然建设法治乡村还任重道远,但只要找到问题的症结,有针对性地改进和完善,乡村振兴背景下的法治乡村建设就一定能一切向好,前景可期。

(原发表于《廊坊师范学院学报(社会科学版)》,2019年第4期)

脱贫攻坚篇

全面建成小康社会中精准扶贫与脱贫问题的研究

一、实施精准扶贫、脱贫的意义

加快贫困人口和地区脱贫奔小康,不仅是经济问题、政治问题,也是重大的民生问题、社会问题,事关战略全局。精准扶贫,是削减贫困、全面建成小康社会、实现城乡一体化和共同富裕的内在要求。

(一)实施精准扶贫、脱贫是补齐全面建成小康社会的农村短板

没有农村的小康,特别是没有贫困地区的小康,就没有全面建成小康社会。"十三五"是全面建成小康社会的决胜期,最艰巨最繁重的任务在农村,特别是在贫困地区。2015年贫困人口减少1442万人,但仍然还有5575万人。精准扶贫有效地帮助贫困村、贫困地区加快发展,支持贫困户提高发展能力、增收脱贫致富,补齐全面建成小康社会农村这块短板。

(二)实施精准扶贫、脱贫是扶贫工作提质、提效的途径

长期以来,由于贫困村和人口数据来自抽样调查,扶贫任务逐级往下分解,造成扶贫对象识别不准,容易出现关系扶贫、人情扶贫,甚至滋生腐败;扶贫方式粗放漫灌,扶贫项目针对性不强、难以到户,容易出现面子工程、形象工程,扶贫中的低质、低效等社会不公问题普遍存在。精准扶贫运用科学有效程序,完善和修补扶贫体制机制,解决政策和钱用在谁身上、如何用、用得如何等问题,做到精准使用各类扶贫政策、资金,用准用足,扶到最需要的扶贫对象、扶到扶贫对象最需要扶持的地方,确保扶贫脱贫工作提质、提效。

(三)实施精准扶贫、脱贫是兑现党向人民作出承诺的有效措施

党中央、国务院高度重视扶贫开发工作,向人民作出郑重承诺,到2020年农村贫困人口实现脱贫。党的十八大以来,习近平总书记到贫困地区调研考察10多次,做重要讲话20多次,多次专门召开座谈会。李克强总理也多次深入贫困地区调研考察,作出多次重要指示,连续两年将减贫1000万人以上列为政府年度工作目标。实施精准扶贫,以超常举措推进,使贫困人口实现脱贫、贫困县全部摘帽、区域性整体贫困得到解决,实现贫困人口不愁吃穿,基本医疗、住房安全、义务教育有保障,确保如期、全面完成脱贫任务。

二、实施精准扶贫、脱贫面临的困难与问题

精准扶贫要求在精准识别贫困对象的基础上,针对贫困对象的致贫原因、特点和减贫需求的差异,采取有针对性的扶贫、脱贫措施,消除关键致贫因素和脱贫障碍。但在实施精准扶贫、脱贫过程中仍面临诸多困难和问题。

(一)贫困对象识别难精准

精准识别贫困对象,是实施精准扶贫、脱贫的前提。谁家真正贫困、居住在哪里?致贫原因是什么?如何才能脱贫?在确定贫困对象过程中仍然存在底数不清、识别不准等问题。一是在贫困对象识别过程中,家庭成员确定难。按照有关法律政策的规定,家庭成员包括具有法定赡养、抚养和扶养义务以及共同生活的有关人员。而现实生活中,女儿出嫁后和上门女婿算不算赡养义务人?在儿子和女儿丧失赡养能力条件下,孙子、外孙、孙女和外孙女算不算祖父母、外祖父母赡养义务人?独生子女成家后,算男方还是女方家庭人口,如何计算家庭人口?这种复杂的家庭关系,使得在调查和核定贫困人口及家庭成员人均纯收入时无法精准把握[①]。如78岁村民丁×祥户被认定为低保贫困户,据笔者调查,他有6个女儿,均成家另过。若以户籍为准,丁×祥夫妻二人为一户,由于两人年老体弱,家庭成员年收入确实低于贫困

---

① 王忆南、汪恭礼:《精准扶贫的实践、困局与路径选择——以安徽为例》,载《地方财政研究》,2016年第8期,第33~39页。

户标准;但若将其女儿考虑在其中,就不能认定为贫困户。二是收入难以核算,界定贫困程度难。随着城镇化和新型工业化进程加快,大量农民纷纷外出务工经商,外出务工经商收入中一些隐性收入很难掌握。在家从事种植业、养殖业的家庭成员收入来源主要是农产品实物收入。一方面农产品实物收入受季节、天气等因素的影响非常大,农产品产量也不稳定。另一方面农产品品种不同,价格、投入及产值也不一样,且价格受市场行情影响波动较大,农产品实物收入难以货币化,收入难以测算核定。家庭经济收入情况由扶贫对象申请者自己填写,由于无法准确计算核实其家庭经济收入,只好大概估测其贫困程度。家庭成员收入测算核定不准,以收入来界定贫困程度也就不准,以贫困程度来确定贫困户也不准,直接导致建档立卡信息不准确[①],从而导致较多的贫困户并不是最困难的,更不是最需要去帮扶的。

(二)确定贫困对象的标准过于简单

人均纯收入是确定贫困对象的标准,人均纯收入高于国家扶贫标准的为非贫困对象,人均纯收入低于国家扶贫标准的农户可以提出申请。人均纯收入由家庭各类年收入总和扣除生产经营性支出后,再除以家庭成员数计算而得。2016年,安徽宣州区精准扶贫的对象的要求是人均纯收入在3100元以下。这种只看人均纯收入不看家庭实际支出的标准过于简单,不能科学地衡量贫困对象的贫困程度。有的家庭尽管人均纯收入超过标准很多,但是家里一旦有人重病在床,就医支出就急剧上升,人均实际生活支出严重下降;有的家庭子女考上大学,子女学费及生活费支出增大;干旱、洪涝、冰雹、霜冻等自然灾害频繁,农业受灾严重,有的家庭血本无归,还背上了沉重的债务,家庭经济急剧缩水,急需帮扶来渡过难关,最后却因人均纯收入高于扶贫标准而被拒之门外。

(三)贫困对象指标分解下达方式不科学

各地贫困人口数量不是按照贫困标准科学识别,而是由省级扶贫部门基

---

① 鲁春艳:《实施精准扶贫、精准脱贫的难点及对策建议》,载《农村经济》,2016年第7期,第6～7页。

于 2014 年各地上报和测算结果,自上而下分配贫困指标而得出的。在这种格局下,县、乡镇、村在基于分配的贫困指标(数量)基础上开展贫困村(户)识别。在识别过程中,为了与上级分配的贫困指标(数量)一致,一些地方人为抬高或压低人均纯收入,凑足贫困指标(数量)。由于政策上的"指标控制",一些贫困村(户)远高于贫困对象标准,却不能退出;一些远低于贫困对象标准的村和家庭不能被精准识别为贫困对象,导致各市、县区、乡(镇)分配认可的贫困户和贫困村数量(指标)与实际的贫困村、贫困人口数量(指标)相脱离,与中央政策要求的贫困对象动态管理相违背[①]。

(四)贫困对象精准识别过程走样

在精准识别贫困对象过程中,一些乡(镇)村干部操作不透明、不规范,确定精准扶贫对象后公示时间未到或未公示就上报,导致在干部上门扶贫,特别是扶贫对象得到扶贫实惠时,好多村民提出强烈反对意见;一些乡(镇)村干部责任心不强,没有认真执行精准扶贫政策,不通过民主评议的程序,根据下达的指标直接确定精准扶贫对象,无意识地把不符合条件的确定为扶贫对象,把符合条件的未纳入扶贫对象范围;也有一些乡(镇)村干部怕得罪人,有意识地将村里有一定势力但不符合精准扶贫政策和申报条件的人确定为扶贫对象;甚至一些乡(镇)村干部讲关系、讲人情,有意识地直接将自己的亲朋好友确定为扶贫对象,出现了"人情贫困户""关系贫困户"。

(五)贫困对象精准识别过程村民参与度不高

在农村,村民居住较分散,很多青壮年外出务工经商,留在家的基本上都是不当家的老人和小孩,对精准扶贫政策根本不关心。由于精准扶贫指标有限,一般一个村民组只有 1~2 户,大多数农户觉得自己不可能是扶贫对象,根本不关心谁是精准扶贫对象。操作人员在调查贫困状况、收集贫困信息时,发现村民有意回避或逃避现象,特别是核查贫困户收入时,村民不会正面回答,村民更不愿意参与村民小组评审会。同时,由于精准扶贫政策宣传不

---

① 邓维杰:《精准扶贫的难点、对策与路径选择》,载《农村经济》,2014 年第 6 期,第 78~81 页。

到位,一些符合精准扶贫标准的村民对精准扶贫政策、申请条件等不了解,很多经济严重困难的家庭却因不知道何时申请、如何申请而错失申报机会,没有被纳入精准扶贫范围。

(六)客观环境不利于精准脱贫

一是经过多年的扶贫开发,剩下的贫困人口和贫困村主要集中在地理位置偏僻,生活生产条件差,基础设施落后,自我发展能力和减灾抗灾能力弱,洪涝、干旱、霜冻、冰雹等自然灾害频繁的地区。因灾返贫的现象突出,稳定增收、持续发展的基础较差,扶贫、脱贫与返贫呈拉锯式状态,精准扶贫成效巩固和提高难度较大。二是农业生产尚未摆脱"靠天吃饭"的局面,且农业产量因天气而不稳,生产成本高,农产品市场价格波动大,收益极不稳定。这种小规模分散种养格局,致使农民增收难度仍然很大。三是很多贫困人口文化素质低、缺乏务工技能、思想观念陈旧,外出务工也是从事苦力型工种,增收渠道十分狭窄。四是相当一部分贫困人口就业观念严重落后,自身素质能力与择业标准错位,认为一些工作不体面、不愿干,出现了"小钱不愿赚,大钱赚不来"现象,这也成为制约贫困户脱贫致富的一个因素。少数贫困户脱贫意识差,传统小农意识较重,再加上国家多项扶贫脱贫惠农政策实施,社会各界捐款捐物,使他们产生了严重的依赖思想。

(七)"三保障"难度依然存在

一是从2016年秋季学期起,义务教育"两免补"普惠政策全面落实,免除建档立卡的家庭经济困难学生普通高中教育、中等职业教育学杂费。但是对建档立卡的家庭经济困难大学生的资助显得不足,让原本经济困难家庭要承担高额学费支出,甚至于因学返贫。二是新型农村合作医疗报销水平较低、起付线较高,特别是到县外三级医疗机构就诊的,报销水平更低、起付线更高,贫困家庭个人需要负担较高医疗费用。列入重大疾病和慢性病的病种及纳入医保的药物范围较窄,仍有大部分药物和病种没有列入报销和救助范围,贫困家庭患者医疗负担依然很大。大病保险准入门槛高,补偿比例低,大病救助能力有限。三是在实施农村贫困户危房改造过程中,安徽省农村分散供养五保户、低保户、贫困残疾人家庭重建房屋户均补助标准为2万元,修缮加固户均补助标准为0.6万元;其他困难户重建房屋户均补助标准为1万元,修缮加固户均补助标准为0.4万元,其余部分由贫困户自筹,自筹部分的资金对于一些贫困户来讲,是很大的负担,导致这些贫困户无法完成危房改造。

(八)扶贫专项资金使用效率不高

目前,扶贫专项资金涉及民政、财政、扶贫办、水利、农业、交通等多个单位,不同部门和单位都有各自的扶贫计划和扶贫资金,支出分部门管理,彼此之间缺乏有效沟通,只关注本部门和单位业务范围内的工作任务,不同渠道的投入在实施范围、使用方向、建设内容、项目安排等方面有相当程度的交叉和重复,同一个项目多个部门管理,使管理成本大幅度提高。同时,扶贫专项资金实行分块管理,存在部门分割的态势,有限的资金难以形成合力,导致专项资金使用效率不高、不合理[1]。

(九)金融扶贫效果不明显

在全国各地金融扶贫实践较多,金融扶贫核心是通过政府财政贴息,金融机构贷款给贫困对象购买各种生产资料,改善生产条件,提高贫困对象通过劳动脱贫致富的能力。但在实施过程中,还面临着一些困难和问题。一是建档立卡贫困人口自我发展能力和竞争力较弱,从事的农业生产发展水平低、成本高,一旦遇上市场价格下跌或自然灾害,农业生产就处于亏本状态,贫困人口难以还贷。加上各级政府安排专项资金建立的贷款风险担保基金规模有限,甚至一些政府贷款风险担保基金未能完全到位,若出现过多逾期,信贷风险难以得到保障,无形中削弱了金融机构发放扶贫贷款的积极性[2]。二是建档立卡贫困户中有许多低保户、老弱病残户,甚至有的年龄超过60周岁、已经丧失劳动能力,不符合贷款基本条件,就是遇到合适的项目,也被金

---

[1] 刘昱含、宗传磊:《在精准扶贫工作中财政专项资金使用中存在的问题及建议》,载《财经界》,2016年第21期,第21页。

[2] 唐文浩、何军:《江苏省扶贫小额贷款问题研究》,载《现代经济探讨》,2016年第7期,第73～77页。

融机构拒之门外①。三是建档立卡贫困户很少有财产可作合法担保物,虽然没有禁止农宅抵押,但《中华人民共和国土地管理法》对宅基地抵押转让有限制,故对农宅设定抵押权,一旦贫困户还不起款,司法部门无法就抵押农房处置给予支持,造成金融机构放贷后缺乏有效的法律保障②,增大了贫困户获取信贷难度。

(十)社会力量参与氛围不浓

社会力量是政府精准扶贫、脱贫力量的有效补充,有助于形成精准扶贫、脱贫大格局。但实际中社会力量参与精准扶贫、脱贫氛围仍然不浓。一是一些社会组织、个体工商户老板、民营企业缺乏社会责任感,认为精准扶贫、脱贫是政府的事,主动参与精准扶贫、脱贫意识不强;少数社会组织、个体工商户老板、民营企业认为参与精准扶贫、脱贫无利益可图,不愿意投入。二是一些社会组织、个体工商户老板、民营企业对精准扶贫、脱贫的认识模糊,不知道该干什么,仅凭回报社会、奉献爱心的情怀,捐款捐物,缺乏全方位、有计划的组织引导,实际效果不佳。三是大多数社会组织、个体工商户老板、民营企业在参与精准扶贫、脱贫过程中,对扶持贫困户和贫困村发展经济、新建产业兴趣不高,只关注建了多少个水渠、修了多少条路和拿了多少钱,参与生态农村建设、生态农业产业发展不明显,更不能把带动贫困户、贫困村脱贫和自身发展紧密结合起来,实现可持续发展。

(十一)精准扶贫、脱贫队伍工作力量有待加强

精准扶贫、脱贫仅靠领导高度重视是远远不够的,精准扶贫、脱贫新政需要人来落实和执行。精准扶贫、脱贫新政能否落实到位、执行到位,关键看扶贫、脱贫攻坚队伍工作力量有多强,队伍执政能力和水平有多高。精准扶贫、脱贫中,仍然存在关系扶贫、人情扶贫等社会不公以及低质、低效问题,其实质反映了精准扶贫、脱贫队伍工作力量不强,干部执政水平和能力不高问题。

---

① 黄红星:《提高贫困户扶贫小额信贷水平的研究——以郴州市为例》,载《武汉金融》,2016年第7期,第67~68页。

② 汪恭礼:《城镇化过程中农村宅基地流转问题的调查与思考》,载《当代农村财经》,2015年第8期,第11~15页。

一是精准扶贫、脱贫帮扶单位动力不足,认识不高。许多帮扶单位负责人把精准扶贫、脱贫工作当作一种分外工作,参与面小,热情不高,仅停留在送衣赠物及资金层面,在研究贫困村、贫困户情况,制定发展思路方面办法不多,推动发展措施不力。不少行业部门缺乏沟通,认识不到位,难以发挥行业部门精准扶贫、脱贫力量的整合效应。二是精准扶贫、脱贫工作事多面广量大,乡镇分管领导身兼多职,重视不够、精力不足。许多乡镇党委、政府在人少事多的情况下,未配备专职人员,导致兼职扶贫干部力不从心,从而影响精准扶贫、脱贫各项工作的顺利开展。三是村级组织的政策执行力不强,村级组织在精准扶贫、脱贫政策执行中,根据乡镇政府政策文件或指示的字面意思,开一个村支两委会,学习学习文件,没有采取切实有效的措施,更谈不上落实精准扶贫、脱贫政策的精神实质,无视本村贫困对象的实际情况,照搬照抄其他村的一些经验做法。部分村干部非常积极地执行那些符合自己偏好和利益的政策内容,而对于无助于自己利益,执行存在一定困难的则消极应付。少数村干部过分强调精准扶贫、脱贫政策的灵活性,忽视原则性,从而背离了精准扶贫、脱贫政策的精神实质。

三、对实施精准扶贫政策、实现精准脱贫的几点建议与对策

加大精准扶贫推进力度,突破体制机制和固有思想观念的束缚,创新工作方式方法,确保扶贫工作不拖全面建成小康社会的后腿,贫困地区不掉队,贫困人口不留锅底。

(一)精准识别,摸清底数

扶贫、脱贫要做到精准,关键在于贫困户对象识别是否精准、底数是否精准。因此,要科学有效地把贫困人口、贫困村精准识别出来,并根据识别情况逐村逐户分类建档立卡,确保底数清、识别精准,杜绝有人浑水摸鱼,乘虚而入,从而提高扶贫、脱贫效果。一是精准识别贫困人口。识别贫困人口,首先要确定贫困家庭。在贫困家庭的确定过程中,不能简单地根据户籍人口,也不能把共同生活人口确定为家庭成员,要综合考虑法定赡养、抚养和扶养义务以及共同生活等人员的有关情况。如父母年老体弱,收入低于贫困线的情况下,要考虑子女收入情况。二是精准核算家庭成员收入。工作人员在入户

调查过程中,要精准了解家庭情况,要与户主及其他家庭成员进行交流,了解他们生活质量状况、健康、子女读书情况等。察看贫困户住房、交通工具、家电、农机等生活生产设施以及农田、山林、水电路等发展状况和基础,对贫困户工资性收入、经营性收入、土地流转等财产性收入、粮食种植补贴及养老金等转移性收入进行核实登记,并让贫困户确认签字,准确、真实地核算出贫困户家庭收入。

(二)综合考虑多方因素,科学设计贫困标准

贫困标准是衡量贫困状态和制定脱贫政策的重要依据。只有科学设计贫困标准,才能全面描述和正确评估贫困对象的贫困现状和脱贫进程,准确瞄准贫困对象,及时有针对性地采取扶贫、脱贫措施,进而提高扶贫、脱贫实效。一是设计贫困标准时,要将经济波动、天灾人祸等风险性因素考虑进去,确保贫困对象已达到或超过该标准,也不会因病因灾返贫。二是设计贫困标准时,要将各地区的物价变化、消费差异等因素考虑进去。根据各地区社会经济发展水平,设计各个地区应有的贫困标准,并根据各地区的消费、物价等因素,适时调整。三是设计贫困标准时,不能只考虑收入,还要考虑贫困对象在医疗、教育等各方面的消费支出,生产生活水平以及外部环境。四是设计贫困标准时,还要考虑贫困人口的文化素质和身体素质,从根本上提高其生存和发展能力,彻底摆脱贫困[①]。

(三)畅通进出口渠道,实行动态管理

改变原有的先分配贫困对象指标再筛选贫困对象的做法,建立"进入—退出"动态管理机制,依据科学设计贫困标准,精准识别,实现动态管理下的"应进尽进、应退尽退"。一是严把走访调查、审核审批、公示公开和检查监督等"关口",切实做到"扶贫对象精准、进出畅通",积极主动帮助符合贫困对象条件的群众申请,确保精准扶贫政策落实到位。二是定期不定期地对贫困村基本情况和贫困人口的家庭收入、家庭成员就业等变化情况进行核查,根

---

① 吴睿:《我国现行农村贫困标准的完善》,载《乡镇经济》,2008年第6期,第109~111页。

据核查结果及时将不符合贫困条件的家庭和村退出扶贫范围;将经过扶贫或自身努力,已达到或超过贫困标准的贫困对象列入脱贫方阵。三是建立贫困对象管理信息系统,将贫困对象收入、消费支出、生产经营状况等方面信息纳入信息系统,并与银行、房产、卫生、劳动保障、税务、保险、户籍、车辆管理等部门共享信息资源,运用技术手段,实现贫困对象的动态管理、认定精准①。四是根据贫困对象动态化管理的要求,建立科学的监测评估体系,将需扶持返贫的及时纳入,将稳定脱贫的及时退出。

(四)规范操作流程,严把程序"关"

保证贫困对象识别的公平、公正,制定规范统一的操作流程。一是建立"贫困户自行申请—村民组评议—村民组内张榜公示—村委会审查—行政村内张榜公示—乡镇政府审核—网上公示—县级政府审定"和"贫困村由村委会申报—行政村内张榜公示—乡镇政府审核—网上公示—县级政府审定"的操作流程。二是严把贫困对象申请(报)关、进村入户调查摸底关、村组民主评议关、贫困人口三榜(贫困村两榜)公示监督关、县乡两级政府审核确认关,精准识别出真正的贫困对象。三是引入第三方精准识别机制,分析贫困对象银行存款、用电量、医院就诊、子女就学等情况,并逐一核实,确保操作流程规范、程序到位和贫困对象高精准度识别。

(五)加大宣传力度,提高群众参与度

精准扶贫离不开群众的支持和参与。保证群众知晓和理解精准扶贫政策。只有这样,群众才能衡量哪些人不符合精准扶贫对象的条件,哪些人符合条件,才能提高群众支持和参与的效果,从而保证精准扶贫政策的实施得到有效监督。一是充分利用广播电台、电视媒体、印发简报、手机短信等多种方式广泛宣传精准扶贫政策,让群众全面知晓、了解精准扶贫政策,使群众从被动地支持和参与向主动支持和参与转型。二是各地基层政府、村委会组织人员白天到田间、晚上进村入户,把申请精准扶贫对象的条件、程序和要求讲

---

① 汪恭礼:《新常态下完善社会救助体系的建议》,载《中国财政》,2015年第21期,第60~61页。

到实处,耐心细致地做好引导和宣传工作,促使群众摒弃以关系、人情选精准扶贫对象的意识,调动群众参与的积极性。三是组织群众为精准扶贫项目建设建言献策,民主评议精准扶贫对象进与出,让他们享受到为家乡脱贫作出贡献的荣誉感。四是因地制宜地安排精准扶贫对象参与精准扶贫项目开发建设,让他们在取得一定劳动收入的同时,提高自我生存与发展能力。

(六)对症下药,克服不利环境

各级政府要紧紧抓住国家实施精准扶贫、脱贫攻坚机遇,将精准扶贫、脱贫纳入"十三五"规划,有针对性地采取措施,解决脱贫攻坚的瓶颈制约问题。一是集中力量加强水利设施、通村道路、农网升级改造等基础设施建设,改善生活生产条件,提高农业减灾抗灾能力和自我发展能力。对居住在生态环境脆弱、生产资源匮乏、自然灾害频发、生存环境恶劣、不具备基本发展条件地区的贫困对象以及居住在过于分散、公共服务设施和基础设施配套难度大的地方的贫困对象进行易地搬迁,努力提高搬迁贫困对象生活质量和收入水平,确保易地搬迁贫困对象能脱贫致富。二是加强农村中介服务组织建设,鼓励引导企业专业合作社、农业龙头企业到贫困村建立生产基地,加快发展"合作社(龙头企业)+农户"订单农业,增强农业抵御市场风险和参与竞争的能力。三是有针对性地对贫困人口进行扫盲和文化培训,帮助他们提高文化程度,尤其要进行职业培训和科技培训,帮助他们实行科学种田,进行农业产业结构调整,提高他们的收入。四是广泛开展政策、法制、价值观、人生观教育,努力引导贫困人口转变择业、就业观念,并采取多样、灵活的方式,用本地艰苦努力、创业致富的案例进行引导,同时,探索组织引导贫困人口根据自身能力就业,或实施力所能及的种养项目,培育他们自食其力的能力。

(七)用活政策,做实"三保障"

根据中共中央办公厅、国务院办公厅印发的《关于建立贫困退出机制的意见》文件有关规定,"两不愁、三保障"是精准扶贫、脱贫的综合标准,除了收入标准外,还有住房安全、基本医疗和保障义务教育等方面的要求。一是全面落实国家"两免一补"普惠政策,设立助学专项补贴基金,加大资助力度,对建档立卡的精准扶贫对象的子女从小学开始全程追踪到高中(中等职业学校)毕业,实行生活费补助、学费全免等扶持政策,帮助他们完成学业,确保不因贫困而辍学、失学;对接受高等教育的,按贷款、减免、奖励、勤工俭学、补助等资助政策多元化支持,阻断贫困代际传递;对初、高中毕业后,未能继续升学的,整合社会资源实施助学就业计划,帮助他们接受职业学历教育和实用技术培训,掌握一门专业和实用技术,实现就业脱贫。二是提高农村公共卫生服务能力,增加农村医疗救助和新型农村合作医疗的统筹投入,完善基础医疗卫生服务体系,采取有效措施逐步解决因病返贫、因病致贫的问题。三是在农村贫困户危房改造过程中,要完善贫困户和贫困村住房建设规划,结合美丽乡村建设,制定住房奖励补助政策,减少或免除贫困户自筹资金部分,切实解决他们自筹资金困难问题。

(八)整合各类扶贫资金,发挥资金聚合效益

一是县级政府按照优化配置、各有侧重、形成合力的原则,对各类扶贫资金进行统筹归并、整合和科学规划,做大扶贫资金总量,集中财力办大事,提高资金使用效益。二是依据扶贫对象的实际,选准扶贫项目,提高项目实施的科学性,特别是对重大项目,一定要进行科学论证,兼顾多方利益,考虑到生态平衡的同时,还要考虑到贫困对象的持续发展,以实现稳定脱贫。三是在扶贫项目实施过程中,各相关单位和部门要密切配合,定期了解、检查和反映项目实施的进展情况,注意发现和关注项目建设过程中存在的问题和困难,及时协调解决,保证扶贫项目按期建成,尽快发挥效益。四是加强对扶贫项目建设的跟踪问效,通过公开招标方式确定项目实施单位,扶贫项目内容、审批手续、投资金额等全部张榜公布,主动接受行政监督、舆论监督和群众监督。政府审计部门定期对扶贫项目资金使用情况进行全面审计,对资金的来源、资金的使用流向、项目建设等情况进行详查,一旦发现问题,就及时处理。对贪污挥霍和挤占挪用扶贫项目资金的,从严从重惩罚。

(九)挤干脱贫"泡沫",纠正盲目追赶之风

中共中央办公厅、国务院办公厅印发的《关于建立贫困退出机制的意见》要求实现贫困人口有质量、稳定脱贫,实现贫困县、贫困村稳妥、有序、审慎摘帽,实现贫困对象精准退出。不反对在保质保量的前提下提前完成脱贫任

务,但部分基层政府自我施压、操之过急,出现扶贫工作比拼和竞争局面,导致扶贫工作陷入追求脱贫数量和速度的怪圈,大大降低贫困对象退出精准度。因此,要坚持实事求是的原则,对一些不切实际的扶贫举措和目标设置进行纠正,防止把精准扶贫、脱贫工作作为短期行为,彻底挤干脱贫"泡沫",杜绝"被脱贫""数字脱贫"或降低标准脱贫。建立规范、透明、严格的贫困退出机制,按国定贫困退出标准,以脱贫实效、群众认可为依据,促进扶贫对象有序退出,确保如期实现脱贫攻坚目标。同时,积极探索建立按期退出、长期稳定、可持续的脱贫新机制,持续提升脱贫对象发展的内生动力,保障贫困对象脱贫后"不返贫"。

(十)撬动社会各界力量,构建精准扶贫、脱贫大格局

精准扶贫、脱贫是一个系统工程,需要整合政府各部门、各单位的政策、资金等方面力量,更需要引导和鼓励社会力量积极参与。要运用行政、市场的方式和手段,依靠行政、市场的力量和政府、社会的资源来推动社会各方面力量,发挥各自优势,积极参与精准扶贫,构建精准扶贫、脱贫大格局。一是充分发挥舆论引导的作用,通过网络、微信、电视、广播等平台广泛宣传社会力量参与扶贫的典型案例和事迹,提高社会各界对他们参与精准扶贫认同感,调动他们参与扶贫的积极性。二是充分发挥"希望工程""万企帮万村""光彩事业"等扶贫品牌效应,动员支持非公经济组织、社会团体、协会等积极参与精准扶贫,引导社会各方力量和资源投向扶贫领域。三是鼓励引导各类经济组织特别是农业产业化龙头企业、农村专业合作社参与扶贫,让它们发挥自身优势,帮助贫困户对接市场、适应市场,提高贫困户抗风险能力。四是统筹协调财政、税收、国土、农业、林业等相关部门,制定社会组织参与精准扶贫的优惠政策,在土地流转、贷款贴息、资金扶持、申报国家和省市级龙头企业等方面给予重点支持。

(十一)精选扶贫、脱贫队伍,充实工作力量

精准扶贫、脱贫需要一支作风优良、业务精通、克难奋进、政治坚定的工作队伍。一是各级政府结合各地实际,按照"抽强人、强抽人"的要求,建立健全科学的选派机制,挑选精兵强将,组建扶贫工作队伍,杜绝帮扶单位抽调

"老弱病残"以及能力弱的人员"滥竽充数"。同时,建立健全激励奖励、问责处理机制,杜绝抽调人员不用心,只到村里转转,挂个名、走过场。二是乡镇要设立扶贫办公室,根据辖区内扶贫工作任务,安排1~2名业务精、工作能力强,能吃苦耐劳,年富力强,具有奉献精神的干部从事扶贫工作。加大对他们的培训力度,提高他们的执政水平和工作能力,强力推进精准扶贫、脱贫进程。三是加强基层组织建设,发挥村级组织主战场和村干部主攻部队、常备军的作用。加强对村支"两委"干部的教育与监督,规范村支"两委"干部的工作作风、生活作风,把办事公正、清正廉洁、敢闯敢干、政治坚定、熟悉"三农"的人选入村支"两委"班子,提升村级组织的凝聚力、战斗力。四是鼓励大学生村官、农村致富能手、农牧民专业合作社负责人、退伍军人加入精准扶贫、脱贫队伍中。动员老专家、退休老干部、老工人以及华人华侨,依据自身的优势,参与精准扶贫、脱贫,充实精准扶贫、脱贫力量。五是积极引导贫困对象不等不靠、自主创业、勤劳致富,激发他们脱贫致富的热情,内外发力,共同推动精准扶贫、脱贫工作见实效。

(原发表于《农业部管理干部学院学报》,2017年第1期)

农村因病致贫与精准扶贫研究

随着农村农膜、化肥、除草剂、农药的大量使用,不少农田土壤层板结硬化、有害元素含量超标,河水发绿发黑,沿河两岸垃圾成堆,杂草丛生,农村环境恶化,加上村民生活习惯和环境的变化,农村患恶性肿瘤、糖尿病、心脑血管病、高血压等严重疾病人数不断增加。疾病导致贫困的因素不可忽视。国家扶贫办调查数据显示,截至2014年底,全国7000多万贫困人口中,因病致贫的占42%。如何减少因病致贫和因病返贫,成为精准扶贫研究的重要内容。

一、研究背景

农村贫困性质已转变,因病致贫、返贫问题已成为农村贫困人口产生的主要原因[①]。习近平总书记说,健康扶贫属于精准扶贫的一个方面,因病返贫、因病致贫现在是扶贫硬骨头的主攻方向,这是一个长期的目标任务。本文从如何健康预防、减少因病致贫、返贫和如何让因病致贫家庭脱贫,杜绝因病返贫两方面入手,提出了减少和遏制农村因病致贫、返贫,加快因病致贫人口脱贫致富步伐的相关建议。

感冒发烧等小病治疗费用不高,农村一般家庭还可以承担。一旦遇到重大疾病,一方面高额的医疗费给农户增加沉重负担,另一方面一些疾病会降低患病人员的劳动能力,甚至使其丧失劳动能力,直接减少农户家庭收入。

扶贫是为帮助贫困户和贫困地区发展生产、开发经济、摆脱贫困的一种社会工作,旨在扶助贫困地区或贫困户发展生产,改变贫穷困难面貌。习近平总书记等中央领导要求各级党委和政府采取积极帮扶措施,帮助贫困户和

---

① 曾晨晨:《农村居民健康对我国农村人口相对贫困的影响——以我国中西部地区为例》,载《农村经济》,2010年第9期,第87~91页。

贫困地区脱贫致富,确保到2020年所有贫困人口和贫困地区一道迈入全面小康社会。

二、农民因病致贫的主要原因

(一)诱发农民生病的主要因素

1. 不好的生活习惯

在农村,很多村民有吃腌肉和咸菜等不健康的饮食习惯,导致高血压、糖尿病、心脑血管疾病等慢性病患者数呈不断上升趋势。在一个家庭之中,不管谁得了传染病,家庭成员之间几乎不采取相应的隔离或预防措施,仍然同吃同住,甚至同用一个洗脸盆和一条毛巾洗脸。在邻里亲友之间,患传染病的照样串门,大家照样聚在一起吃喝不分,都不在意传染病会传染。每逢操办婚丧嫁娶等喜丧事,家里的七大姑八大姨等亲朋好友都要上门吃酒席,事主一般都去借其他人家的餐具或请上门办酒席的人自带餐具,这些餐具如果没消毒好,就容易传染疾病。

2. 疾病预防意识不强

长期以来,农民对疾病预防意识不强,也不懂得日常的健康保健,认为人只要无伤、残、病就是健康,特别是那些青壮年劳动力,他们总觉得自己年轻力壮,身体不可能出现问题。农闲时,大家窝在家里看电视,聚集在一起打麻将等,几乎没有健身活动。当身体出现不适,到医院一查,查出大病的并不少见。不少村民感到身体不舒服时,往往采取"忍一忍、扛一扛"方式一拖再拖,直到拖不下去了才进医院,许多病本来可以治好,因农民不重视而失去了最佳治疗时机。

3. 农村环境卫生差

在农村仍有很多农户在门厅、门旁、墙边砌鸡舍鸭舍和垒猪圈羊圈,畜禽与人混住。畜禽本身携带传染病菌和病毒,各种病毒病菌在畜禽圈舍及其粪便中生存繁殖,很容易传染给人。农民修建厕所喜欢图近就简,好多粪坑都是露天的,每当下雨,脏物和粪便从坑中溢出,到处流淌,严重污染水质和环境。特别是夏天,厕所粪坑里都是一层厚厚粪蛆,到处乱爬。农村虽有垃圾固定堆放点,但有些村民环保意识差,没有形成良好的卫生观念,乱搭乱建、乱堆乱放,垃圾、污水、粪便处处可见;也有些村民直接把垃圾扔到水塘、河里,严重污染水资源;还有些村民把垃圾直接倒入自家地里当作肥料用,长年累月,混在垃圾里面的塑料等永久性垃圾及有毒成分会在土壤里滞留,造成二次污染,直接危害农民的身体健康。

4. 农村医疗服务不足

目前,大多年轻人都外出务工经商,留在农村的主要是老人和小孩,出现了"以老带小"的格局,这些留守村民就诊的首选对象是村医。而县、乡(镇)、村三级医疗组织关系松散,预防保健网综合性服务功能弱,协调性差,影响了农村医疗、预防保健和公共卫生服务的提供。政府在各村设立了村级卫生站,但有很多村民看病都不容易,要步行3～5公里路才能到。由于环境、待遇等因素的影响,村级卫生站人才引进困难,几乎没有执业医师和助理医师,村医老龄化现象严重,治病救人技术水平和业务素质整体都不高,导致农民生病时出现的问题不能及时解决,有时还会延误病情。乡镇卫生院作为农村三级医疗服务网络枢纽,专业人才流失、设备更新困难、技术力量不足,发展受到严重制约,创收能力减弱,医疗能力逐步减弱,农民患病大部分选择更高一级医院,造成就医成本一定程度增大。

(二)因病致贫主要原因

虽然新型农村合作医疗实现全覆盖,但老年病、重大疾病和慢性病患者,每年都要承担高昂的医疗费用,特别是白血病患者、尿毒症透析者每年医药费以及因治疗产生的交通、生活等费用较高,即使通过新型农村合作医疗报销部分医药费用,仍不能从根本上解决医疗费用问题,一定程度导致了农民"因病返贫、因病致贫"。

1. 治疗费用上升

随着经济社会发展,农民生活质量得到提高,膳食结构也发生很大变化,高血压、恶性肿瘤、心脑血管疾病、糖尿病、慢性阻塞性肺部疾病、精神心理性疾病等慢性病发病率呈快速上升趋势,这些慢性病治疗周期长、花费大,从而增加了治疗费用。随着科学技术的迅猛发展,新材料、新技术在医疗领域广泛应用,治疗水平极大地提高,但高成本、高技术含量的新材料、新技术,收费必然较高。一些医生以"高效""安全"为由,喜欢使用各种活性材料、生物膜片等一次性医用耗材,特别是进口高质医用耗材在定价和用量上没有参照标准,一些医院加价收费或过度使用;还有一些医生过分依赖医疗仪器检查,哪种医疗仪器先进就开哪种检查,不顾农民经济承受能力,检查单开了一大堆,农民为了自身健康,哪怕债台高筑,也无条件服从医生安排,这些就推高了治疗费用。

2. 药价虚高

药价高低关乎群众的切身利益,也是社会各界普遍关注的话题。药价不断上涨且居高不下,基本医疗保障体系覆盖面仍然很窄,医疗保险报销比例不高,农民看病费用随药价上涨而急剧增加,给他们带来了严重的经济负担。一是在通胀预期背景下,劳动力成本和水、电、汽、化工产品、粮食等原(辅)材料价格均呈现上涨趋势,新的废水排放和新版GMP标准要求药企实施技术改造,导致药品生产成本上升。市场竞争激烈,为了争夺市场,药企不得不通过广告宣传、向医院公关和招标部门贿赂等手段来提高药品的销售量,无形中增加了销售费用。药企为了保本、自身发展或获得更高的利润,将增加的销售费用和生产成本加入药品销售价格中。二是流通环节层层加价,导致天价药品产生。药企→全国代理→省级代理→市级代理→各大医药公司→医药代表→医院→患者,一般出厂价格只有十几元的药,在医院卖到一百多元是很正常的。如媒体曝光一瓶"芦笋片"层层加价过程,药企出产价15.5元→医药公司30～40元→医药代表指导招标价136元→医院213元。三是为了达到治好病的目的,该使用何种药品、如何使用以及用量,患者都遵从医嘱,绝不会因为药品价格低就多用,价格高就少用或不用,而一些医生为追求利益,开高价药。

3. 家庭人均收入下降

在一个家庭中,如果有家庭成员患特殊慢性疾病、重症残疾、重大疾病等,一方面患病者本人劳动能力下降甚至丧失,导致家庭收入大幅减少;另一方面患病者需要其他家庭成员照顾,致使照顾患病者的其他家庭成员减少对工作的投入,甚至放弃工作,这无疑又减少了家庭收入。在收入大幅减少的情况下,在治疗和日常康复中,又会产生其他费用。因此,在农村,一个家庭有一成员患病就易导致整个家庭因病返贫、因病致病。

4. 医疗费用报销低

虽然新型农村合作医疗已实现全覆盖,但报销范围内的医疗费用仅限于基本治疗、基本用药、基本支付。新型农地合作医疗对费用报销比例、病种、用药目录和就诊医疗机构等都有明确规定,就诊医院不同,起付线和治疗费用报销比例也不同。大多数情况下农民报销达不到最高比例,需要自己承担部分费用,这对于基础差、底子薄的农村家庭来说,是一笔重大的开支。

三、对策与建议

国家扶贫办调查数据显示,截至 2014 年底,在全国 7000 多万贫困人口中,因病致贫的占 42%,远远超其他致贫因素。针对众多农民因病致贫、因病返贫问题,加强资源整合和统筹协调,采取有效措施提升农村卫生服务能力、农民健康水平和贫困人口医疗保障水平,逐步减少因病返贫、因病致贫现象,为农村贫困人口同步迈入全面小康社会提供健康保障。

(一)加强农村健康教育,改变农民不健康生活习惯

各级地方政府应广泛宣传和普及健康知识和惠民政策,在当地电视台、广播电台开设"健康与卫生"栏目。整合农民培训资源,在对农民开展职业技能等培训中,将惠民政策和健康知识纳入教育培训之中。在乡镇卫生院和村卫生室设立健康卫生知识咨询点,配备体重秤、血压计、健康卫生宣传资料架等设备和健康知识读本等宣传资料。按照每户一张画、一本书要求,发放健康卫生知识宣传画、挂历和《健康卫生知识进农家》读本。各种形式的健康卫生知识普及活动,有利于使广大农民树立健康防病意识,改变不健康的生活或行为方式,自觉地养成健康的生活方式和行为,从而降低或消除影响健康的危险因素,达到促进健康、预防疾病、提高生命质量的目的。

(二)开展农村免费健康体检,提高疾病预防控制能力

开展农村免费健康体检是预防疾病的有效手段,目的就是让农民拥有健康身体,同时有效降低农民医疗开支。各地方政府结合疾病调查、卫生下乡等一切有利时机,整合相关部门和各级卫生医疗专业机构力量,定期对农民进行健康体检,做到对多发病、常见病早发现、早诊断和早治疗,从而控制和

减缓疾病的发展或治愈疾病。健康体检结束后,将参检农民相关体检数据录入当地社区、村卫生服务信息系统中,建立健全规范化电子健康档案。加强后续管理,做好体检记录和体检结果的分类、整理和反馈。特别是要加强对贫困人口的跟踪服务,以贫困人口建档立卡数据为基础,把握贫困人口病情及病种,组织医生有针对性地进行随访,分类救治,实现长效动态的健康管理。

(三)综合整治农村环境卫生,减少疾病传播途径

农民是改善农村环境卫生的主体,各级地方政府要引导农民增强环保和卫生意识,自觉革除陋习,倡导"人人讲卫生,人人爱环境"的文明新风,改变农村"脏、乱、差"面貌,提高农民生产生活质量。一要综合考虑家畜饲养、柴草等杂物堆放、道路交通、水沟排水、厕所排污等农村生产生活实际问题,遵循农村经济社会发展规律,进行合理规划,杜绝乱建乱搭乱堆乱放行为,彻底改变农村环境卫生状况。二要加大农村改水力度,让农民吃上安全卫生水,加强对水源地水质的保护和管理,预防肠道传染病(如痢疾等)和地方性砷中毒等疾病发生。三要鼓励农民取消露天粪缸,建造卫生厕所,及时处理粪便,减少或杀死粪便中的致病微生物、寄生虫卵,预防寄生虫病和肠道传染病发生。同时,禁止将粪便直接倒入塘中、河中,避免造成水污染,减少传染病的传播。四要改变农户鸡鸭等禽畜养殖放养方式,推行农村圈养化养殖方式,并建设必要的禽畜粪尿收集处理设施,杜绝在农民住房周围乱排粪尿。全面清理农村畜禽养殖场,对畜禽养殖场要严格执行环评制度,按要求建设粪尿污染处理设施;对没有达到环评要求的,要进行限期治污改造。五要从源头上控制农药和化肥使用量,实行生态防治技术和生态平衡施肥技术,提高农药和化肥利用效率,从而减少农药、化肥使用量,减轻对水环境的污染,提高水环境质量。

(四)建立完善农村医疗服务体系,降低农民就医成本

加强农村县级医院(含中医院)、乡镇卫生院、村卫生室三级医疗服务体系标准化建设,以农民健康需求为导向,优化配置农村卫生资源,增强农村医疗服务体系的持续发展能力和服务能力。一是各地各级政府要在争取上级财政专项资金支持的同时,加大本级财政投入力度,建设县级医院(含中医院)、乡镇卫

生院、村卫生室三级医疗服务机构,配置专业技术人才和基本医疗设备,使医疗服务机构具备开展基本医疗服务和预防保健的条件,完善和提高服务功能与能力。二是建立投资方式多样化、投资主体多元化的农村医疗服务投入机制,打破所有制和部门界限,鼓励个人和社会举办县、乡、村三级农村医疗卫生机构。个人和社会举办的医疗卫生机构除提供医疗服务外,也可"以财养事"的方式承担预防保健任务。三是加强对县、乡、村三级农村医疗卫生机构现有医务人员业务知识和技能的培训,有序组织本地区农村医疗卫生机构现有的医务人员到上级医院或有条件的医院脱产进修,提高他们的技术水平。鼓励农村医疗卫生机构医务人员参加学历教育,对取得医学相关学历的医务人员学费予以适当补助。四是鼓励和引导医学类大中专毕业生到农村医疗卫生机构服务,在工资福利、职务聘任等方面实行优惠政策。建立农村医疗卫生机构招聘紧缺人才和高层次人才的"绿色通道",可结合实际情况,采取灵活多样的分配办法和方式进行自主分配,实现优绩优酬、多劳多得,并向优秀人才和关键岗位倾斜。五是加大城市优质医疗资源下沉农村的力度,如:城市医院医生在晋升中高级职称前,都要到农村医疗卫生机构服务满1年。

(五)探索"互联网+医疗"新模式,降低治疗费用

各地各级政府要综合考虑基本医疗保障、经济发展水平和群众承受能力等相关因素,探索"互联网+医疗"新模式,强化医药费用控制,依法查处各种各类乱收费行为,有效控制区域内不合理医疗费用的发生。一是支持研发医疗智能设备,提高数字医疗设备等医疗智能设备的生产制造水平,促进医疗智能设备转型升级,降低大型医疗设备检验价格和检查治疗费用。二是在全国范围内搭建医用耗材采购平台,医用耗材采购坚持网上集中采购,遵循公开透明、价格联动原则,形成统一医用耗材价格体系,实现"一个平台、结果共用、信息共享",降低医用耗材费用。三是建立电子病历大数据库,打通数据资源共享通道,实现医学影像、检查检验结果、用药记录等信息资料在各家医疗机构之间共享,并实现电子病历实时动态更新,减少检查检验次数,从而降低治疗费用。四是积极推动远程监护、远程视频会诊、手术示教指导、影像诊断、病理诊断等远程医疗服务,让农民在家门口就能得到城市优质医疗服务,降低农民就医成本。五是推动覆盖预防、治疗、康复等一体化电子医疗服务,

整合线下线上资源,形成规范、互信、共享的诊疗流程,大力推进网上预约、检验检查结果查询、随访跟踪等应用,提高农民就医效率。

（六）实行"互联网+药品"招标价与流通模式,斩断药价虚高"推手"

各地要从供给侧改革角度,整合药品生产企业,提高药品供给量,降低药品生产成本。同时,在实行医、药分离基础上,加大对医药代表、收受回扣的医生等违法行为的处理,彻底斩断药价虚高"推手"。一是健全低价、短缺药品分级应对和监测预警机制,鼓励企业生产疗效相同且廉价的可替代药品,供患者选择。支持科研院所和符合条件的企业研发新药及改进药物生产工艺和关键技术,提升药物质量和疗效,降低生产成本。引导及鼓励具有管理优势和特色资源的中小型药品生产企业兼并重组或以产业联盟等多种方式做大做强做优,提高医药产业集约化生产水平和市场集中度,促进研发一批质量水平和临床价值高的廉价的可替代药品和品牌药。二是实行医药分离,取消医院药品差价收入,规范医生处方行为,患者拿着医生开的处方,可以选择在医院药房和各零售药店购药,彻底解决由于信息不对称和不完全而导致患者被迫接受医院高价药品问题,使药价高回扣没有可操作的空间和存在的条件。三是组建由政府主导,经济学、医学、药学、制造工艺等方面专家参与的定价组织体系,按治疗总费用的节约程度及药品"价效比"来定价,以降低药品价格和药品总费用。四是实施"互联网+药品"招标价模式,各地在互联网公布招标公告和中标的药品价格,随时接受网络和社会监督。五是支持药品流通企业加强与互联网企业合作,建立"互联网+药品"流通模式,推进线下线上融合发展,推广药店在互联网零售服务,采取"网订店送""网订店取"等新型配送方式,提高流通效率,减少交易成本。六是建立药品价格监管体系,完善信息化监管方法,运用现代科技手段,实时掌握药品价格动态和市场供求情况,及时处理纠偏药品使用和购销过程中出现的异常行为,防范和杜绝不规范、违法经营等行为的发生。

（七）搭建自救平台,提高因病致贫家庭收入

对因病致贫户家中具有就业愿望和一定劳动能力的家庭成员进行技能培训,为其提供合适的就业岗位,鼓励他们自主创业,提高因病致贫家庭收入

和自救脱贫能力。一是整合全社会和各部门单位的资源,发挥"阳光工程"项目等培训功能,免费对因病致贫家庭中无就业技能且有劳动能力的家庭成员、康复后的患者进行针对性、实用性较强的实用技术和职业技能培训,提高其自力更生的能力或家庭收入。二是在公益事业用工上,政府要优先安排因病致贫家庭成员,特别是一些适宜的公益岗位,更要安排具有一定劳动能力、已经康复的患者以及还没有丧失劳动能力的患者。对吸纳因病致贫家庭中具有一定劳动能力、已经康复的患者以及还没有丧失劳动能力的患者的企业,落实好税费减免政策,实行资金补偿、贷款贴息等多种激励措施,鼓励企业为因病致贫家庭成员提供更多适宜的就业岗位。三是鼓励因病致贫家庭成员积极自主创业,简化因病致贫家庭申办个体户等程序,降低门槛,提供便于创业的各种有利条件。根据效益和规模,给予适当的税费优惠、减免等。同时,在银行机构开设小额低(免)息专项贷款项目,对因病致贫家庭创业予以资金支持,为它们提供宽松创业环境。

(八)提高综合保障水平,根治因病致贫、返贫

在全面建成小康社会中,不能让因病致贫家庭掉队,鼓励各地因地制宜,各方联动,精准施策,为农村因病致贫人口脱贫提供有力保障。一是对辖区内因病致贫家庭致贫原因、家庭成员健康状况、医疗费用及家庭收支等情况进行调查摸底,建立全面细致台账。整合扶贫、低保、医疗保险、社会救助等各类信息系统,精准建立因病致贫家庭情况、扶贫脱贫措施、社会救助内容等信息为一体的数据库。同时,对数据库实时更新,动态管理,将新出现的因病致贫家庭及时纳入扶贫对象;让已经脱贫的因病致贫家庭退出扶贫范围,让扶贫、脱贫工作更加公开、公平、科学、合理。二是逐步提高对因病致贫家庭财政补助的标准。三是县、乡、村普通门诊不设补偿起付线,扩大基本药物目录和门诊报销范围,取消住院预付金,降低补偿门槛。四是强化大病保险保障,降低因病致贫人口大病保险起付线。五是因病致贫家庭通过农村基本合作医疗、大病保险、医疗救助等综合报销补偿后,实行政府兜底保障。

(原发表于《财政科学》,2018年第2期)

科技创新助推精准扶贫的对策与思考

近年来,安徽省强力实施智力扶贫工程,积极探索和实践科技助力脱贫攻坚的方式,充分发挥科技脱贫的作用,切实增强贫困对象自我发展的内生动力,引导和教育贫困对象通过自己的辛勤劳动脱贫致富,目前已取得明显成效。

一、安徽省科技扶贫的主要做法

(一)推行科技特派员制度,广泛动员科技专家和组织参与精准扶贫

科技扶贫少不了科技人员和组织的参与。安徽省推行科技特派员制度,通过科技特派员"包村联户"的方式开展精准扶贫,2017年,已选派科技特派员5200多名,为贫困对象提供精准科技服务。根据《安徽省科技助力精准扶贫工程实施细则》,充分调动科技专家投身于精准扶贫,从科研院所、高校和各级学会(研究会、协会)等组织6000名以上科技专家投身于贫困村脱贫攻坚,在建档立卡贫困村实现科技服务全覆盖。发动高校、科研院所、各级学会、科协组织以及农技协(联合会)、农技推广站、专业合作社、科技企业等组织机构结对帮扶、对口援助,力争到2020年在31个贫困县建立350个以上农村专业技术协会和40个农技协联合会(联合体),在贫困县实现农技协组织和服务全覆盖。

(二)集聚优质科技资源,提升贫困对象科学素质

安徽省统筹各类科技帮扶资源,充分发挥本省经济相对发达县(市、区)

科技专家及示范农技协等作用,大力推动本省经济发达县(市、区)企业、产业、项目、人才、技术、农技协组织等优质科技资源向国家级贫困县转移,积极开展劳务协作、产业合作、资金支持、人才支援等帮扶工作。2017年,在31个贫困县大力建设县、乡、村三级科普硬件和软件等基础设施,力争每个贫困县建设农村中学科技馆至少1所,配备科普大篷车1辆,建立农技专家服务站1个,实现流动科技馆巡展2次,实现科普优质资源向贫困县倾斜。各级科协积极联合媒体面向贫困县开办科普栏目,将"科普中国"的信息资源免费提供给贫困县广播电台和电视台,精准向贫困县推送"科普安徽"信息资源。开展科普文化进万家、科普中国V视快递等活动,特别是青少年科技教育、卫生与健康和防灾减灾等科普活动,破除伪科学和封建迷信的消极影响,阻击贫困代际传递、因灾因病致贫返贫等问题,提升贫困对象科学素质。

(三)发展特色支柱产业,用科技助推产业扶贫

围绕国家产业扶贫工程的要求和部署,安徽省积极用科技助推产业扶贫,促进多功能农业、绿色农产品加工业、生态种植养殖业等特色支柱产业发展,带动农产品精深加工,延伸产业链条,提升农产品附加值。组织科技专家为每个贫困县提供产业发展政策决策咨询服务,帮助制定科技脱贫攻坚规划。帮助扶贫任务较重且有产业发展基础的乡镇培育特色产业1个、建立农技协联合会(联合体)1个,组织各级学会,特别是工科、医科和农科学会与乡镇对接,建立产业发展人才与科技信息帮扶机制。在适合发展"一村一品"的贫困村建设科普中国乡村e站1个,培育新型农业经营主体至少1个,打造特色品牌1个,建立农技协1个。聚力到户,探索科技扶贫模式,逐渐形成了"龙头企业+示范基地+贫困户""科研院所+合作社+龙头企业+贫困户""科技特派员+龙头企业+村集体+贫困户""能人大户+科技特派员+贫困户"等精准扶贫模式,帮助贫困户实现增收脱贫。据初步统计,2016年,累计帮扶240多个乡镇,700多个贫困村,合作社、企业等1800多个经济实体。

(四)开展科技致富培训与推广,接长科技扶贫"手臂"

围绕建档立卡贫困户实际情况及生产经营需求,组织开展农村实用技术培训,使每个接受培训的贫困人口至少掌握1项脱贫致富的技能和实用技

术。大力推广先进实用的特色种植、特色养殖和农产加工等增收致富技术,特别是大循环、生态绿色、多功能农业等涉农新品种、新技术。2016 年,安徽省共推广 650 多项(个)新品种、新技术。创新"互联网+科技扶贫"新模式,发挥网络在帮助贫困对象增收增智方面的独特优势。在贫困村开展农村职业经理人培训,培养一批扎根贫困村、懂技术、会管理、善经营的新型职业农民和创业致富带头人。结合建档立卡贫困户劳动力转移就业的需求,发挥与发达地区、用工单位协作培训优势,开展专业技术与技能、公共知识、安全生产、城市生活、法律道德等方面知识和专业技术与技能培训,帮助一批贫困人口转移到发达地区就业。据不完全统计,2016 年安徽省全年累计开展 800 多场次技术培训,培训人员 9 万余人次,帮扶贫困户 2600 多户,带动 4000 多人贫困人口就业致富。

二、安徽省科技扶贫存在的问题

(一)贫困人口素质低下,科技扶贫受到制约

一是贫困人口文化程度较低,文盲半文盲人数仍然很多。这些文化程度较低的贫困人口对现代化的种植、养殖手段和新型农作物认识不足,对现代化种植、养殖技术手段和农业技术推广出现的问题难以理解,使科技扶贫取得的效果不佳。同时,由于贫困人口文化水平和知识结构有限,难以接受一些较高科技含量的东西,这对科技扶贫工作产生非常大的障碍。二是贫困人口健康状况不容乐观,大部分贫困人口长期患有慢性疾病至少 1 种。高额的医疗费用让这些贫困人口疲于治病、养病,特别是因病丧失劳动能力的贫困人口,无法也无能力参与科技扶贫。三是农村老年人收入较低或大多无收入来源,子女成家另过后,供养不到位,不可避免地成为贫困对象。而这部分贫困对象年老体弱,根本无能力参与科技扶贫。

(二)贫困户人均耕地少,科技扶贫效果不明显

我国农村人多地少,农村土地实行第二轮家庭联产承包经营时,采用按家庭人口"均田化"承包方式,造成家庭经营规模普遍较小。如 2015 年安徽省农村居民家庭经营耕地 2.43 亩/人。在这样的耕地经营规模下,还有些贫

困家庭承包相当部分质量不高的耕地,而且耕地好中差搭配,分散在村组各地。按照正常年景来算,人均 2.43 亩耕地,年均纯收益为 2075 元/人。如果遭遇天旱、台风等自然灾害,人均收入就会大幅度下降。贫困户这种小规模分散经营方式,导致很多科技手段无法实施,就是采用科技手段从事农业生产,效果也不明显。

(三)农业生产环境差,影响科技成果推广

经过多年和多轮的扶贫开发,剩下的贫困对象大多分布在交通不便、信息闭塞的偏远山区,山区资源匮乏、区位较差、气候恶劣、灾害频繁,生产、生活环境非常差。这直接限制了科技成果推广,想用科技促进传统产业增值难;想用科技助推支柱产业发展来脱贫致富更难。如安徽大别山区 80% 的面积为库区、山区和沿河低洼区易涝区,高岗、丘陵地易受洪水影响,导致山体滑坡等地质灾害;深山区易受冰雪霜冻灾害影响,沿河低洼区经常受洪涝灾害影响。由于山高,地貌地形极其复杂,土壤贫瘠不适宜植物生长,加上道路建设、维修和养护成本都很高,畅通的交通网络尚未形成,成为制约科技扶贫和当地经济发展的一大瓶颈。多数贫困村水利设施年久失修,农业基础设施薄弱,无法抵御风、旱、涝、霜、雪等自然灾害,虫害、疫情等防御能力低下,这些在一定程度上给科技扶贫增加了压力。如安徽皖南深山区大多数贫困人口居住分散、偏僻,生产手段和技术比较落后,农业多以分散经营和种植为主,经营规模小,机械化程度不高,科技成果推广和运用难度大,整体效益难以发挥[1]。

(四)农村生态环境的破坏,给精准扶贫中科技创新增加难度

长期以来,农村大量使用农膜、农药、化肥,畜禽养殖粪便、农业生产废弃物、生活污水以及生活垃圾任意倾倒,农村生态环境遭到破坏。加上工业的快速发展,城乡生活污水和工业"三废"等大多数环境污染物没有合理处理,使大量含有重金属、硝酸盐、化肥和化学农药等成分污染物残留在土壤中,土

---

[1] 王忆南、汪恭礼:《精准扶贫的实践、困局与路径选择——以安徽为例》,载《地方财政研究》,2016 年第 8 期,第 33~39 页。

壤生态系统的功能与结构遭到破坏,土壤肥力下降,直接影响农作物的生长和产量,农产品品质也随之下降。而长期累积的土壤污染,使土壤的治理和改良难度大、成本高、周期长。农村生态环境的破坏,土壤的污染,致使利用科技创新发展优质、高效农产品来增加贫困户收入难度加大。

(五)贫困对象生产优质农产品意愿不高,科技创新在扶贫领域面临瓶颈问题

优质农产品对生产操作标准、生产环境都有相应的要求和标准,其投入成本都高于一般普通农产品。以优质水果生产为例,优质水果生产对适时灌水追肥、最佳套袋时间、套袋前用药等技术要求高。每项关键技术的实施对劳动力要求高,导致劳动力价格增加,增加了生产环节人力成本。优质农产品产量相对较低,对病虫害等防治管理要求高,生产环节风险大。而优质农产品育种、良种繁育和新品种推广脱节,优质农产品生产、深加工和包装销售分离,从生产到市场环节多,每个环节流通成本层层累加,种植、养殖等生产环节的获利明显偏低,贫困户采用新技术生产新品种等优质农产品的意愿并不高。

(六)农业生产风险诸多,阻碍了科技创新在扶贫领域的运用

农业生产风险诸多,经济效益很不稳定。一是农业生产受自然环境影响大,特别是大气、旱涝、温度、湿度、光照等自然环境的影响。城镇化、工业化的推进,导致生态环境遭到破坏,自然环境变得越来越恶劣,洪涝、干旱等自然灾害频频发生,自然灾害的规模也越来越大,很容易造成农业歉收或绝收。禽流感、口蹄疫等疫病风险仍然存在,畜禽养殖很难避免疫病的影响,一旦防疫失败,农户将血本无归。二是农户小规模经营难以有效把握市场需求,跟风种植、养殖现象严重,一些农产品生产过剩而另一些农产品奇缺现象普遍,导致农产品价格波动大。农产品市场价格波动剧烈,直接威胁农户种植、养殖的经济利益。三是农业科技成果的应用也存在较大的技术风险,特别是一些农业科技成果运用或转化需要特定的环境或条件,温度和气候等外在条件难以预测和控制,加上农户也有可能操作不当而导致技术失败。不确定性的生产风险、市场风险或技术风险,挫伤了农户的生产积极性。贫困对象出于

安全性的考虑,不愿轻易接受和采用农业新技术、新品种,阻碍了科技创新在扶贫领域的运用。

三、以科技创新助推精准扶贫的对策与思考

(一)对贫困对象精准分类,准确确定科技扶贫对象

所有贫困对象全部纳入科技扶贫范围是不可能的,有的贫困户完全依靠科技来脱贫也不现实,所以要对贫困对象进行重新分类。如贫困户家庭没有一个劳动力,几乎没有生活来源的可定为A类贫困户;贫困户家庭有劳动力,但劳动力少或劳动能力低下的、难以维持生活的定为B类贫困户;贫困户家庭有劳动力,仅仅因没有劳动技能而导致贫困的定为C类贫困户。对于A类贫困户,我们再了解一下有没有生产资源可用,如承包土地、山场等;对于B类贫困户,主要了解在有没有生产资源可用的同时,搞清劳动力文化程度等;对于C类贫困户,在了解有没有生产资源可用、搞清劳动力文化程度等基础上,重点搞清他们需要什么样的技术,什么样的技术容易被他们接受,这类是纳入科技扶贫范围重点。

(二)根据贫困对象具体情况,精准遴选科技扶贫特派员、专家和科技组织

2017年,科技扶贫已在全国范围内开展,需要大量遴选科技特派员、专家和科技组织参与扶贫。为避免科技特派员、专家和科技组织与贫困对象需求信息不对称,应建立健全贫困对象对科技需求的信息征集机制,深入了解贫困对象对于不同技术领域、不同行业和不同专业科技人才的需求,并根据科技人才需求情况进一步拓宽遴选范围和渠道,鼓励所需领域的各级科技组织、高等院校、科研院所等专家、科技人员按照贫困对象的科技需求,深入贫困地区开展扶贫及创新创业服务。

(三)创新科技培训,切实提高贫困人口素质

对贫困人口进行科技培训要着眼长远、打开视野,兼顾生存与发展两方面技能培训,真正让贫困人口彻底地脱贫。同时,要坚持实效、实用、实际的

原则,培训内容要通俗易懂,培训形式要灵活多样,使贫困人口易学、易看、易掌握。一是设计科学有效的培训方案。培训方案要体现课堂集中培训的系统性、生产现场观摩的可操作性等。培训时间、内容等设置要科学合理,遴选的培训老师要具有丰富的生产一线经验。培训前对贫困对象需求、当地产业发展、工种等要调研摸底,做到培训方案具有很强的针对性。二是从贫困人口科技需求和接受能力的实际出发,建立贫困人口培训内容"菜单库",采用"菜单式"培训方式,由贫困人口"点菜"来确定培训内容,有针对性地开展贫困人口喜闻乐见的培训活动,使培训内容真正入脑、入耳、入心。如有针对性地举办各种实用技术培训,提高农民的种植和养殖技术,实现农业增产增质增收。三是从培养贫困人口自我发展能力入手,开展职业技能培训,引导农民宜农则农,宜工则工,宜商则商,走自主创业致富之路。四是用现代市场经济的意识提升贫困人口市场经营能力,改变贫困人口小富即安、仅靠种养自给自足的传统观念,引导贫困人口参加各类经济行业协会和合作组织,实现小生产与大市场的有效对接。

(四)创新科技扶贫新模式,力求帮扶措施精准

摸清建档立卡贫困对象的实际科技需求,精细分类、精准对接、精心施策,探索"科技+贫困对象""科技+项目+贫困对象""科技+企业+贫困对象""科技+专业合作社+贫困对象"等扶贫模式,以科技创新助力精准扶贫。一是对以农业生产、经营收入为首要收入的建档立卡贫困对象,且终年有2人(含)以上劳动力贫困户,采用"科技扶贫特派员、专家和科技组织+贫困对象"扶贫模式,为其提供技术服务、新品种和生产指导,及时解决贫困对象生产过程中的技术难题,有效地帮助贫困对象实现增产增效增收。二是采用"科技+项目+贫困对象"扶贫模式,鼓励科技扶贫特派员、专家和科技组织以项目为依托,租用无劳动力贫困户土地等生产资源,开展攻关技术和技术创新活动,解决当地农业产业发展瓶颈问题。也可租用无劳动力贫困家庭土地等生产资源,建立科技示范点,为当地贫困户及其他农户提供实地展示,改变贫困户及其他农户对新品种和新技术的认识,增加无劳动力贫困家庭财产性收入,带动其他贫困户及非贫困户致富。三是引导科技扶贫特派员、专家和科技组织依托农业龙头企业,采用"科技+企业+贫困对象"扶贫模式,充

分发挥技术优势,为给企业提供原料的贫困对象做好技术服务,指导贫困对象按照企业的质量、产量要求组织生产,保障企业原料品质,增加农产品产量和贫困对象收入。四是采用"科技＋专业合作社＋贫困对象"扶贫模式,鼓励科技扶贫特派员、专家和科技组织领办专业合作社,建立专业技术协会等专业组织,创新农业产业化经营和科技服务形式,在提高农产品产量、效益和质量的同时,解决市场经济与小农经济的矛盾,有效带动贫困户和合作社其他农户增收。

(五)创新科技防灾措施,保障科技扶贫成果

自然灾害不可避免,科技扶贫特派员、专家和科技组织要利用科学的手段积极应对,减少或预防自然灾害对贫困对象农业生产造成的损害,确保扶贫成效不受影响。一是根据当地的气候条件与自然环境,科技扶贫特派员、专家和科技组织指导贫困对象选择适宜当地生长的农作物。如果是干旱天气较多地区,就选择相对耐旱的农作物。二是科技扶贫特派员、专家和科技组织指导贫困对象根据季节变化合理种植农作物。如秋季过后,低温霜冻天气多,就要指导贫困对象选择耐寒抗冻的农作物。三是运用科学方法培育农作物新品种。如培育抗冰雹能力更强、耐寒耐冻等农作物新品种,以此来增强农作物抗自然灾害能力。四是指导贫困对象科学合理安排农业生产活动。如采用节水灌溉方式,让农作物在不同的时期能够得到灌溉,减少干旱带来的影响;洪涝暴雨灾害发生后,及时排放农田里的水,减少农作物根部浸泡时间,保证农作物正常生长。五是及时关注和掌握天气信息,指导贫困对象科学防范,做到"趋利避害、减负增收"。如秋季农作物成熟以后,一旦出现冰雹天气,及时抢收农作物,或利用科技手段打散冰雹云层;一旦出现霜冻天气,指导贫困对象覆盖保温材料,使农作物安全度过低温冻害时期。

(六)依靠科技创新驱动,支持贫困对象发展生态绿色农业

随着农业生产机械化程度越来越高,大量化肥和农药的使用,农业生产经营活动陷入恶性循环,人类生态安全受到威胁,有关农药中毒、各种食物污染的报道接连不断,敲响了生态安全的警钟。科技扶贫特派员、专家和科技组织在扶贫过程中,要采用一系列科技创新措施,支持贫困对象发展生态绿

色农业,引导他们采用生态种养模式,推行生态耕作,减少化肥和农药使用量,防止土壤污染和退化,形成绿色、协调、循环等生态绿色农业。一是科技扶贫特派员、专家和科技组织指导贫困对象采用秸秆覆盖地表、病虫草害综合控制及深松等技术,提高土壤肥力、固碳能力以及抗旱保湿的能力,为农业生产节本增效。落实《农业部关于大力发展保护性耕作的意见》,加强对土壤水、肥及其他生物、化学和物理性状变化、环境影响、生产成本以及病虫草害、作物产量变化等情况的监测。对监测结果及时汇总、分析和研究,强化监测数据的共享和交流,科学评价实施效果,提高监测数据的利用率,为保护性耕作技术创新提供科学依据。二是科技扶贫特派员、专家和科技组织指导贫困对象在蔬菜、粮食、茶叶、果树等作物上采用灯光诱杀、蓝板诱杀、黄板诱杀、以虫治虫、防虫网避虫等绿色防控技术,最大限度控制农药使用量。三是科技扶贫特派员、专家和科技组织指导贫困对象推广水肥一体化技术。对贫困对象地块土壤情况进行化验,根据土样化验结果,精心为每块地制定合适的施肥配方,并把贫困对象需要的配方肥直接送到家,减少化肥使用量。

(七)以科技创新手段增加优质农产品效益,提高贫困对象生产优质农产品积极性

随着城乡居民收入水平和生活水平的不断提高,人们的需求从"吃饱"转向"吃好",对农产品品质的要求越来越高,农产品优质优价成为人们消费的新动向。科技扶贫特派员、专家和科技组织要指导贫困对象实施农业供给侧结构性改革,发展绿色优质农产品,增强农产品供给结构对需求变化适应性,增加优质农产品效益。一是科技扶贫特派员、专家和科技组织指导贫困对象淘汰落后生产技术和劣质农产品品种,引进和选育优质农产品,以质取胜,实现农业优质优价和高产高效。二是科技扶贫特派员、专家和科技组织指导贫困对象采用新品种、新工艺、领先新技术、新机械,减少生产费用投入,降低生产成本,提高产出率;指导贫困对象进行集约化、规模化经营,降低单位农产品的生产成本,为优质农产品抢占市场,取得经济效益。三是科技扶贫特派员、专家和科技组织指导贫困对象在分析农产品预测市场价格的基础上,做好投入、产出效益分析,依靠科技实行反季节供给,争取实现"反季节供给、高差价赚取"的好收益。

(八)依托科技创新,提高优质农产品市场认知度

随着食品安全事件的不断发生,消费者越来越多地关注食品的质量与安全等。如何让消费者对贫困对象生产的优质农产品认可,则是问题的关键。一是科技扶贫特派员、专家和科技组织充分利用现代信息技术手段,指导贫困对象通过互联网及电子商务等平台建立灵活多样的优质农产品销售模式,拓宽优质农产品销售渠道,减少优质农产品市场流通环节,降低流通成本,同时,也通过互联网及电子商务等平台与消费者有效沟通衔接,按照消费者的消费习性和要求,生产适销对路的优质农产品,提高消费者对贫困对象优质农产品的认可度。二是帮助贫困对象与学校和机关企事业单位食堂、超市、饭店、批发市场、农贸市场等直接对接,发展订单农业。三是组织贫困对象参加各级政府举办的多层次、多形式的农产品展销活动,支持他们在城市社区增加直供直销网点,逐步形成稳定的优质农产品供求关系。四是指导贫困对象采用科学的管理制度、先进的保鲜设备缩短农产品物流配送时间,提高生鲜等优质农产品物流配送效率,避免影响生鲜等优质农产品的外观、口感和营养成分,让消费者满意。

(九)依托科技创新手段,有效规避农业风险

农业生产经营活动过程中,存在各种各样的风险,如旱涝、病虫害等自然风险和市场行情变化、价格波动等市场风险。科技扶贫特派员、专家和科技组织要指导贫困对象按照以防为主、防治并举的原则,遵循经济和自然规律,采取综合措施,防范和规避农业风险,最大限度地减少风险造成的影响和损失。一是关注中国农业信息等网站,及时收集农业种养、市场行情等动态资料,利用技术手段,综合分析预测未来一定时期内当地各种农产品市场行情以及存在的风险、风险的程度,实施风险先兆预警,提前为贫困对象提供决策参考。二是指导贫困对象加强畜禽和水产养殖管理、经济作物的栽培和病虫害防治,提高农业生产和抗灾害能力。同时,科技扶贫特派员、专家和科技组织要利用自身资源和条件,建立动植物病虫害监测预警、检验监督以及物资保障系统,帮助贫困对象有效防控稻飞虱、小麦条锈病、蝗虫等病虫害以及高致病性禽流感等畜禽疫病,控制和阻止外来有害生物侵入和蔓延。三是帮助

贫困对象积极主动运用各种方法和手段收集国内和当地农产品价格信息,了解农产品市场行情,并根据市场行情、价格信息等数据进行分析,预测农产品市场变化趋势和价格走势,把握市场供求和价格信息,保证贫困对象在较高的价位出售自己的农产品。四是引导贫困对象参与产业化经营,从"公司+农户""公司+合作组织+农户""合作组织+农户"等诸多模式中选择一种适合自身的模式,形成种养项目的选定、农业生产资料的供给、农产品的生产、收储、加工以及销售等一体化经营,提高农业生产竞争力和应对风险的能力。

(原发表于《当代农村财经》,2018年第1期)

脱贫攻坚视角下资产收益扶贫模式探析

打好精准脱贫攻坚战,是党的十九大提出的三大攻坚战之一。经过多年脱贫攻坚,剩下的贫困对象贫困程度较深、脱贫难度更大,实现到2020年让农村贫困人口摆脱贫困、贫困县全部摘帽的既定目标,任务相当繁重、时间十分紧迫。如何让贫困对象稳定脱贫,实现脱贫效果的可持续性,各地纷纷试点资产收益扶贫模式,并取得较好效果。本文从资产收益的概念入手,结合资产收益扶贫模式的具体案例①,探讨资产收益扶贫的意义、现状、问题,并在此基础上,提出完善资产收益扶持机制等相应建议。

一、相关文献回顾

2015年10月29日,党的十八届五中全会报告首次提出资产收益扶贫制度,明确指出要"探索对贫困人口实行资产收益扶贫制度"。2015年11月29日,中共中央、国务院颁布的《中共中央 国务院关于打赢脱贫攻坚战的决定》纲要性文件中,将"探索资产收益扶贫"作为打赢脱贫攻坚战的重要内容之一。该决定提出"在不改变用途的情况下,财政专项扶贫资金和其他涉农资金投入设施农业、养殖、光伏、水电、乡村旅游等项目形成的资产,具备条件的可折股量化给贫困村和贫困户,尤其是丧失劳动能力的贫困户。资产可由村集体、合作社或其他经营主体统一经营。要强化监督管理,明确资产运营方对财政资金形成资产的保值增值责任,建立健全收益分配机制,确保资产收益及时回馈持股贫困户。支持农民合作社和其他经营主体通过土地托

---

① 笔者就资产收益扶贫模式现状到安徽省某市四镇两乡908户家中和SH村进行了实地调查,本文所举案例及数据均为此次调查所得。虽然调查范围有限,但有一定的代表性。

管、牲畜托养和吸收农民土地经营权入股等方式,带动贫困户增收。贫困地区水电、矿产等资源开发,赋予土地被占用的村集体股权,让贫困人口分享资源开发收益"。2016年10月,国务院办公厅印发了《贫困地区水电矿产资源开发资产收益扶贫改革试点方案》。该方案提出,从2016年底至2019年底,在国家扶贫开发工作重点县和集中连片特困地区县选择一批矿产资源、水电开发项目,开展资产收益扶贫改革试点。2016年11月23日《国务院关于印发"十三五"脱贫攻坚规划的通知》提出"组织开展资产收益扶贫工作",让贫困对象分享资产、资源开发收益。在中央和地方政策的推动下,安徽、河南、河北、辽宁、广东、广西、浙江、山东、江苏、宁夏、贵州等多省纷纷试点"资产收益扶贫"的新模式,使贫困对象摘下贫困的帽子,有效实现稳定脱贫。

资产收益扶贫提出的时间不长,学界做的探讨和研究不多,主要集中在如下方面:

(1)资产收益扶贫的内涵。向延平等(2016)认为,资产收益扶贫以工业、农业、旅游等相关产业作为农村基础发展平台,将农民自有资源、农村自然资源以及扶贫资金加以资产化,将其折算为农民所拥有的股份,成立股份公司、农村专业合作社等经济实体并进行市场化经营和运作,将产生收益分配给贫困对象,从而实现贫困对象持久脱贫的目标,为实现精准脱贫目标提供有力保障。汪三贵等(2017)认为,资产收益扶贫是指将公共资金(资产)、自然资源或农户权益资本化或股权化,这些资产由相关经营主体使用产生收益后,贫困村和贫困户按照股份或特定比例获得收益的扶贫项目。

(2)资产收益扶贫模式的作用与意义。戴旭宏(2016)认为,资产收益扶贫模式是精准扶贫的有效载体,增强了贫困地区自我发展能力、使贫困农户增收渠道稳定、提高了财政资金使用效率,实现了对贫困对象精准帮扶。李卓等(2018)认为,资产收益扶贫模式是精准扶贫重要机制的创新。

(3)资产收益扶贫面临的困难。汪翠荣(2016)认为,因缺少龙头企业带动、缺乏金融资本支持和利益保障机制,理想的扶贫效果并未实现。赖作莲(2018)认为,股权设置的法律支持不足以及合作社、企业等实施主体存在经营和违约等多重风险。

(4)如何推进资产收益扶贫模式。刘扬等(2017)认为,要完善资产收益扶持机制建设的相应政策。檀学文(2017)认为,以"三变"改革推动精准脱贫与资产收益扶贫。

以上这些研究为本文提供了较好的前期基础,但就总体来看,仍存在如下问题:首先,对于资产收益扶贫内涵的关注主要集中于农民自有资源、农村自然资源以及财政扶贫资金等资产,对于信贷资金等控制的资产关注不够;其次,对于资产收益扶贫的必要性以及相关内容关注较多,而对于资产收益扶贫所涉及的新情况、新问题研究较少,缺乏系统性;最后,就研究领域来看,大多基于资产股权化或资本化,保障贫困农民权利,对如何建立利益联结、分配的法定秩序涉及少,相关研究结论难以为相关对策建议提供有力支持。因此,本文拟针对上述相关问题,提出相应措施。

二、资产收益扶贫是实现精准脱贫目标的重要途径和手段

党的十九大提出"确保到二〇二〇年我国现行标准下农村贫困人口实现脱贫",而在现行标准中,贫困人口收入成为衡量扶贫效果的重要指标。短期内通过各种扶贫措施和手段很容易提高贫困对象收入,达到脱贫标准,而一旦没有扶贫措施和手段,这些贫困对象就开始走下坡路,甚至返贫。要增强贫困对象脱贫的稳定性、持续性和发展性,必须让贫困对象有创造收入的能力和机会以及生存发展出路,贫困人口获取和享有正常生活的能力[①]。因此,在扶贫方式上,要增加贫困对象控制或拥有的资产,提高其运用资产获取稳定、持续收益的能力。

资产收益扶贫的本质在于鼓励贫困对象参与资产市场化运作和经营,并在增加贫困对象可支配收入的基础上,为其稳定、持续脱贫努力积累充足的资产。在资产收益分配时,优先保障劳动能力差或无劳动能力的贫困人口收益,让他们获得持续、稳定收入,资产收益扶贫成为实现精准脱贫目标的重要途径和手段。

---

① 汪恭礼:《农村因病致贫与精准扶贫研究》,载《财政科学》,2018年第2期,第128~135页。

(一)挖掘贫困户闲置房屋、土地经营权等自有资产的收益潜力

贫困户由于不具备经营能力,缺少资金和技术等原因,手中的土地、闲置房屋等自有资产常常无法得到充分利用,以至于这些资产和资源根本没有收益或者收益较低,贫困户贫困现状无法改变。采用资产收益扶贫模式,一方面,将贫困户自有资产和资源的使用权通过入股、出租等方式转让出去,通过市场经营、资本化运作,为其带来分红、租金等财产性收入,实现持续、稳定性脱贫。另一方面,对于贫困户特别是家庭劳动力不足或因病丧失劳动能力的贫困户,由企业、合作社等农业新型经营主体通过吸收农民土地经营权入股、土地托管和牲畜托养等方式,降低生产经营成本,提高自有资产和资源的生产效率,增加自有资产和资源经营的净收益和收入,实现有效脱贫。

(二)盘活贫困村闲置资产和资源来增加收益

采用资产收益扶贫模式,盘活贫困村闲置的厂房、设备、建设用地等经营性资产,建立扶贫车间,培植和吸引劳动密集型产业,创造就业机会,帮助有劳动意愿和能力的贫困人口实现就近就业、充分就业,取得工资性劳务收入。同时,贫困村充分发挥村集体资产收益的扶贫功能,收取闲置厂房、设备、建设用地等经营性资产的租金,一部分用于发展壮大贫困村集体经济,让其按时脱贫出列,如 SH 村利用江南某乡政府办公楼顶空间,建成光伏发电站项目,装机容量 60KW,2017 年 6 月并网发电,发电年净收益 6.5 万元。同时,SH 村利用江南某乡敬老院楼顶可用空间,新建 300KW 光伏发电项目,分三期实施。2017 年 12 月 21 日,一期装机容量 100KW 光伏发电站项目并网发电,该项目全部建成后,SH 村集体收入每年可持续增加 30 万元;一部分用于帮助贫困户,特别是老弱病残等丧失劳动能力的特殊贫困群体脱贫解困。这样一来,让贫困村按时脱贫出列,让贫困户获得租金分红和劳务收入双重收入,实现持续稳定脱贫。如 SH 村 2017 年及 2018 年生态青虾养殖基地项目财政投入共 60 万元,按每股 10 元折成 6 万股。量化给村集体 50%,共计 3 万股;量化给贫困户及边缘户 50%,共计 3 万股。按照户与人口相结合的方式进行折股量化,以全村建档立卡贫困户 14 户 28 人(实有 32 人,其中 4 人户籍不在 SH 村,不在量化名单内)及边缘户 6 户 19 人为量化对象。首先按

照分配总额3万股的10%,即3000股按户平均分配给所有的14户贫困户,取整数每户持股215股,总计3010股;总额的90%,即27000股,再将其按人分配给全村贫困户和边缘户的47人,取整数每人持股575股,总计27025股;两项合计30035股,超过的35股由村集体股补齐。

(三)创新财政扶贫及涉农资金供给和使用机制来获得扶贫资产收益

采用资产收益扶贫模式,在不改变用途的情况下,整合财政扶贫专项及其他涉农资金,投入乡村旅游、养殖、水电、光伏、设施农业等资产收益扶贫项目形成的资产,具备条件的,可折股量化给贫困对象。创新财政涉农及扶贫专项资金供给和使用机制,将无偿补助变为有偿投入,主要受益对象由特定范围变为贫困村和贫困户,尤其是无劳动能力的贫困户。如SH村第一个生态青虾养殖基地项目,在江南某乡B圩流转土地133.27亩,进行标准化青虾养殖池改造,2017年开工建设,总投资53万元,其中财政专项资金30万元。SH村第二个生态青虾养殖基地项目,也在江南某乡B圩流转土地179.42亩,进行标准化青虾养殖池改造,总投资约42万元,其中财政扶贫资金30万元。同时,资产收益扶贫项目可由村集体统一经营,也可吸引具备较强经营能力的农业龙头企业、专业合作社、家庭农场等经济组织自愿成为实施主体,建立健全收益分配机制,明确保值增值责任,提高财政涉农及扶贫专项资金使用效益,确保持股贫困对象可获得足够的资产收益,实现持续、稳定脱贫。

(四)以优化和盘活资源来增强贫困对象发展的内生动力

资产收益扶贫模式优化组合各类资本要素,有效整合细碎和分散的山林、滩涂、耕地、水面、资金、厂房、建设用地、农业机械设备、劳动力等资源和资产要素,形成资源和资产的叠加效应,激活了各种沉睡的资源,提高了各种资源和资产利用率[①]。有劳动能力的贫困人口可以通过资产收益扶贫项目就近务工获得劳务收入,参与生产经营,学习管理经营和技术,增强自身发展能力。如针对"三无"空壳村实际,2017年,SH村依托资产收益扶贫模式,整

---

① 段晋会:《财政资金变股金 贫困农民当股东——古县农机资产收益扶贫工作纪实》,载《当代农机》,2018年第2期,第49~50页。

合资金,盘活资源,探索"借鸡生蛋""无中生有"发展之路,实现集体经济壮大和村民收入增加的双赢格局,成功摘掉"贫困帽"。经济实力壮大后,该村着力补齐公共服务和基础设施的短板,投入 34 万多元,村部所在小区道路及亮化、绿化工程修建完成;投入 4 万多元,新建健身广场 2000 多平方米;投入 5 万多元,新建村级卫生室;投入 17 万多元,建成村老年活动中心 200 多平方米,公共服务及基础设施有了较大改善。同时,SH 村还推行了"三变"改革的实践和探索。2017 年,该村 124 户 332 人,按户籍人口进行股改,一人一股,扣除户籍不在 SH 村 4 人,共 328 股。根据上年盈利情况,从收益款提取 171736.4 元进行分红,其中,优先将 31236.4 元分配给贫困户及边缘户,余款按股改数分配给其他户,即每股或每人 500 元,328 人扣除 47 人,即 281 人,共计 140500 元,让群众有更多获得感。

三、资产收益扶贫模式面临的困难和问题

近年来,各地纷纷探索资产收益扶贫模式,也取得了一定成效。但在具体实施过程中,仍面临诸多困难和问题。

(一)资产收益扶贫模式形成的资产量化股份操作难

纵观各地资产收益扶贫模式的政策,资产收益扶贫模式均将产生的资产折股量化给贫困户和贫困村,尤其是无劳动能力的贫困户。同时,要求资产收益扶贫模式适时开展动态调整。但操作起来很难达到预期效果。一是少数贫困户在确定过程中仍然存在识别不准等问题[①]。贫困户家庭成员、人均纯收入都以户籍人口为准,很容易将收入较高且户籍没有迁入或已经迁出的家庭成员排除在外,导致贫困人口及家庭人均纯收入的确定出现不准的情况。如在 ZW 镇、HL 镇、XT 镇、LQ 镇、HD 乡、YX 乡四镇两乡中随机调查了 908 户,发现 42 户家庭条件较好,不符合贫困户标准,占调查户数的 4.6%(如表 1)。若将资产收益扶贫模式产生的资产折股量化给这样的贫困户,则失去了意义;同时,SH 村在资产折股量化过程中将贫困户户籍不在本村的

---

① 王忆南、汪恭礼:《精准扶贫的实践、困局与路径选择——以安徽为例》,载《地方财政研究》,2016 年第 8 期,第 33~39 页。

家庭成员排除在外,则对他们不公平。

表1 贫困户识别不精准统计表

单位	调查户数	不符合标准户数	比例	备注
ZW镇	134	12	9%	
ZW镇ZM村	12	4	33%	其中有1户家中有国家工作人员
ZW镇JF村	21	3	14%	
HL镇HL村	32	2	6.3%	其中有1户家中有门面房
XT镇	200	2	1%	其中有1户户主儿子在铁路部门工作
LQ镇JF村	95	3	3.2%	全镇所调查户中有一半以上贫困户家庭成员数与扶贫系统不符;其中有1户有10万元以上的工程车;1户有商品户;1户有国家工作人员
HD乡BJ村	31	5	16%	
HD乡AL村	67	3	4.5%	
HD乡YL村	43	6	14%	
YX乡	273	2	0.7%	家中有村干部
	908	42	4.6%	

二是资产收益扶贫模式产生的资产在折股量化时,按什么标准分配给贫困户,目前没有统一的操作办法和规定。SH村在资产折股量化过程中先拿10%按户平均分配,再将90%按人口分配,这样就没有体现对无劳动能力的贫困户倾斜,更没有考虑贫困户困难程度。如SH村2018年8月,根据上年盈利情况,拿出31236.4元收益按股分红,每股分红1.04元(如表2)。

表2 SH村贫困户及边缘户资产收益分红统计表

户主	贫困人口	与户主关系	出生年月	量化对象	户量化数	户股数	分红数	备注
代X英	代X英	户主	1935.2	1	1	790	821.6	贫困户
陈X萍	陈X萍	户主	1966.3	1	2	1365	1419.6	贫困户
	周X根	配偶		0				不参与股改分红
	周X成	子	1995.12	1				

续表

户主	贫困人口	与户主关系	出生年月	量化对象	户量化数	户股数	分红数		备 注
姚X娣	姚X娣	户主	1937.4	1	1	790	821.6	贫困户	
李X四	李X四	户主	1975.6	1	2	1365	1419.6	贫困户	
	周X女	配偶	1938.1	1					
沐X银	沐X银	户主	1942.8	1	1	790	821.6	贫困户	
章X同	章X同	户主	1952.5	1	3	1940	2017.6	贫困户	
	张X娣	配偶	1955.5	1					
	章X明	子	1980.12	1					
周X春	周X春	户主	1972.1	1	2	1940	1344.72	贫困户	
	章X英	子	1999.2	1					
章X英	章X旺	户主	1938.9	1	1		672.88	贫困户	与周X春生活在一起
章X旺	章X旺	户主	1957.11	1	5	3090	3213.6	贫困户	
	齐X兰	配偶	1961.6	1					
	章X	子	1984.8	1					
	刘X	儿媳		0					不参与股改分红
	章X轩	孙子		0					不参与股改分红
	章X微	女	1986.7	1					
	章X盛	外孙	2012.1	1					
石X府	石X府	户主	1930.7	1	1	790	821.6	贫困户	
孙X启	孙X启	户主	1955.7	1	1	790	821.6	贫困户	
章X富	章X富	户主	1944.11	1	1	790	821.6	贫困户	
沈X清	沈X清	户主	1967.3	1	3	1940	2017.6	贫困户	
	周X兰	配偶	1966.6	1					
	沈X斌	子	1992.11	1					
	王X艳	儿媳		0					不参与股改分红
夏X福	夏X福	户主	1944.4	1	2	790	1321.6	贫困户	821.6+500
	梁X英	配偶	1943.5	1					死亡

续表

户主	贫困人口	与户主关系	出生年月	量化对象	户量化数	户股数	分红数	备注
王X国	王X国	户主	1973.5	1	3	1940	2017.6	贫困户
	郭X英	母亲	1944.4	1				
	王X欣	女	2004.1	1				
陈X喜	陈X喜	户主	1958.10	1	3	1725	1794	边缘户
	周X燕	配偶	1963.5	1				
	陈X伟	子	1990.3	1				
唐X发	唐X发	户主	1942.8	1	3	1725	1794	边缘户
	钱X花	配偶	1949.8	1				
	唐X明	子	1975.3	1				
张X国	张X国	户主	1972.4	1	4	2300	2392	边缘户
	张X平	配偶	1975.3	1				
	张X霞	女	1995.9	1				
	张X云	女	1999.12	1				
孙X华	孙X华	户主	1968.8	1	4	1725	1794	边缘户
	孙X贵	兄弟	1966.1	1				
	孙X玉	外甥	1991.1	1				
	孙X宝	兄弟	1951.7	1			500	死亡
张X宏	张X宏	户主	1956.4	1	3	1725	1794	边缘户
	周X珠	配偶	1957.7	1				
	张X正	子	1992.5	1				
张X顺	张X顺	户主	1983.1	1	3	1725	1794	边缘户
	张X香	配偶	1986.2	1				
	张X康	子	2007.2	1				
合计				49	49		32236.4	死亡2人
				47	47		31236.4	扣除2个死亡人口及股改分红1000元

三是按照扶贫政策的有关规定,对资产收益扶贫模式产生的资产折股量化对象进行动态管理、动态调整,即贫困户脱贫后,适时收回股份,再按程序将股权分配给其他返贫的贫困户[①]。但操作起来非常困难,如贫困户脱贫后,收回其股份,贫困户不同意咋处理?贫困户和贫困村全部稳定脱贫后,资产收益扶贫模式产生的资产如何管理?资产收益扶贫模式产生的资产折股量化给贫困户后,贫困户拥有了股份,成了股东和投资主体,脱贫后,要收回股份,必须征得贫困户这个股东(或者说投资主体)的同意,如果贫困户不同意收回,也不能强制收回。如从 SH 村资产收益扶贫模式实践来看,第一个值得商榷的是:贫困户中有 4 人户籍不在 SH 村,算不算贫困人口?能不能作为折股量化和股改分红对象?这 4 人户籍虽不在 SH 村,但已经是贫困户家庭成员,应当算贫困人口,也应该作为折股量化和股改分红对象。第二个值得商榷的是:14 户贫困户及 6 户边缘户拥有资产收益扶贫项目股份,有权参与资产收益扶贫项目分红,而其他村民无权参与资产收益扶贫项目分红。那么 14 户贫困户及 6 户边缘户参与资产收益扶贫项目分红后,是否可以参加该村的股改分红?笔者认为,14 户贫困户及 6 户边缘户 47 人是 SH 村村民,拥有该村股改股份,应该参与该村的股改分红,这样才能体现资产收益扶贫效果。第三个值得商榷的是:贫困户折股量化方案中,没有体现出向丧失劳动能力等贫困程度深的农户倾斜的政策。

(二)确定资产收益扶贫模式的项目难

资产收益扶贫模式的效果取决于选定项目的盈利能力,只有选定项目获得持续发展,取得较好的效益,才能让贫困对象从中受益[②]。但贫困地区整体发展水平低、基础设施落后、信息不畅通等客观原因,导致可选定的有盈利能力的项目不多。

一是贫困地区交通不便,经济基础极其薄弱,自然环境恶劣,不容易吸引外部资金、人才和技术进入,想选定与工商资本合作的项目难。二是地处高

---

① 李文军、刘亚娟:《资产收益扶贫试点工作的探索与实践——以白水县为例》,载《西部财会》,2018 年第 8 期,第 74~76 页。

② 赖作莲:《资产收益扶贫的运行与风险》,载《开发研究》,2018 年第 4 期,第 113~118 页。

山、深山的贫困村,乡村道路窄,弯道多,交通不便,客商的货运大车到不了目的地,本地特色农产品走出去也不容易,需要用三轮车等小型车辆从田间地头倒运特色农产品,运输效率低,成本高。加上产业单一,销售网络不健全,市场信息掌握不准确,本地特色产品运到市场后,其销售价格还不抵运输成本[1],项目选择有很大的局限性。三是按照扶贫政策的有关规定,资产收益扶贫模式项目选定程序为:提出项目建议书→项目可行性研究→项目可行性报告审查与评估→项目最终决策。但有的地方为了急于达到短期目标效益,并没有按照完整有序的流程或规范系统的规章制度来执行[2]。受行政干预和利益驱动的影响,有的贫困村在选定项目时,勉强进行可行性论证,回避不利因素,只讲有利条件,使研究报告的可行性成为"可批性"。甚至有的贫困村根本不进行项目可行性论证,村支"两委"在办公室碰头就瞬间地"拍板"一个项目,这种决策模式降低了项目可研报告的科学性、合理性,导致选定项目的效益不明显,个别项目市场风险大、技术含量低[3]。四是各地选定资产收益扶贫项目都有"确保保底收益"要求,有的地方要求年收益率不低于10%,有的地方不仅要求年收益率达到目标,还要求项目当年创收。但受市场行情波动、宏观经济形势影响,资产收益变化波动较大,甚至会出亏损。因此,在贫困地具备这种条件的项目很难找,这就给资产收益扶贫项目选定增添了难度。

(三)资产收益扶贫项目的实施主体面临稳定发展、可持续性收益难题

资产收益扶贫模式的核心目标在于增加贫困对象收入,要求在确保贫困对象获得保底收益的基础上能够取得股份分红[4]。资产收益扶贫项目实施主体涉及领域广,但农村的家庭农(林)场、合作社、集体经济组织、企业以及

---

[1] 刘顺奇、李世成:《浅谈农业产业扶贫项目的选择及其配套措施》,载《农业科技与信息》,2017年第8期,第9~10页。

[2] 王小样:《资产收益扶贫实践总结与问题分析》,载《山西农经》,2018年第19期,第50页。

[3] 邢慧斌、席建超:《燕山—太行山片区旅游精准扶贫模式创新研究》,载《河北大学学报(哲学社会科学版)》,2017年第2期,第118~125页。

[4] 戴旭宏、高杰:《资产收益扶贫模式在四川的探索与成效》,载《四川省情》,2017年第5期,第28~30页。

其他新型经营主体经济基础差,参差不齐,盈利能力和自身发展能力不强,很难做到稳定发展、实现可持续性收益,甚至出现亏损,无法兑现给贫困对象保底收益+分红的约定。

一是贫困地区资源相对贫乏,经济发展环境差,基础设施落后,选择经营效益好、经济实力较强、具有承接资产收益扶贫能力的实施主体难度很大。为了推进资产收益扶贫项目,退而求其次,只好选择盈利能力和自身发展能力一般的经营主体作为资产收益扶贫项目的实施主体。而这些被选中的经营主体可能会因经营不佳导致项目收益甚微,扶贫效果也不好[①]。二是在全国经济运行下行的大背景下,资产收益扶贫项目的实施主体按照市场机制从事生产经营,受市场需求、经营者对市场环境的把握能力、经营者的决策水平和经营能力等多种因素影响,普遍面临着较大的市场风险。而贫困地区受自然条件和地理环境的限制,生产力水平低,生产手段和方式落后,经济发展缓慢,各类经营主体普遍存在管理水平低、规模小、资产回报率波动较大、效益差等问题[②]。实施主体自身实力不强,生产能力和抗风险能力弱,带动贫困对象脱贫致富能力也有限,一旦经营不善,很难保障贫困对象保底分红,更不能确保项目长期获得稳定收益。三是实施主体与政府、贫困对象期望目标不同,实施主体希望把经济实体做大、做强,而政府、贫困对象期望短期内就要获得收益并分红,实现贫困对象稳定脱贫的目标要求。所以,收益分配的时间、多少等各方意见难以达成一致,容易出现矛盾。四是资产收益扶贫模式仍处于探索阶段,在实施过程中政治(或行政)色彩较浓。长期以来,政府将财政涉农资金以奖励或无偿补助形式支持农业经营主体发展,而这些农业经营主体被选定为资产收益扶贫项目实施主体后,部分实施主体出于完成政府委派任务的考虑,主观上缺乏积极性。少数实施主体存在套取财政扶持资金思想,不把精力用在分析市场、降低市场风险、挖掘潜力和发展壮大产业上来,而有意伪造或隐瞒财务信息,侵占贫困村的资源、财政扶贫资金和产生的收益。

---

① 徐翠蓉、吴梵、龙春凤:《精准扶贫背景下我国农村资产收益扶贫的实践》,载《中国农业会计》,2018年第9期,第54～57页。

② 何忠坤、王宏三:《河北省贫困地区人口与社会经济协调发展的途径与对策》,载《河北大学学报(哲学社会科学版)》,1992年第4期,第143～150页。

(四)新冠肺炎疫情影响了资产收益扶贫项目盈利水平

2020年是脱贫攻坚收官之年,但在2020年年初爆发了新冠肺炎疫情,全国各地为严防疫情扩散,先后实施封城、封村、封路、封小区举措,农村班车等暂停营运,甚至连高速公路入口也封闭了,限制人员流动,直接影响了资产收益扶贫项目盈利能力,这对脱贫攻坚目标任务全面如期完成的影响亦不容小觑。这就要求我们密切关注贫困对象,精准施策,及时做好应对,最大限度地减轻疫情带来的影响。一是在新冠肺炎疫情防控过程中,各地采取暂停活禽交易、关闭屠宰场、封村断路等防疫措施,打破了正常的养殖生产活动。二是受疫情防控影响,大部分餐饮业暂停营业,作为食材的农产品采购订单被迫取消,出口贸易活动减少或停止,外销受阻,又逢交易中断,运输、配送等缺失,导致资产收益扶贫项目生产的农产品积压滞销,增加了产品储藏成本,产品的新鲜度受到影响,价格下跌,造成了巨大的经济损失。三是在资产收益扶贫项目中,疫情对果蔬等项目的影响最为突出,如春节期间本是草莓等果蔬产品销售旺季,也是入园采摘最佳时期,但受疫情影响,入园采摘量和线上线下市场销售量都呈现断崖式下降,果蔬等农产品损失惨重。四是在党委政府的帮扶下,一些贫困户通过小额扶贫贷款来投资资产收益扶贫项目,因疫情影响而无法如期还款,也面临失信的风险。

(五)资产收益扶贫的政策与法律缺乏协同

关于资产收益扶贫国家和地方都出台了一系列政策文件,但这些政策规定与有关立法缺乏协同性,制约了资产收益扶贫的实践探索①。

一是无论是国家层面的政策,还是地方层面的规定,都提到了"村集体经济组织"。《中华人民共和国农村土地承包法》《中华人民共和国村民委员会组织法》等法律法规中也都提到这一个名词,但在法律地位、成员资格、资产管理以及收益分配等关键问题上阐述模糊,如以往的人民公社、生产大队和生产队演变成乡镇政府、村委会及村民小组后,村委会及村民小组均为群众

---

① 杨青贵:《精准扶贫背景下资产收益扶贫的现实表达与制度回应》,载《西北农林科技大学学报(社会科学版)》,2018年第2期,第35~41页。

性自治组织,不具备市场主体资格和法人资格,集体从事农业经济活动已经是有名无实状态,给资产收益扶贫实际操作带来不便。二是国家和地方出台的资产收益扶贫众多政策文件中,要求将形成的资产以股权的形式量化给贫困对象,依据股权相关的法律规定,这些贫困户成为股东,按照持股比例享有权利、承担风险,这与文件规定的"贫困户、贫困村不承担项目经营风险"不相符。三是为了更好保障贫困对象稳定脱贫,众多资产收益扶贫政策文件要求保值增值,广泛采用"保底＋分红"的分配形式。而依据股权相关的法律规定,一旦实施主体违背"保底＋分红"约定,争取和维护这一分配形式的权利难以获得法律的支持。四是资产收益扶贫政策文件规定,除不可抗力之外,若资产收益扶贫项目出现持续亏损或面临较大的经营困难,难以保障贫困户收益时,实施主体应利用自有资金购买村集体、贫困户和农户的股份或收益权。这增加了实施主体的负担,实施主体各方投资者也很难接受和同意,在没有法律的保障下很难实现。五是资产收益扶贫政策文件规定,适时开展动态调整,被认定为已稳定脱贫的贫困户,收回其股份。但依据股权相关的法律规定,股份的持有、转让及回购,必须经持股人同意,也就是必须征得持股贫困户同意。否则,没有强制的法律手段保障,动态调整也是难以实现的。

四、完善资产收益扶贫模式的几点建议与对策

(一)科学确定资产折股量化对象、收益分配对象

科学确定资产折股量化对象、收益分配对象是实施资产收益扶贫工作的前提条件,也是资产收益分配公平、合理的重要保障,对解决弱劳动能力或无劳动能力的贫困人口的稳定脱贫问题具有重要意义。

一是在贫困人口的确定过程中,不能简单地以户籍来确定,要综合考虑有关情况,如 SH 村贫困户章 X 旺的儿媳刘 X、孙子章 X 轩虽然户籍不在 SH 村,但不应将他们排除在贫困人口之外。特别是确定家庭成员收入时,更要考婚姻关系、共同生活人员、赡养、抚养和扶养义务以及收养等有关人员收入情况[①],避免出现父母年老体弱,子女分家另过,逃避应当承担的赡养义

---

① 汪恭礼:《精准扶贫与脱贫问题研究》,载《当代农村财经》,2017 年第 3 期,第 27 页。

务的问题。如笔者在走访调查过程中,发现 ZW 镇 ZM 村有 1 贫困户家中子女有的是国家工作人员。二是从动态角度,对贫困对象进行甄别,精准和高效识别贫困对象。参照贫困对象的标准和条件,根据收入、资产、就业、生活水平及技能素质等指标,科学合理设计贫困对象量化指标体系,采用现代技术手段对贫困对象实行自动化识别,建立贫困对象名录。县乡干部走村入户,通过实际观察、求证获得锁定贫困对象,有针对性确立帮扶措施[①]。三是要对贫困对象识别标准适时调整,使其与现行标准保持一致。建立各级动态监测体系,加强对贫困对象的跟踪监测,实现贫困对象信息采集、比对、监测、更新等管理现代化、信息化,准确把握贫困对象的各种变化,动态考察贫困对象的脱贫情况,符合稳定脱贫标准的,引导贫困对象退出;不符合稳定脱贫标准的,按照监测信息情况,及时分析、解决帮扶过程中出现的各种问题,制定相应的帮贫措施,实现动态管理常态化。四是对锁定的贫困对象进行分析、比对,逐一遴选符合资产收益扶贫模式标准和条件的贫困对象,主要是把一些其他帮扶措施效果不太理想、深度贫困的贫困对象纳入其中,如弱劳动能力或无劳动能力的贫困对象。也就是我们在确定资产收益扶贫模式收益分配对象时,要排除通过其他各类帮扶措施可以脱贫的贫困对象,通过其他各类帮扶措施仍不能脱贫的贫困对象,则纳入资产收益分配对象。同时,将深度贫困中弱劳动能力或无劳动能力的贫困对象纳入资产收益扶贫范围。这样就可集中扶贫资源解决通过其他各类帮扶措施仍不能脱贫的贫困对象和深度贫困中弱劳动能力或无劳动能力贫困人口的脱贫问题。五是建议把行政村作为资产收益扶贫项目资产折股量化对象,不提倡把资产折股量化给贫困户。资产折股量化给行政村,收益先分配给行政村,再由行政村综合贫困户情况进行分配,确保有限扶贫资源发挥最大扶贫效果。

(二)精准筛选资产收益扶贫项目

资产收益扶贫模式的效果很大程度上取决于项目的经营效果,而经营效果关键在于资产收益扶贫项目的筛选。因此,要立足本地产业特色、区位优

---

① 陈潇阳:《我国农村扶贫对象动态甄别机制的构建路径》,载《河北大学学报(哲学社会科学版)》,2014 年第 1 期,第 38~41 页。

势和资源优势,根据实际情况,利用一切有利条件,整合现有的资源,合理布局,因地制宜地筛选资产收益扶贫项目,提高项目的收益率,以尽可能少的投入扶持带动尽可能多的贫困对象高质量地脱贫。

一是整合涉农项目和交通部门的工程项目等,加快路、田网、水网、渠网等基础设施建设,有效解决出行难、运输难等问题,改善生产条件,吸引外来企业投资兴业,增加可筛选的项目。二是坚持市场导向原则,遵循经济规律和市场规律,在认真调查研究的基础上,着重分析未来的市场前景和走势,包括市场空间大小和市场份额变化、产品生命周期、公众接受程度、潜在市场容量等,按照市场需求及发展前景来筛选项目。三是依据本地的资源优势,结合自然条件、气候条件、本地产品特色、市场需求、运输贮存、加工、消费习惯等综合因素,考虑本地特色产业发展①,找准项目与贫困对象的结合点,让贫困对象在资产收益扶贫中得到实实在在的收益。四是从是否符合国家、省及本地发展规划,是否具有盈利性和合理性,在技术上是否具有先进性和适用性,是否具有可操作性等方面进行科学论证,拟定出多个方案,进行比较筛选。五是筛选的项目要符合国家或地方生态环境保护的法律、法规和政策相关规定,不能以牺牲环境为代价来获取收益。严禁选择对生态环境有负面影响的项目,特别是在利用自然资源时,要注意对生态环境的保护,避免破坏生态环境。

(三)提升资产收益扶贫项目实施主体资产收益偿付能力

资产收益扶贫项目交由实施主体来实施和管理,将分散、细碎的各类资源要素转化为资产,引入资本运作模式和市场机制,有效激活贫困地区的资源要素,以资产收益为贫困对象提供稳定持续的收入来源,而提升实施主体资产收益偿付能力则是关键。

一是以培育各类新型经营主体为重点,鼓励具备条件的个体工商户、市场经纪人、农户、返乡青年农民工和大中专毕业生等兴办家庭农场,鼓励家庭农场、兼业农户、纯农户组建农民合作社,挖掘乡村能工巧匠,发展农产品初

---

① 乔云:《坚持因地制宜 实施精准扶贫——岚县积极探索资产收益扶贫新机制的实践与思考》,载《前进》,2018年第1期,第52～54页。

加工。大力培育和发展农产品精深加工企业、农产品现代营销与流通企业以及农业产业化龙头企业联合体[1]。培育家庭农场、合作社、乡村车间、龙头企业联合体等各类新型经营主体,为资产收益扶贫项目择优选定实施主体提供保障。二是严格选好资产收益扶贫项目实施主体,要把乐于扶贫助困且诚信守约放在首位,主要考察其是否有社会责任心、肯让渡一部分利益等,避免资产有收益时,实施主体人为地采用各种手段隐瞒财务信息,不情愿将收益分配给贫困对象;要考察其经济实力和经营状况,特别是盈利能力和自身发展能力,这样才能保证为贫困对象提供稳定持续的收入来源;同时,还要考察其财务管理和治理结构是否健全完善,是否把精力放在分析市场、降低市场风险、挖掘潜力和发展壮大产业上等[2]。三是强化村级各类组织服务功能,发挥村集体经济组织合理开发集体资源、管理集体资产等方面的作用,将适合村集体经济组织的资产收益扶贫项目交由村集体经济组织实施,便于实施主体与政府、贫困对象期望目标保持一致。四是鼓励政府及帮扶干部利用扶贫贷款政策,帮助因大病或残疾丧失劳动能力的建档立卡贫困户,将扶贫贷款投给急需资金发展且有社会责任心的经营主体使用,产生的收益或节约的财务费用按约定方式分配给贫困户,有效解决经营主体资金需求问题,让贫困户获得稳定受益或脱贫[3]。五是建立多方利益保障和协调机制,在签订项目实施协议时,明确村集体、贫困户与实施主体的利益联结方式和保障措施,利用税收等政策手段确保项目实施主体盈利的同时,保证贫困对象能够获得稳定收益。

(四)全力应对疫情对资产收益扶贫项目的影响

全力应对疫情对资产收益扶贫项目的影响,稳定脱贫、巩固脱贫成果、防止因疫致贫和返贫,必须聚焦重点贫困对象和深度贫困地区,加强统筹协调,

---

[1] 汪恭礼:《乡村振兴战略视角下的农村三次产业融合发展探析》,载《河北大学学报(哲学社会科学版)》,2018年第6期,第118~127页。

[2] 童永胜:《资产收益扶贫新模式助力脱贫攻坚战》,载《农经》,2018年第7期,第94~96页。

[3] 张宁、孙展春、张万:《阳高县探索资产收益模式助推贫困农民增收》,载《当代农村财经》,2017年第11期,第23~24页。

强化措施落实,攻克深度贫困堡垒,高质量全面完成脱贫攻坚的目标任务。

一是加大对受疫情影响较大的资产收益扶贫项目生产、运输、销售、储存等环节的支持,推动电商扶贫平台建设,抓好因疫情造成的扶贫产品滞销卖难问题。二是加强农资调配和市场供应,加大对资产收益扶贫项目实施主体生产自救的奖补力度,支持他们迅速恢复生产,弥补疫情造成的损失。大力推广土地流转、生产托管、订单生产、资产租赁、股份合作等资产收益扶贫模式,推动资产收益扶贫项目实施主体与贫困户建立稳定利益联结关系,增强资产收益扶贫项目带动贫困对象脱贫能力。三是做好扶贫小额贷款使用跟踪指导,加强与贫困户联系沟通,帮助贫困户向贷款银行申请延期还款。四是积极帮助协调解决资产收益扶贫项目实施主体复工复产面临的用工、资金、产业链配套等难题,可给予贷款贴息和一次性生产补贴支持,稳妥有序推进贫困人口返岗就业。五是对罹患新冠肺炎、集中或居家隔离、无法外出务工、无法开展基本生产、收入受到重大影响等生活陷入困境的建档立卡贫困群众和因疫致贫返贫农民群众,在按现有支持渠道及时落实好针对性帮扶措施的同时,加大资产收益扶贫项目收益向他们倾斜的力度,确保其基本生活不受影响。

(五)制定与完善资产收益扶贫相关法律法规及政策

资产收益扶贫涉及政府、贫困对象、经营主体、参与的农户等利益主体,不同的利益主体其利益主张不同,要制定与完善资产收益扶贫相关法律、法规及政策,明确各利益主体权利、义务和承担的责任,保障资产收益扶贫项目顺利实施和有效运行。

一是以村组建具有法人治理结构的股份公司,即农村投资发展有限公司、农业发展有限公司以及股份合作社,按照现代企业制度要求,依法独立开展经营活动,村支部、村委会主要行使股东和出资人的决策和监管职能,承担集体资产保值增值责任。积极发展各类财政扶贫资金、其他涉农资金、村集体资产与资源、社会资本、农户及贫困户自有资产与资源等融合的混合所有制经济,中央和地方通过制度创新,制定与完善相关法律、法规及政策,保障贫困地区建立产权明晰、持股共有、企业现代化管理的村级经济组织,使其具有健全的法律和市场主体资格。二是资产收益扶贫项目整合各类财政扶贫资金、其他涉农资金、村集体资产与资源、社会资本、农户及贫困户自有资产与资源后,地方政府应监督和协助制定与完善归属清晰、权能完整等相关制度,各类财政扶贫资金、其他涉农资金、村集体资产与资源形成的资产量化给村集体,各类财政扶贫资金、其他涉农资金产生的收益优先用于脱贫攻坚,不足部分由村集体资产与资源产生的收益补齐,多余部分可用于村级公益事业。社会资本、农户及贫困户自有资产与资源形成的资产量化给投资人,即社会资本持有人、农户及贫困户,产生的收益归其所有。三是不适合村级经济组织实施的资产收益扶贫项目,充分考虑市场变化的因素,引入市场竞争机制,采取招标、发包等市场运作方式对外投资经营,或交给经营效益好、经济实力较强、具有承接资产收益扶贫项目能力的实施主体来经营。建立健全公开透明的资产运行和收益分配机制,定期对资金使用、项目进展进行系统检查,形成实施主体与持股人(村级组织、社会资本、农户及贫困户)共同发展、按股受益、风险共担的合作关系[1]。同时,政府应制定与完善财政补贴、信用担保、政策性保险等风险防控的相关法律、法规及政策,充分发挥税收、财政、金融等手段,降低资产收益扶贫项目的经营风险。四是制定与完善股权退出和转换相关法律、法规及政策,明确各类财政扶贫资金、其他涉农资金所形成股份的具体性质[2],建议将股份量化给村集体,由村集体根据贫困户的脱贫情况,动态调整收益分配对象,解决股份量化给贫困户后股权退出和转换存在的风险和问题,保障贫困户稳定持续脱贫。

---

[1] 张艺博、杨生利:《科学·精准·内生:资产收益扶贫的理论特征与实践路径——学习习近平总书记扶贫开发战略思想》,载《世纪桥》,2018年第4期,第12~13页。

[2] 金锦花:《广西资产收益扶贫模式探究》,载《经济研究参考》,2018年第17期,第23~28页。